《国际汉语教育研究》系列丛书

主编：郑通涛

东南亚汉语

学习者语篇衔接应用与习得研究

郑通涛 何山燕◎著

A STUDY ON APPLICATION AND
ACQUISITION OF DISCOURSE
COHESION OF CHINESE-LEARNERS
FROM VIETNAM

中国出版集团

世界图书出版公司

广州·上海·西安·北京

图书在版编目（ＣＩＰ）数据

东南亚汉语学习者语篇衔接应用与习得研究 / 郑通涛，何山燕著. -- 广州：世界图书出版广东有限公司，2016.1
ISBN 978-7-5192-0731-1

Ⅰ．①东… Ⅱ．①郑… ②何… Ⅲ．①汉语－对外汉语教学－教学研究 Ⅳ．①H195.3

中国版本图书馆CIP数据核字(2016)第023812号

东南亚汉语学习者语篇衔接应用与习得研究

总 策 划	王颖萱
策划编辑	汪　玲
责任编辑	赵黎黎
封面设计	汪　玲
出版发行	世界图书出版广东有限公司
地　　址	广州市新港西路大江冲25号
电　　话	020-84459702
印　　刷	虎彩印艺股份有限公司
规　　格	710mm×1000mm　1/16
印　　张	12
字　　数	200千
版　　次	2016年1月第1版　2017年4月第2次印刷
ISBN	978-7-5192-0731-1/H · 1024
定　　价	48.00元

《国际汉语教育研究》系列丛书总序

郑通涛

国际汉语教育是面向国际汉语学习者的以汉语文化教学为载体的教育实践过程，是汉语和中华文化走向世界的重要平台。

作为一门多学科交叉融合的新兴学科，国际汉语教育虽起步较晚，但跨越国界的汉语教育实践活动则源远流长，历史上汉字文化圈的形成、中国语言文化典籍的外传、西方汉学的兴起发展以及海外华侨华人的华文教育等便是最好的明证，也为当今国际汉语教育和中华文化传播的实践与学术研究提供了丰富的历史借鉴。

作为文化载体的语言，是人类文明与民族文化的结晶。国外开展语言国际推广教育的历史悠久、影响深远。早在15世纪，"语言作为立国的工具"的重要性就得到了国际上的普遍认可。18世纪中叶，西方各国政府都把语言推广看作是"教化属地内有色人种最重要的方式"，也是除政治、军事和经济以外的第四个层面的外交活动。

在当今强调文化影响力等"软实力"的时代，语言的国际教育不仅是国际政治、经济、文化交流的有效工具，也是获取民族和国家利益的重要手段。语言的国际化程度已日益成为国家综合实力的重要体现，向国外推广本国语言更是成为增强国家软实力、提升国际地位的重要战略手段。因而，语言的国际教育就不只是语言的教学和推广，更重要的是以本国语言为载体，传播自己的文化和价值观念，使本国文化在世界多元文化格局中占据重要地位，借以提高本国的国际地位。

纵观国外的语言推广发展状况，可以发现这样两点共识：一是各国普遍将本民族语言教育的国际化纳入其强国战略的一个组成部分；二是将语言教育和文化推广相结合是发达国家向外传播自己的语言时所采取的一个基本政策。英国文化委员会、法语联盟、德国歌德学院、西班牙塞万提斯学院等借助语言国际教育在各国人文外交中逐步声名鹊起，在全球范围建立了语言教学、教育文化交流、国际服务等分支机构，以促进文化、教育、国际关系的拓展和交流。

新中国成立特别是改革开放以来，国际汉语教育承前启后，日渐由零散走向系统，展现出全新的局面。随着中国经济的高速发展和国际地位的大幅提升，国际汉语教育也被赋予新的历史内涵，成为中国语言文化传播和展现中国文化软实力的重要路径，得到国际社会越来越广泛的关注。

国际汉语教育作为一门学科，它以国际汉语学习者为中心，研究国际汉语学习者汉语学习的理论和实践，国际汉语教师的专业发展途径与特点，国别化汉语教育的课程、教材、教法，国际汉语教育所涉及的各种教育测评问题，不同国家的语言国际教育之对比，以及国际汉语教育发展的历史脉络等。较之传统的对外汉语教学，国际汉教育所研究的对象和规律,拓展到教学方法之外的教育学诸多分支领域,研究问题的转变带来了研究内容、研究方法的重大转变,学科内涵得到进一步丰富。

国际汉语教育学科既要分析总结国际汉语教育的实践和现象,也要研究在跨语言文化背景下的国际汉语教育的理论和规律,探索汉语国际传播的机制、路径、策略和手段,因此,语言学、教育学、心理学、管理学、经济学、历史学、文化学、政治学、社会学、国际关系学、计算机科学等都进入了国际汉语教育学科的研究视野。

首先,国际汉语教育以汉语教学为载体,因此必须在汉语语言学理论基础上研究作为外语或二语的汉语本体的特点、结构和功能,它一方面可直接为国际汉语教育服务,另一方面又可加深我们对汉语自身特点的认识,促进汉语的本体研究的深入发展,因而汉语语言学和汉外语言对比成为学科重要基础理论之一。

第二,国际汉语教育本质上是一种教育实践活动,因此就必须遵循教育教学的基本规律和原则,并针对国际汉语教育的实际需求,确立教育教学的具体原则和方法,使国际汉语教育既体现出教育的目的和教育的阶段性,又体现出本学科的性质和特点,这些都与教育学及其各分支学科密切相关。

第三,国际汉语教育是汉语作为第二语言的教育,涉及国际汉语学习者的生理、情感、认知因素,学习迁移、学习策略、交际策略等,也涉及国际汉语教师的心理素质、职业道德修养和职业发展规划等,这些都与心理学及其各分支学科有密切关系。

第四,国际汉语教育对象学习汉语的过程,实质上是跨越自己的母语文化学习另一种语言文化的过程。国际汉语教育要培养学习者的交际能力,实际上是跨文化的交际能力。交际能力中所包括的社会语言能力、话语能力和策略能力,均与文化有关,因而国际汉语教育需要以文化学和跨文化交际学理论为指导。

第五,国际汉语教育本质上也是语言文化的国际推广和传播过程,传播学研究人类社会信息系统及其运行规律,研究传播行为和传播过程发生、发展的规律以及传播与人和社会的关系,因而国际汉语教育需要以传播学理论作为指导,以提高汉语文化教育传播的针对性和实效性。

第六,国际汉语教育作为中外人文交流的重要载体,需要以国际关系学及公共外交理论作为指导,研究如何通过汉语文化国际教育机制体制和区域化国别化策略,提升汉语与中华文化的国际影响力,不断丰富中外人文交流的内涵,在潜移默化中影响其他国家的民众并形成国际舆论,在国际上树立中国良好的形象,进而实现国家的战略利益。

国外在语言国际教育领域的成果与经验,对我国国际汉语教育的学科建设发展具有诸多启发和借鉴意义。事实上,我国学界已经或正在把国外语言国际教育的理论和经验引入国际汉语教育的实践与科研之中,在借鉴国外语言国际教育相关理论和经验的同时,努力探索符合汉语与中国自身特点的国际汉语教育之路。

汉语教学是汉语国际教育的载体和支撑。汉语作为外语教学的主要难点是什么？如何降低汉语学习的门槛，帮助外国人更快更好地掌握汉语，这是我们在汉语国际教育过程中不得不面对的问题。作为汉语教学的母语国，我们不能仅仅依赖于对外来模式的借鉴，必须具有国际领先和模式输出意识，必须首先建立自己的有说服力的品牌。在汉语教学国际化进程中，掌握制定规则、输出规则的主动权，这是决定我们能够引领国际汉语教育潮流的重要之举。

为此必须进一步促进汉语国际教育学科理论的深化和教学实践的创新，在借鉴、吸收世界第二语言教学经验和成果的同时，应着重从汉语内在的特征和自身规律出发，建构汉语作为第二语言教学基础理论。一是进行针对外国学习者的汉语本体研究，侧重点是教学中的难点以及汉语跟学习者的母语或第一语言的差异，并结合学习者的认知心理和语言习得以及跨文化交际等对汉语进行多角度综合研究；二是进行汉语第二语言的学习理论与教学理论的研究，包括习得理论、教学模式、教学方法等的研究；三是进行针对教学实践和解决遇到的瓶颈问题的研究，包括教学案例、课堂教学设计、教学管理、测试评估、语料库建设、教材编写、师资培训、现代教育技术等的研究与推广。

由厦门大学两岸关系和平发展协同创新中心、厦门大学海外教育学院共同策划推出了《国际汉语教育研究》系列丛书。该系列丛书收录了当今国际汉语教育领域最新的研究成果，分门别类作了编排。值得一提的是该丛书还邀请包括两岸知名学者在内的海内外相关学科领域的专家赐稿或参与点评，共同探讨国际汉语教育的热门话题，体现了两岸和海内外学者跨学科的协同创新。

我们衷心希望本套系列丛书的出版，能为汉语国际教育事业添砖加瓦，也为推动两岸国际汉语教育和中华文化传播协同创新和深化两岸关系和平发展做出一点应有的贡献。

序 言

何山燕博士的《东南亚汉语学习者语篇衔接应用与习得》一书,以越南学生为研究对象,针对汉语语篇衔接习得问题进行了较为细致而系统地分析研究。该书是探讨东南亚学习者汉语语篇衔接习得研究的新成果,也是她多年专业学习与学术训练的阶段性小结。

该研究以语篇分析理论与第二语言习得理论为基础,采用问卷与口语调查相结合、定性分析与定量统计相结合的方法,首次对越南汉语学习者语音衔接、词汇衔接、语法衔接、语用衔接等项目的应用情况及习得特征进行了较为细致而系统地考察与研究。

这本专著,是在她长期专业学习与一线教学实践的积累与汇报,并广泛吸收了我国以及西方语篇语言学研究的丰硕成果。全书对汉语语篇衔接的基本层次、学习者汉语语篇衔接的应用考查、语篇衔接习得特征表现进行了探讨,针对越南汉语学习者所呈现的不同语体的语篇语料:书面语篇与口语语篇所涵盖的衔接类型及小类的正确使用相对频次总值,及其习得顺序的差异进行了数据分析与理论阐述。并结合汉语的特征,就汉字形—音—义认知通路、语篇视角与认知语境等因素对汉语语篇衔接应用的影响进行了科学的分析,根据研究结论就《国际汉语教学通用课程大纲》的语篇能力标准进行了修订,进而针对汉语作为第二语言习得的中介语理论、"本位"论及教学实践等方面提出了具有一定建设性的学术见解与实践对策。

语篇意识是促进语言知识向语言能力转化的保证。正如桂诗春先生(1988)所言:"语言能力不等于词汇能力和语法能力,层次高一点的外语教学无不是意义的教学"。也就是说,词汇和语法知识不足以形成完整系统的汉语语言知识,没有语篇知识的语言知识是不完整的。

认知学习理论认为有内在逻辑结构的学习材料与学习者原有认知结构发生关联时,新旧知识发生相互作用,新材料在学习者的头脑中获得新的意义,这就是学习变化的实质。只有当学习者获得比较系统的语篇知识后，语言学习中的词汇和语法知识等零散构件才真正具备一个可以依附的"坐标系"，各成分不但有自己的顺序定位，同时也形成了相互间的组合和聚合关系，共同组成一个网络系统；信息不易遗忘又便于快速提取。

语篇能力的形成是语言交际能力形成的关键因素，语篇能力的高低直接制约着语言综合运用能力的水平。要创造和理解有意义的交际语言，仅仅认知如何创造和识别正确的句子是远远不够的，需要具备交际能力，涉及句子以外更多的知识和技能，语篇能力就是这些知识中的极重要部分。

何山燕博士将汉语语篇衔接的本体特征与西方语篇语言学的研究成果进行了科学的结合，从第二语言习得角度针对东南亚汉语学习者汉语语篇衔接问题进行了真正意义上的应用研究。她的这本专著进一步丰富了汉语作为第二语言习得的研究成果，拓展了该研究领域的层次。该研究在坚持以马克思主义方法论为指导的基本前提下，广泛吸收了当代社会科学、思维科学方法论方面的研究手段，还将数学方法应用于语言习得研究，将定性分析与定量分析科学结合起来，既提高了应用习得研究方法的科学性，又反映出应用语言学研究方法的时代特征。虽然对于作者本人而言，其中的学习过程较为艰苦，这也是值得充分肯定之处：善于学习，敢于创新。

该研究对于东南亚汉语学习者语篇衔接的应用与习得研究不仅具有理论层面的阐述，更有现代科研方法的应用以及具体的实证分析，增强了汉语第二语言习得研究的可操作性。总之，这本专著的问世，对丰富汉语语篇习得的研究层次，提高汉语语篇教学的改进，推动汉语语篇习得的进一步发展，无疑将会起到积极的促进作用。

作为她的导师，本人希望她今后在汉语作为第二语言习得领域继续潜心学习，勇于创新，根基深植，硕果馥郁。

以此为序。

郑通涛

2015 年 9 月 10 日

于厦门大学翔安校区坤銮楼

目录 MULU

绪　论

第一节　选题缘由与意义

一、选题缘由

语篇作为一个相对庞杂的课题,其理论涉及到语篇结构、语篇组织、语境及语用等内容,以上种种最终都归结为一个中心问题,即语篇的合理性问题。语篇具有十分重要的现实意义,无论是在语言学习、语言应用或文学创作中都起着十分重要的水平评价作用。从 20 世纪开始,许多研究者从文学、哲学、语言学等角度对语篇进行了多侧面的研究,研究成果较为丰富。

学汉语的外国人在用汉语进行口语或书面语表达时,经常让人感觉其表述前言不搭后语,尽管其表述中的单句基本符合语法规则,但是在语篇衔接与连贯上却破绽百出,单句表达可以做到基本正确,而成段表达则语无伦次,前后脱节;甚至到了汉语学习的高级阶段,即使那些程度比较好的学习者,在汉语应用中也仅能较为准确地掌握和使用单句,一旦将单句组合成语篇,便暴露出词汇使用层次偏低,衔接手段运用匮乏,语篇语句单调重复甚至支离破碎的弊病,严重影响者语篇的表达效果。如:

(1)我七十四岁的奶奶矮矮的个子,布满皱纹的脸,长着一双慈祥的眼睛,比实际年龄看起来年轻一点儿。

(2)"春卷"是越南的一道家常点心,男女老少都爱吃。一道家常点心是用米皮、豆芽、肉末、香菇、胡萝卜还有海鲜做成的。

(3)我有一个姐姐,叫青草。姐姐今年二十六岁。姐姐中等个子。姐姐脖子长长,头发黑黑,皮肤白白的。四岁的时候,姐姐就开始学习长笛和小提琴。

(4)我因为和中国朋友经常来往,我甚至又每天都看中文电视和中文书,我所以进步比较快。

(5)酸汤是越南南方的一种汤,南方人都爱吃,做酸汤先我们要切豆腐、香菇、菠萝、西红柿都成条儿,然后是把菠萝和西红柿放到锅里炒一下,过一会儿放水进去。特别注意的是,我们一定要等所有的配料都炒熟了,锅从火上下来,再放空心菜、绿豆芽和香菜进去。

以上偏误例句表明,学习者所表达的内容并不存在明显的语法错误,但是整个语篇却缺乏整体连贯性,严重影响了表达效果:例(1)中前三个小句中"个子"、"脸"、"眼睛"等词语的音节数量不均衡;例(2)中当"一道家常菜"第二次出现时缺乏相应的回指指称手段;例(3)中名词"姐姐"重复使用过多,未能恰当运用主语省略形式:例(4)不仅人称指示代词"我"重复过度,而且存在关联词语使用不当的问题;例(5)所关涉的内容含有明显的处置意味,但却不当地采用了"主 – 谓 – 宾"的句式结构,而未能正确运用"把"字句结构。刘月华曾指出:在汉语教学实践中,句子是公认的教学重点要素,这一思路在初级汉语教学阶段是十分正确的,但是长期只偏重语法教学必然容易导致汉语学习者单句组合成语篇时出现句间缺乏衔接、语句前后脱节、语篇结构整体性不强等弊端[①]。

事实上,在很多情况之下,尤其是汉语教学的中、高级阶段,学习者的偏误问题并非全部体现在语言形式是否符合语法规则上,而更多的表现在语篇结构衔接与连贯与否上,因此,需要针对这一课题进行专门研究[②]。从目前国内有关留学生语段或语篇的应用研究成果来看,留学生汉语语篇应用中较为突出的问题在于:只将单句进行单层线形罗列,语篇衔接手段相当贫乏[③]。由此可见,语言表达在本质上属于语篇层次上的表达,其核心问题就在于衔接。而仅靠凭字、词、句的训练并不能真正实现语篇交际能力的培养,我们在汉语作为第二语言学中必须客观重视语篇衔接这一问题。

长期以来,汉语作为第二语言教学较为偏重语音、词汇、语法等要素的教学,对句子偏误研究一直以来都以句子(包括单句和复句)框架下的语法偏误研究为核心,其中主要包括词法和句法偏误两个大类。词法偏误研究一般有两种研究模式:一为针对某一类词或格式偏误问题的偏误分析,一为立足对比分析理论探寻偏误成因;而句法偏误研究则主要针对汉语特殊句式的偏误分析。客观而言,词汇和句子是构成语篇的两大基本要素,但孤立的词汇或句子并非第二语言学习的最终归宿,而是要求学习者最终能在语篇层面正确而得体地来理解、学习和使用语言,才是第二语言教学的终级目标。

事实上,理解汉语不仅仅要理解一个个词语、一句句话、而且要理解句与句、段与段之间的衔接与联系,理解段落、语篇的层次与条理、要点与主题。就表达层面而言,无论是口语还是书面语表达,要叙述一个较为复杂的事件、说明一个较为复杂的事物、表达一个较为复杂的观点,都必须使用一段或者几段话,甚至一篇文章才能表述清楚,仅凭几个词语或句子是不能完全奏效的。就此意义而言,语段、语篇的衔接与连贯是语言学习,尤其是第二语言学习过程中不可回避的现象,因为语言的输入与输出,不单是一个个孤立的词语或单句形式的使用问题,而是语言单位之间的联系与综合的

---

①刘月华《关于叙述体的篇章教学》,《世界汉语教学》,1998 年第 1 期。

②鲁健骥《外国人汉语语法偏误分析》,《语言教学与研究》,1994 年第 1 期。

③马燕华《中级水平日本留学生汉语语段衔接调查分析》,《语言文字应用》,2001 年第 4 期,第 31－35 页。

产物。

然而,我国对外汉语教学界语篇方面的研究起步比较晚,相对词汇、语法等方面的研究而言,"尚有许多未能揭示的语篇现象",语篇教学研究的整体滞后导致"学生到中高级阶段难以再提高,这一'高原误区'始终未能得以突破①,针对语篇问题的教材编写和教学实践活动缺少科学的理论指导,尤其对于汉语作为第二语言教学与习得方面的研究十分匮乏。

因此,语篇衔接在汉语作为第二语言领域的理论与应用研究是必须重视的问题,汉语作为第二语言的语篇衔接习得与语篇衔接教学等内容不仅值得为我们充分关注,更是一个颇具研究价值的课题。

二、选题意义

传授语言知识与培养言语技能是第二语言教学的基本目标。言语技能主要包括"听、说、读、写"四个方面。Halliday 认为,从语言学的语篇层面而言,语篇研究的核心内容是语篇衔接与连贯,而衔接是语篇内的句子在语义和表层结构中的连接方式,是构建语篇的重要手段。汉语作为第二语言学习者在语篇层面的偏误主要体现为语篇连贯问题,集中表现为语篇衔接错误。从语言教学的角度分析,就言语技能及言语交际技能范畴而论,语篇衔接能力是学习者汉语能力的重要组成部分,它渗透于"听、说、读、写"四大言语基本技能之中:

首先,"听"的能力中包含了对语篇衔接能力的考察。听力材料本身就是一个完整的语篇单位,遵循语篇组织的基本规则,听力材料内部各组成语句或语段之间必然存在客观的衔接方式,充分体现出了语篇衔接的基本特征。因此,听的能力包含了语篇能力要素,尤其是在听辨过程中"抓标志词"、"抓关键句"的能力。提高听力水平也就意味着必须重视语篇衔接与连贯的语感,培养理解语篇衔接手段的基本能力。

其次,"说"的能力中包含了对语篇衔接能力的考察。从生理学和心理学角度而言,听说之间联系十分密切,听是信息输入的过程,说则是信息输出的过程。"说",即口语表达,也是语篇层次上的说话叙事。评判口语表达能力的高下,不可片面将注意力放在语音或词句的正确程度上,同时更要关注表达者语篇信息输出的衔接与连贯程度,这其中包含了词汇使用的变化性——词汇衔接方式,内容表达的层次性——语法衔接方式,话语信息的延展性——语篇中的话题推进方式等等。因此,口语能力体现出语篇意识要素,是语篇衔接能力的直接表现之一。

再次,"读"的能力包含了对语篇衔接能力的考察。在阅读实践中,需要不断扫除阅读材料中的字词句障碍,这就需要根据语篇上下文的衔接关系来"猜词",以达到正确理解句子的目的;同时,阅读中还需要对阅读内容进行"预测",这便需要抓住语篇的主题句所在;而要全面提高阅读速度与准确度,更离不开"抓标志词"。这些都涉及到语篇衔接的几种主要方式。如:"猜词"离不开对词汇衔接手段的理解——同一语篇中的某些词语之间具有一定的词义关系,或为同义或近义关系、或为反义关系、或为上下义关系等等。"速读"、"预测"、"句子理解"离不开对语法衔接及语义衔接等手

---

① 田然《近二十年汉语语篇研究述评》,《汉语学习》,2005 年第 1 期,第 51 页。

段的掌握与运用。而阅读材料中的"标志词"包含了许多表逻辑关系的连接性词语，如"因为"、"可是"、"此外"、"最后"……这些都离不开对语篇中语法衔接及话题推进手段的理解及运用。阅读能力的培养应重视汉语语篇衔接的基本规律，强化语篇衔接与连贯知识，是培养汉语语篇衔接认知能力，提高阅读能力的基本前提。

最后，"写"的能力也包含了对语篇衔接能力的考察。"写"，即把文字符号组合成书面语篇。与前三项能力相比，写作能力是书面语篇表达能力最为直接的体现。写作的这一特性决定了写作无法回避衔接与连贯手段的合理使用：遣词造句能力固然是必备的基础，但如何连词成句，如何缀句成段，如何组段成章，这才是写作能力更高层次的体现。学习者所具备的语言知识是否与相应层次的语言能力相一致，最有效的考察办法就是看写作能力。

因此，理解和掌握语篇不仅仅是理解和掌握一个个词语、一句句话，而且要理解和掌握句与句、段与段之间的衔接与联系，理解和掌握语篇的层次与条理。从表达方面来说，"无论是口语还是书面表达，仅说对了或是写对了一句话是远远不够的，要叙述一个较为复杂的事件、说明一个较为复杂事物、表达一个较为复杂的观点，都必须使用一段或者几段话，甚至一篇文章才能表述清楚"[1]。语言的听、说、读、写都离不开对衔接手段的应用，语篇衔接是语言应用必须面对的问题。

本选题充分关注到语篇衔接与汉语作为第二语言习得所隐含的内在联系，体现了对汉语作为第二语言教学应用研究的新思考，具有如下实践意义：

（一）实现语篇分析理论的洋为中用，系统探寻汉语语篇衔接的习得规律。

综观第二语言习得的研究，前后经历了四个主要阶段：第一阶段为对比分析阶段；第二阶段为偏误分析阶段；第三阶段为语言运用分析阶段；第四阶段为语篇分析阶段[2]。语篇分析，即对超出句子层面的语言和语言教学的研究方法，在语言学界和语言教学界都尚属一个相对较新的语言研究视角。语篇分析是随着对语言的语用研究、对语言习得的社会文化因素的研究以及语言教学交际性原则研究的发展而产生的相当重要的研究方法，语篇分析开拓了语言及语言学习研究的的全新研究领域。第二语言习得研究模式不再以语法为唯一研究视角，而逐步朝功能主义及多学科并重的研究模式转变，在语料选取上也突破原有句子层面语料的制约，更多采用语篇层次的语料进行分析。语篇分析法几乎能应用于语言习得与教学的所有课题，并能带来新的境界。这一方法还处于起步阶段，因而特别需要做一些勇敢的探索[3]。从第二语言教学与研究角度而言，语篇分析理论与汉语习得研究相结合，能从新的视角发掘习得研究的新课题。

从某种意义上说，汉语学习者的语篇学习过程就是其语言认知能力与汉语语篇的互动，此过程涵盖了语篇交际功能与认知能力的基本特点，较为典型地体现了语篇分析理论的基本要素。系统探讨语篇衔接习得的各层次，而不是就语篇衔接的某一次小类做局部的描述，能对语篇衔接的习得规律进行系统的刻画与分析，能较为客观而全

---

①陈昌来《对外汉语教学概论》，复旦大学出版社，2005年，第156页。

②孙德坤《中介语理论与汉语习得研究》，《语言文字应用》，1993年第4期，第82-92页。

③陈昌来《对外汉语教学概论》，复旦大学出版社，2005年，第236-237页。

面地揭示出学习者的内在习得过程,及其所呈现出来的习得规律。

(二)关注学习者的语内偏误,客观考察书面语同口语语篇习得的内在关系。

对汉语语篇的理解与运用体现了汉语语言符号与认知图式结构的交互作用及其互动结果。与母语迁移所导致的偏误相比,目的语内部规则所导致的偏误,即语内偏误,成因更为复杂。语内偏误是指第二语言学习过程中由于目的语内部规则的不当迁移而产生的偏误。这类偏误是学习者受习得目的语知识的影响而产生的,与学习者母语的干扰无关。关注汉语学习者汉语语篇衔接应用的语内偏误,不仅有助于探讨汉语作为第二语言研究的客观规律,对教学研究具有积极的指导意义,还可对汉语本体研究提供有价值的反馈资料。

对书面语语篇和口语语篇的综合考察,客观体现了对语篇类型的全面分析,使语篇习得规律的研究更具科学客观性,并能探寻学习者在书面语语篇与口语语篇这两类不同语体语料上的应用及习得的联系或差异,使研究结论更为客观可靠。

(三)拓展习得研究新领域,积极开展国别化汉语教学研究。

越南是中国的近邻,也是较为规模化的汉语学习对象国。越南与中国在政治、经济、文化等领域的交流与合作日益频繁。近年来,越南新一轮"汉语热"再掀高潮,学习者人数和教学规模都呈扩大趋势:汉语在越南现已毫无悬念地为继英语之后的第二大外语语种。据2006年数据显示,越南目前多所大学开设中国语言文学系,约35所大学外语系设汉语专业或公共汉语课程。此外,当地的私立大学、联办及民办大学都开设了汉语专业或公共汉语课程。约有30所正规的中小学开设了汉语课①。中国业已成为越南第三大留学对象国,越南学习者也已成为继日韩学习者之外的又一大学习群体。

长期以来,汉语作为第二语言习得研究领域以欧美和日韩学习者为主要研究对象,现有的研究成果多如牛毛。然而,科学研究不应该将视野囿于一处,而应不断拓展新的研究领域,探寻新的研究资源,不断进行创新尝试。因此,研究越南汉语学习者的语篇衔接问题,不仅是汉语热催生的课题,更是语言研究的客观需要,而对越南汉语学习者的习得研究成果也是对汉语做为第二语言习得研究的重要补充,具有十分积极的现实意义。

此外,处于汉字文化圈内的越南,在文化习俗方面与中国颇为接近,但越语以拼音文字为书写系统,与汉字联系程度不大,越南汉语学习在汉语习得规律与偏误成因方面抑或具有其独特性。在提倡汉语教学国别化、特色化研究的今天,对于越南汉语学习者汉语语篇衔接习得情况的考察,既有语言共性要素的探究,更有对语言个性因素的思考。

---

① 《汉字在越南无处不在 汉语已经成越南第二大外语》,《国际先驱导报》,2007年2月27日。
http://www.ce.cn/xwzx/gnsz/gdxw/200702/27/t20070227_10520568.shtml.。

第二节　相关理论阐述

一、语篇语言学理论

作为人类语言载体的主体单位,语篇研究一直受到学术界普遍关注。自二十世纪五十年代起,随着话语分析理论的诞生,语篇语言学成为众多语言学家所关注的重点,并引起了研究学界的广泛兴趣。在语篇语言学中,最具有代表性且为众多语言学家们着重研究的当属语篇的衔接与连贯问题:社会语言学家从语篇的社会属性及其影响加以研究,心理语言学家对语篇的形成模式及语篇的理解过程进行探讨,语言哲学家以及形式语言学家对语篇中的句法问题展开了分析,计算语言学家则利用人工智能手段对语篇结构内部的数理规律加以探讨[1]。

Beagrande 和 Dressir 认为,作为一种交际活动,语篇必须具有七项标准,即衔接性、连贯性、意向性、可接受性、语境性、信息性和互文性[2]。在七项标准中"衔接"和"连贯"尤为重要,是实现其他标准的基本前提与手段。衔接是语篇特征的重要内容,是一个语义概念,直接体现了语篇的表层结构。例如,语法手段中的指称、替代、省略,词汇手段中的词汇重复、上下义词语的衔接,都体现了语篇结构的衔接关系,因此,语篇语义连贯的实现离不开衔接这一有形网络。

Halliday 和 Hasan 指出,构成语篇的关键要素是其内部各个小句以及各小句内部组成成分之间的衔接关系及其具体衔接手段。正是由这些语言单位彼此组配所形成的衔接关系赋予了语篇中语句单位以语篇性。针对语篇衔接,语言学家们提出了语篇组织结构的种种理论模式,如 Halliday 的语篇"衔接"模式,Wintter 的"重复替代"模式,Philips 的"远距离衔接"模式,胡壮麟的"多元衔接"模式等。这些都是语篇语言学最较为核心的成果。其中,Halliday 的语篇衔接模式理论最具影响力。

二、认知心理学理论

语言习得的过程究其本质而言,是对语言进行加工的过程。常用的加工方式是理解和表达:理解主要体现为信息输入,表达主要体现为信息输出。从心理语言学的角度分析,语篇理解是基于信息互动的系列心智运行程序的结果,也是人类认知过程的最终产物。在语篇生成和理解这一动态的认知过程当中,语篇衔接起着认知导向作用。语篇衔接信息的输入与输出都需要借助人们大脑中已有的语言知识及语言能力,即必须具有一定的词汇辨析能力,如同义词、近义词的辨析、上下位词的确定;熟悉必要的语法衔接手段,能联系上下文准确判断因果、转折、并列、选择、目的、比较等逻辑连接方式,并能借助于逻辑关系正确理解语篇隐性衔接背后的语义信息。这一系列过程中都需要语篇使用者遵循一定的法则去组织他们的知觉世界,因此,语篇衔接与认知有着密切的联系:

---

[1]郭纯洁《语篇连贯性的认知基础》,《现代外语》,2003 年第 1 期。

[2]黄国文《语篇分析概要》,湖南教育出版社,1988 年,第 10－11 页。

(一)语篇衔接与格式塔心理学理论

作为一个完整的语义单位,语篇衔接是实现语篇性的关键所在。胡壮麟指出,语篇语法衔接中,省略是指结构中未出现的词语可以从语篇中其他小句或句子中得以回找或确定,参照语篇情景或上下文语义能确定被省略的名词、动词以及小句成分。同样,衔接中的替代也是如此,为行文简练或避免重复,语篇衔接中常可见以甲形式替代乙形式的现象,如名词替代、动词替代等等,形式的更换并不会影响语篇的解读,因为人们往往借助语篇的语境因素准确判断出替代的所指对象。

上述语篇衔接所具备的特性,正是格式塔心理学"完形"原则的直接体现。格式塔心理学受康德图式理论的影响,非常强调完形的作用,因此,格式塔心理学又被称为完形心理学。该理论认为,人的心理"是一种整体组织结构,也是一种图式"。人的大脑里储存着已有的知识和完整的知识体系,当人们感知外部事物和对信息进行加工时,这些已有的知识和完整的知识体系会有意识或无意识地起作用,人类所具备的心理完形作用常常能填补认知图式缺口,从而出现顿悟而获得知识。

语篇衔接符合格式塔心理学的完形原则,能使语篇中各部分前后勾连,互为说明,即使其中的某一个部分省略或更换为另一种表述形式,语篇内部的语义逻辑关系不会受到影响,最终使得语篇语义的连贯性得以真正实现。

(二)语篇衔接与图式理论

作为一个完整的语义单位,语篇内部的语义表征彼此关联,组合成语篇意义的整体结构。在语篇中,一个语言单位不必频频重复出现,常借助指称衔接手段加以指代。人们可以依照语篇的语境准确推断指称词所指的事物或对象,被指与所指关系一目了然。词汇衔接也是如此,近义、反义、上下义词汇衔接关系的运用,能使语篇中的语义信息由此及彼互为参照,反之亦然,

语篇衔接中隐含着图式理论的基本特点,主要体现为认知心理学对知识表征的分析。图式是表征存储于记忆中的一种概念或资料结构。图式的加工过程具体体现于对加工的资料所进行拟合优度(goodness of fit)评价[①]:当面临某一情境时,图式总是对解释情景的假说的合理性进行评价。拟合优度的评价过程也就是语篇衔接启动的过程,如果图式提供了对客观情景一致性的评价,便能实现语篇的衔接,否则即为衔接失败,无法实现语篇意义的连贯一致。

每一个图式都能和其他许多图式相互连接起来,共同构成一个知识网络,在认知活动和语言使用中,该网络中相关知识表征是图式网络中的一个个知识结点,激活其中某一个结点有助于激活提取网络中其他相关结点。语篇衔接和图式理论在基本原理上存在相对一致性,语篇衔接是图式知识表征的方式之一,彼此衔接的语篇单位是构成语篇整体的不同意义节点,启动其中一个部分便会引发另外一个部分,而彼此没有衔接关系的部分则不存在这种启动效应。

[①]Rumelhart,D. E. Schemart and the Cognitive System,InR. S. Wyer,Jr. &T. K. Srull,(Eds.)Handbook of social Cognition. HJ:Lawrence Erlbaum Associates1984,P163.

(三)语篇衔接与关联理论

语篇的整体性是把语篇与其他复杂系统联系起来的特征,其实质是作为整体的语篇总是大于各部分的总和,而作为整体的语篇总是由彼此相关的各个部分相互衔接才得以构成。整体性是语篇内容方面的特征,语篇的整体性体现出内部各组成部分彼此相关的思想。人们开展思维活动而形成的思想,是由几个命题、甚至一系列命题所构成的。这些命题的连接有相继关系、并立关系、时间关系、因果关系和转折关系等等①,反映在语篇形式上,最具代表性的便是语篇衔接关系中的关联词语。在语篇中,经常共同组配在一起使用的关联词往往被视为整体中的组成部分,激活其中一个便能带出另外一个,如"因为……所以"、"虽然……但是"、"不仅……而且"、"只要……就"等等。

关联词语是实现命题之间各种衔接关系的一种表述用语,也是体现关联理论基本思想的语篇衔接形式之一。基于认知语用的关联理论的核心内容是指每一个明示的交际行为都应设想为自身具有最佳关联性②。辩证法指出,客观世界中的万事万物都是相互依存、彼此关联且互相制约的。人类的认知趋向于最大关联性,Sperber 和 Wilson 认为,关联性是一个制约人类交际的基本因素,关联性与语境认知因素,即语境效果相关,也与人们在理解语言推理过程中付出的认知努力相关。根据关联理论,作为一系列存在于人脑中的假设,语境表现为人类心理结构的整体单位,所以语境亦可称之为认知语境③。

语篇的生成和理解是一个动态的过程,语言交际过程就是一种结构化、语用化的认知语境参与过程。与关联理论原理相一致,语篇衔接是一个根据语篇信息或假设寻找语篇最佳关联点的推理过程,在此过程中,人与语篇在认知语境上趋同性越强,理解的正确率就越高,因此语篇衔接信息的正确解码能实现传递信息与收受信息结果之间的最大相似性。

(四)语篇衔接与认知策略

唯物论认为,人的意识、概念最终都源于客观世界,来自人与人之间的交互行为与社会实践。因此,人们理解客观世界中的事物、现象之间的联系或规律离不开思维的认知处理过程。语篇衔接的实现需要具备一定的逻辑依据和语用推理基础,从而延续命题的发展,保证语义的衔接与语篇的连贯。语篇衔接涉及到两个或两个以上的语言结构之间的关系,要实现语篇在逻辑语义上的协调连贯,不仅需要合理利用显性衔接的手段,同时也必须合理利用隐性衔接的手段。这一切都离不开认知策略的参与。

认知心理学认为,大脑进行信息加工必须调用各种策略,即认知策略。语篇信息的加工,衔接手段的应用也是如此。语篇衔接是在正确的语言知觉基础之上进行的更高水平的句法和语义加工,这是一个主动构建意义的过程,包括形成期望或假设,进行推理,利用上下文等。这一切都依赖于人本身已具备的包括语法和语义知识在内的知识及经验。通常,人们会在已有知识经验的基础之上,通过语义策略、词序策略和句法

---

① 罗伯特.L.索尔索《认知心理学》,教育科学出版社,1990 年,第279 页。

② Sperber, D. &D. Wilson. Relevance:Communication and Cognition,Blackwell,1995,P158.

③ Sperber, D. &D. Wilson. Relevance:Communication and Cognition,Blackwell,1995,P158 - P 160.

策略等来处理语言信息①。如以意合法构建的语篇存在大量的省略,甚至还会有不符合语法组合规则的现象出现,但人们却能理解这样一些前后脱节,甚至句法有偏差的语篇,这正是由于其大脑中存在一个语义模式。这种语义模式本质上是表征知识的一种抽象形式,是认知策略加工的产物,有了这一模式,即使是词序颠倒也不会影响人们对语篇信息的正确理解。

实现语篇衔接以构建连贯的语篇,一般要经过计划、建立和执行三个阶段。在语篇衔接关系建立的过程中,人们的认知策略起了十分重要的作用,它能使我们调动自身认知经验,对于语义的连贯程度做出判断,并选择相应的衔接方式,以保证信息交换或语言交流的延续。

三、语用学理论

根据 Halliday 和 Hasan 的研究结论,衔接指存在于语篇内部,使全文成为语篇的各种意义关系。从衔接意义的表现形式上分析,可以将其分为语篇内部衔接和语篇外部衔接两大类。在语篇的内部衔接中,衔接体现为表层符号,即词汇和语法形式,属一种语义与形式相对应的关系,即有言语特征的体现方式,如通过照应、语法、词汇、语音、替代、省略和连接等手段来加以实现。而有些语篇似乎不具备可识别的衔接标记,但通过对其语境、语域及语言使用者的共有知识和文化背景知识等的分析研究,同样可以获得相对连贯的信息链。② 这种语篇外部的衔接机制在很大程度上归功于语用。

在语篇衔接与连贯中,语用知识显然是十分必要的因素。在言语交际过程中,发话者为保证语篇信息的畅通,需要时常对听话人或读者的知识状态做出假设,以便使信息具有最佳的可及性(accessibility)。信息的可及性越高,语篇的衔接性越强。作为交际过程中的背景信息,语用预设变构成了交际双方的共有信息场。因此,在语篇信息流中,语用预设制约着信息展开的方式,并以此制约着语段在语篇语境中的适宜性,即语用预设可对语篇信息流施加连贯制约和限制。

"预设"这一概念最早由德国著名哲学家和逻辑学家弗雷格(Frege)于 1892 年提出,他指出,任何命题的提出都存在者一个理所当然的前提,即充当命题主项的简单或复合的专有名词都必须具有指称现象。随着现代语言学的不断发展,"预设"已成为语言学领域与语义学、语用学和认知语言学研究密切相关的热点课题之一。③

语用预设(pragmatic presupposition)是关于交际语言活动的预设,是将预设视为交际双方预先设定的已知信息,即"说话和写作时假定对方已知晓的信息"。④

目前,尽管各国语言学家从语用学视角对预设所做的界定或阐述不完全相同,但对预设的本质特征的界定基本符合 Levinson 提出的结论:语用预设具有合适性(appropriatenes/felicity)、共有知识(mutual knowledge/common ground/jiont assumption)等

---

① 彭聃龄、谭力海《语言心理学》,北京师范大学出版社,1991 年,第 147-166 页。
② 王玥晴《语用函数映射下的语篇衔接研究》,《琼州学院学报》,2012 年第 19 卷第 3 期,第 119 页。
③ 高俊丽《语用预设与语篇的衔接与连贯》,《新乡学院学报》(社会科学版),2012 年第 1 期,第 104 页。
④ 王宗炎《英汉应用语言学词典》,湖南教育出版社,1988 年,第 147 页。

两大显著特征。①

预设是一种潜在的已知信息，是交际双方共同认可的背景知识，是指说话者在发出言语行为之前对听话者的现有知识状态所做的一系列假设。Durot 指出，预设的基本功能是为语篇的进一步发展构建一个框架，Leech 认为，会话双方已陈述过的命题可称为下一个命题的预设。在语篇生成的过程中，语用预设的一大重要功能便是引出断言信息，并为下一个断言信息服务。由此可见。语用预设就是布局谋篇的一种重要手段，在语篇衔接中发挥着重要作用。对于语言教学研究领域而言，在言语交际技能训练中，语篇衔接所蕴含的的语用预设信息的理解与运用便显得尤为关键。

在听力理解过程中，每一段听力语篇材料都可视为一个意义群体，这一意群是发话者根据预设而建立起来的，并以隐含的方式表达为预设命题，再用话语体现出来，由此可见，听力理解语篇本身是一个连贯的语义单位。完成听力理解需要找出相关语篇材料的语言单位，将句群作为整体来分析，以获得相对完整的意义信息，而不是支离破碎的抓住某个词或某一句话。在听力理解过程中，还需加上猜测和推理，寻求发话人对有关成分信息的意图和态度，也属于语用预设的一种方式。

在口语交际过程中，语用预设对话语语篇衔接的影响也十分明显。由于语用预设的"合适性"和"共知性"，不仅要求发话者完成合适的言语行为，以求使听话人正确理解自己的言语行为所传递的核心信息，同时也要求交际双方在一定的共有知识和常识前提下，言语信息明确清晰，简明扼要，避免无谓的重复赘言，从而使言语交际活动更为经济、高效。

阅读活动离不开对语篇语境的分析，以揭示文本背后所隐含的观点与意识。因此，仅凭文本本身来确定预设是否具有意识形态意义是极其不足的，还必须结合文本所承载的语用预设加以思考，判断预设的命题与内涵关系，进行深入的分析，必须将所阅读的文本的内在的语篇语境同外在的社会语境，甚至文化背景知识相联系，方能获得良好的阅读效果。

写作是一个信息输出的过程，作者需要从个人头脑中提取与所写内容相关的各类信息，筛选出与写作命题相关度最高的部分信息，并且要对有可能阅读本人作品的读者可能具备的共有知识进行预设，以便合理安排素材信息，写作顺序，并做出有利于读者利用上下文语境寻找理据以助于其解读信息度较高的内容，减少读者信息接收和解码的难度，使自己的书面表达完成既定的目标。

综上所述，不难看出，语用预设是判断某一话语或断言是否妥当的重要基础，它是为语篇信息流的畅通服务的，它可以决定这一言语行为在特定语篇语境中的适宜性。②

第三节　语篇衔接研究综述

对于语篇衔接这一重要课题，国内外许多学者多年以来耕耘不断，成果丰硕。本

---

① 何兆熊《新编语用学概要》，上海外语教育出版社，2000 年，第 258 页。
② 朱永生、苗兴伟《语用预设的余篇研究》，《外国语》，2000 年第 3 期。

文对语篇衔接研究的文献综述由衔接定义这一研究源头出发,根据由国外到国内、由本体到应用的基本顺序进行分类归纳,主要包括语篇衔接的定义、语篇衔接的分类、语篇衔接与连贯的关系、语篇衔接的汉外对比、汉语语篇衔接手段研究、汉语作为第二语言教学的衔接偏误分析与教学实践研究等几个部分。同时,根据汉语作为第二语言教学的应用性特点,从狭义衔接的角度对语篇衔接分类问题进行了重新界定。

一、语篇衔接的定义

衔接是语言形式在句法或语义上的连接。衔接理论是语篇研究的核心内容,"衔接"这一概念由 Halliday 于 1962 年首次提出,从此,"衔接"由一个普通词汇单位演变为语言学术语。

1976 年,Halliday 和 Hasan 合著的《英语的衔接》(Cohesion in English)一书问世,标志着衔接理论的正式创立。Halliday 夫妇在该书中再度提出"衔接"这一概念:"……'衔接'这个词专门指那些组成语篇的非结构性关系。它们……是语义关系,语篇是一个语义单位。""衔接是篇章中的一个成分和对其解释起重要作用的其它成分之间的语义关系。这一'其它成分'也必须在篇章中能够找到,但它的位置不完全是由语法结构来确定的"[1]。意即衔接是指语篇中某些成分之间的语义联系(如词汇、语法结构等),其中"一个成分的存在是另一个成分存在的前提,对其中一个成分意义的理解需要同预设成分(presupposed element)的意义相比较"[2]。语篇与句子或小句的关系"不在于篇幅的大小,衔接才是关键"[3]。在此,Halliday 特别指明了衔接为语篇研究的重点所在。

继 Halliday 和 Hasan 提出"衔接"概念后,学者们从不同的研究角度针对衔接进行了思考和阐述,其中比较具有代表性的观点如下:

De Beaugrande 和 Dressler(1981)认为,衔接存在于语篇的表层,它通过语法衔接手段将内部各组成成分加以恰当组配。在此,语法手段只是构建语篇的要素之一,它必须通过与语篇构建中的其他要素相结合才能发挥作用[4]。他们还从认知学角度分析,认为衔接是使表层语篇成为互相连接的一个序列的方式,所有用来表示表层成分之间关系的功能,如重复、省略、替代、连接等,都包括在衔接这一概念之中,语篇衔接手段的运用有助于语篇在表达和理解上的稳定性和经济性。

Van Dijk(1985)立足于语义和语篇层次分析的角度,认为衔接是语篇连贯的具体类型之一,并将表层结构衔接视为语义连贯的表达系统,而将衔接视为用于解释深层语义连贯的语法表现形式[5]。

Hoey(1991)与 Van Dijk 所持观点相近,他认为衔接是语篇内部句子与句子之间

---

[1]Halliday, M. A. K. & Hasan,R. Cohesion in English,London:Longman,1976,P7.

[2]Halliday, M. A. K. & Hasan,R. Cohesion in English,London:Longman,1976,P7.

[3]Halliday, M. A. K. & Hasan,R. Cohesion in English,London:Longman,1976,P8.

[4]De Beaugrande,R&Dressler, W. Introduction to Text Linguistics,London:Longman,1981.

[5]Van Dijk,T. A. Handbook of Discourse Analysis,London:Academic Press,1985.

的语法关联,它构建了语篇内各个局部的上下文联系①。其中,相互衔接小句里的某些词或语法特征在某一语篇内的具体表现形式,是能将该句与其相邻句子连接起来的手段和方式,一个语篇的组织或创造主要凭借各句中的这些成分,对语篇中某一句子成分的理解可以从其他前后相关的句子成分中寻求启发。

Crystal(1985)对于衔接的定义主要立足于语篇语义与结构分析,他指出,衔接是指语篇表层结构中的语言形式在句法和语义上的连接②。

早在南朝时期,我国学者刘勰在其写作学专著《文心雕龙·章句》中就阐发了关于语篇衔接的基本思想:"章总一义,须意穷而成体。""……然章句在篇,如茧之抽绪,原始要终,体必鳞次;启行之辞,逆萌中篇之意;绝笔之言,追胜前句之旨。故能外文绮交,内文脉注,跗萼相衔,首位一体。若辞失其朋,则羁旅而无友;事乖其次,则飘寓不安。"③"章总一义,须意穷而成体"便是我国古代关于衔接的最初萌芽意识,指明了语篇应衔接连贯,前后呼应。

二十世纪以来,我国语言本体研究逐步开始从语言的角度关注语篇衔接问题,这一发端始于语法研究领域。在我国传统的语法研究理念中,一般认为句子是最大的语法单位,因此,通常讲语法只讲到单个的句子为止,黎锦熙、刘世儒先生在其合著的《汉语语法教材》(第三编)中,提出"句群"的概念,指出"几个句子联系在一块儿,只有一个句子的隔离性质的语音标志的(书上就是用个'句号'),这是复句形式;要有两个或两个以上的隔离性质的语音标志而也须联系在一块儿的,这就叫做'句群'……句群就是介于复式句和段落之间的一种'语言单位'"④。在此基础上,关注句子之间的关系便不可回避,这是我国现代语言学领域对于语篇衔接这一问题的最初思考。

廖秋忠指出,语篇现象的研究大致可分为语篇连贯和语篇结构的研究两大类,语篇连贯现象又可以分为两个方面的研究:形式连贯手段与意义/功能连贯的研究⑤。

胡曙中(1993)从修辞学角度分析,认为英语语篇的衔接主要依靠"形合法",具体表现为通过连接词体现语篇的时间、空间和逻辑关系,从而实现语篇内部句子的衔接;而汉语语篇的衔接主要依靠"意合法"⑥,可以不用任何形式上的衔接手段,主要根据逻辑语义贯穿始终,实现语篇意义的整体连贯。从某种意义上而言,语言内部的逻辑语义是更为深层次的因素,在语篇衔接中发挥着十分重要的作用。

聂仁发(2009)从显性衔接的角度,针对"衔接"所关涉的"句间关系与关联词语"以及"功能关系"进行了探讨,此外,还涉及到了语篇话题链与话题推进问题。

我国外语界对于语篇衔接问题的研究最早始于上世纪80年代,黄国文于(1988)年所撰写的《语篇分析概要》针对语篇分析理论进行了介绍。该书的主要内容是结合英语语料对国外语篇衔接语连贯的相关研究理论加以引进式阐述。

---

①Hoey,M. Patterns of Lexis in Text,Oxford:Oxford University Press,1991.

②Crystal,David. Dictionary of Linguistics and Phonetics,New York:BasilBlacknell,1985.

③王运熙、周峰译注《文心雕龙译注》/(南朝梁)刘勰著,上海古籍出版社,2010年,第164-165页。

④黎锦熙、刘世儒《汉语语法教材(第三编)》,商务印书馆,1962年,第259页。

⑤廖秋忠《廖秋忠文集》,北京语言学院出版社,1999年。

⑥胡曙中《英汉修辞跨文化研究》,青岛出版社,2008年。

张德禄提出,"衔接关系表示语篇的语义关系既包括各种结构成分之间的意义关系,也包括各种结构之间的意义关系,是把语篇中的概念意义和人际意义组织起来,使其相互联系,组成一个整体的关系"①。因此,衔接关系是相互交织、纵横交错、十分复杂的②:首先,由于衔接用来解释语篇中的语义关系,因此,任何表达语篇中语义关联的特征都应视为衔接特征;此外,语言的意义系统包含了概念意义、人际意义和谋篇意义等三种意义。因此,除了组织概念意义的关系外,用以组织任何种类的意义关系都应视为衔接关系,衔接对于语篇的构建至关重要。

尽管目前学界对于衔接的定义还无法达到完全的统一,但是却形成了一个颇为一致的基本意识:语篇作为高于句子层面的语义单位,必然呈现出自身的特点,即语篇必须具备"语篇性"(textuality),也就是说,语篇内部的各个小句单位之间不仅要语义通顺、逻辑合理,还要前后连接得当。语篇性的实现需要语篇表层结构手段的合理组合,更要符合人们基本的认知心理和语用原则。而衔接正是实现这一标准的重要手段之一③。

在以上所有对衔接概念的不同定义与阐释中,Halliday 和 Hasan 所下的定义被公认为是最为权威的定义,一直以来为众多学者所借鉴和援引。

二、语篇衔接的分类

张德禄指出,衔接涉及两个层次:"就语义层次而言,衔接是一个意义概念,而就语式层次而言,在语音、词汇、语法层面上,语篇的衔接关系是由语言形式加以体现或标志的"④。此外,"衔接也是一种谋篇手段,语篇内部所有用以组织语篇意义的小句及其以上单位之间的意义关系都应被视为衔接关系。它既包括各种结构成分之间的意义关系,也包括各种结构之间的意义关系"⑤。因此,衔接通常用于表达小句间和小句以上单位意义联系,以及表达把语境与语篇联系起来的谋篇意义⑥。衔接手段多种多样,学者们对于语篇衔接的分类也各有侧重:语篇衔接可分为"广义衔接"与"狭义衔接"两类,其中"广义衔接"包括语篇内部及语篇外部的衔接,"狭义衔接"仅限于语篇内部衔接。

目前,研究者对于衔接的定义、解释及衔接方法的分类还未达到完全的一致,仍存在一定分歧:

在《英语的衔接》(Cohesion in English)中,Halliday 和 Hasan 提出,语篇组织是结合各个衔接手段的抽象概念,每一个衔接点被称为"衔接结"(cohesive tie),并且归纳出指称(reference)、替代(substitution)、省略(ellipsis)、连接(conjunction)和词汇衔接

---

①张德禄《论衔接关系——话语组成机制研究》,《外语教学》,2003 年第 1 期,第 1 页。
②张德禄《论衔接关系——话语组成机制研究》,《外语教学》,2003 年第 1 期,第 1–6 页。
③鲁忠义、彭聃龄《语篇理解研究》,北京语言大学出版社,2003 年,第 33 页。
④张德禄《论衔接》,《外国语》,2001 年第 2 期,第 23 页。
⑤张德禄《论衔接》,《外国语》,2001 年第 2 期,第 24 页。
⑥张德禄《论衔接》,《外国语》,2001 年第 2 期,第 25–28 页。

(lexical cohesion)等五种基本衔接方式①。此后,他们还在《语言语境语篇》(Language,Context and Text)一书中进一步指出,衔接分为结构性衔接和非结构性衔接两大类。其中,结构性衔接包括平行对称结构、主位 - 述位结构、已知信息 - 未知信息结构;非结构性衔接包括成分关系衔接和有机关系衔接,成分关系衔接主要包括指称、替代、省略和词汇衔接,有机关系衔接主要包括连接关系、相邻对、延续关系等。后来,Hasan 进一步扩大了衔接所涵盖的范围,将"结构性衔接"(structural cohesion)和"相邻配对(adjacency)"也归并为衔接手段②。

De Beaugrande 和 Dressler 从认知学角度出发,指出衔接是使语篇成为彼此相互连接成为一个整体序列的方式。其中,所有用于表示各组成成分内部关系的功能,如指称、省略、重复、连接、替代等,都统一于"衔接"这一基本概念之中。而语篇衔接手段的运用也是实现语篇理解与表达稳定性和经济性的基本手段之一③。

Widdowson 认为,衔接集中体现了句子所表达的命题的显性关系。显性衔接是语篇形合组织的手段,指通过语法、词汇和语义等形态标记将句子彼此连接,形成衔接关系,从而构成语篇;隐性衔接是语篇意合组织的手段,指主要依靠逻辑关系,如语境或语用因素,从而构成语篇。

吕叔湘(1979)先生从汉语语法研究出发,进一步深入到语言内部衔接的核心。他明确指出:"比句子大的单位是段,大段,全篇(或章,节)。一般讲语法只讲到句子为止,篇章段落的分析是作文法的范围。事实上,句和句之间的联系,段和段之间的联系,往往也应用语法手段(主要是虚词);但是,除此之外,还有其他手段,如偶句、排句、问答等等;还常常只依靠意义上的连贯,没有形式标志。"④在此,吕叔湘先生指出了"句和句"、"段和段"之间的联系可以有如下三种方式:即"语法手段"、"其他手段"以及由"意义上的连贯"所实现的"意合手段。吕叔湘先生尽管采用的是句段之间的"联系"这一提法,但在本质上已具有非常明显的语篇衔接分类特征。

此后,汉语学界的学者们结合汉语语篇的特点,对于衔接的分类进行了积极的研究与探索。沈开木(1987)将汉语衔接手段划分为以下四类⑤:先后次序、兼用缀传词语、兼用平行句式、兼用说话与类语言联系。王福祥(1989)认为,汉语衔接手段可分为:词语重复、词语省略、连词和副词关联、代词替代、同义或近义词替代、词语照应和插说等⑥。郑贵友(2002)则认为衔接主要包括:指称关系、省略和替代、连接、词汇衔接、结构衔接、音律衔接以及拼合与岔断等等⑦。

外语界的学者们则在国外理论基础之上对语篇衔接提出不同分类思路:

①Halliday, M. A. K. & Hasan, R. Cohesion in English, London:Longman,1976,P79 - P 81.

②Halliday, M. A. K. &Hasan, R. Language, Context and Text, Victoria: Deakin University Press,1985,P84.

③De Beaugrande, R. &Dressler, W. Introduction to Text Linguistics, London:Longman,1981.

④吕叔湘《汉语语法分析问题》,商务印书馆,1979 年,第 259 页。

⑤沈开木《句段分析——超句体的探索》,语文出版社,1987 年。

⑥王福祥《汉语话语语言学初探》,商务印书馆,1989 年。

⑦郑贵友《汉语篇章语言学》,外文出版社,2002 年。

黄国文(1988)认为衔接手段主要有语法手段、词汇衔接、逻辑联系语等[①]。语法手段主要包括时间关联成分、地点关联成分、照应、替代、省略等。词汇衔接手段包括词汇的复现、词汇的同现等手段,逻辑联系语可以分为承接、递进,转折、解释、因果、总结、顺序、时空等关联词语的使用。

胡壮麟(1994)认为,语篇的衔接和连贯是语篇研究的核心问题,也是语篇研究能否立足的关键。语篇衔接和连贯是多层次的,不仅局限于 Halliday 和 Hasan 所说的语法手段和词汇手段,他在 Halliday 和 Hasan 所提出的五种基本衔接方式的基础之上加以进一步扩大,又增加了及物性结构、宏观结构以及体现语篇与语境关系的语言特征等,将语篇衔接分为五个层次,这一多层次模型的最上端是社会符号层,包括语境、语用学,第二层为语义层,除及物性外,还包括逻辑和语篇结构。第三层为结构层,包括结构衔接和主位结构。第四层为词汇层,有词汇搭配、照应、指称性。最后,在音系层包括语调、新信息和已知信息以及语音模式。各层次对语篇的生成及其意义都起作用[②]。

在衔接手段上,朱永生(1995)对 Halliday 和 Hasan 的"同现"提出了补充,认为同现这一概念包含两种不同的语言现象,同现的词项不属于某一个语义场,但经常一起使用。因此,可以按搭配方式进行分类,这样可以对那些既有衔接关系,但语义关系难以区分的语项做出恰当的分析[③]。

秦明利、史兴松(1996)认为 Halliday 等人的衔接理论总体而言仍停留在词汇语法层面,因此均属于表层衔接的分类,根据语篇结构的实际情况,除了前人所提出的五种衔接形式外,还应有其他表层衔接手段(如音韵、结构一致等)[④]。秦秀白(2002)则认为,就语篇内部衔接关系而言,衔接手段可分为语法衔接手段、词汇衔接手段和语音衔接手段等三类[⑤]。

国内外研究界对于语篇衔接的分类从表层的有形衔接手段、语篇标记到深层的语义关系、认知理解等角度进行了多侧面的探讨,为该命题的后续研究提供了理论支撑,提出了不少富有启发性的研究思路与方法。然而,由于对语篇衔接的内涵特征缺乏统一的定义,研究者考察角度的差异等问题,语篇衔接的产生机制问题缺乏深入的探讨,且对于语篇衔接分类问题存在较大的分歧。

三、语篇衔接与连贯的关系

胡壮麟(1994)曾明确指出语篇的衔接与连贯是语篇研究的核心内容,也是语篇能否成其为语篇的关键所在。衔接(cohesion)与连贯(coherence)虽然词根相同,均为"cohere",但在内涵上存在着明显差异[⑥]。这也表现为其形容词形式的差异:即"cohe-

---

①黄国文《语篇分析概要》,湖南教育出版社,1988 年,第 87 页。

②胡壮麟《语篇的衔接与连贯》,上海外语教育出版社,1994 年,第 213–216 页。

③朱永生《衔接理论的发展与完善》,《外国语》,1995 年第 3 期,第 36–41 页。

④秦明利、史兴松《对韩礼德、哈桑衔接理论的再思索》,《外语学刊》,1996 年第 3 期。

⑤秦秀白《英语语体和语篇要略》,上海外语教育出版社,2002 年。

⑥Halliday, M. A. K. & Hasan, R. Cohesion in English, London: Longman, 1976, P3.

sive"和"coherent"。"衔接所实现的是语言的表层形式和陈述之间的关系,而连贯指交际行为之间的统一关系"①,这也进一步表明,语篇的相关语境知识以及使用者的语用知识是保证语篇交际功能连贯一致性的基本前提。

语篇之所以为语篇,主要是因为其内部的连贯,连贯是一个语用概念,语篇连贯可以通过语法、语义、语用及命题、言语行为等手段加以实现,在语言的各个层次——如词汇、语法等层面表现出不同程度的衔接。语篇是否连贯,取决于语篇内部小句之间是否存在合理的衔接,也就是说,衔接对于语篇连贯具有极其重要的价值,衔接不当的一组小句不可能构建连贯的语篇。针对衔接和连贯的关系,国内外许多语言学家曾提出个人的见解,一致认为衔接是连贯的必要条件。

De Beaugrande 和 Dressler(1981)从认知学角度探讨了衔接与连贯的关系,认为衔接是使表层篇章成为互相连接的一个序列的方式,并指出衔接是建立在预先设定的连贯性的基础之上,所有用来表示表层成分之间关系的功能,如重复、省略、替代、连接等,都包括在衔接这一概念之中,语篇衔接手段的运用有助于语篇在表达和理解上的稳定性和经济性②。

Halliday 和 Hasan(1976,1985)认为,语篇性不等于连贯,但与连贯是相同的概念。他们指出,必须重视衔接对于语篇构建的重要价值:衔接是连贯的必要条件,衔接是建构连贯大厦的基石,语篇要实现连贯,必须保证语篇内部各个部分在意义上相衔接,相互联系③。Hasan 认为,衔接是连贯的基础,但连贯性又要求具有某种衔接关系的标准,语篇连贯性程度的高低不因衔接纽带(cohesive tie)数目的多少而变化,而取决于衔接链(cohesive chain)相互作用的程度④。语篇内部的衔接必须与情境语境相结合。显性连贯的语篇应满足以下三个条件:衔接、一致和相关。总之,一个连贯的语篇结构单位内部必须是前后衔接的,意即衔接是连贯的必要条件。与此同时,要达到语篇整体意义上的连贯,语篇必须前后衔接,不仅如此,还应依照语篇所属语域所允许的范围恰当使用不同的衔接手段。

Crystal(1985)曾指出,衔接与连贯存在密切联系,但二者具有功能上的差异:衔接实现的是语言的表层形式与陈述内容之间的关系,而连贯则主要体现为交际行为之间的统一关系。

黄国文(1988)认为,衔接成分是一个语义连贯的语篇所必须具备的基本前提。同时,语篇的衔接关系必须符合语义、语用以及认知原则,句与句之间必须具有概念上的联系,语篇中的子排列也必须符合逻辑。

孙玉(1997)立足于话语分析及心理语言学角度,就语篇产生的角度对衔接与连贯的关系做了阐述⑤。他指出,连贯作为语篇的基本特征,是语篇构建者综合运用语法、词语、句子等语言知识,并进行充分选择而形成的语言单位。衔接手段的使用,是

---

①胡壮麟《语篇的衔接与连贯》,上海外语教育出版社,1994 年,第 21 页。

②De Beaugrande,R. &Dressler,W. Introduction to Text Linguistics,London:Longman,1981.

③Halliday,M. A. K. &Hasan. Cohesion in English,London:Longman,1976,P23.

④Halliday,M. A. K. &Hasan,R. Language, Context and Text,Victoria: Deakin University Press,1985,P84.

⑤孙玉《论衔接与连贯的来源、本质及其关系》,《外国语》,1997 年第 1 期,第 31 −35 页。

为了让语篇更有条理。

　　总之,语篇是否连贯在一定程度上受语篇使用者主观因素的影响,相对而言,语篇衔接则是较为客观的语言现象,也是语篇所具有的一大特征。语篇衔接与连贯之间的关系十分紧密:语篇衔接有助于语义连贯,衔接把句子连接为逻辑意义清晰、交际目的明确的意义整体,衔接是实现语篇连贯的重要手段,是使句子彼此形成有机联系,产生连贯语篇单位的充分条件。衔接与连贯通常研究的是组合关系,即在语篇的生成过程中和生成后,语篇内部和语篇与语境之间的关系。

　　综上所述,对于衔接与连贯的关系,学者们基本达成了相对一致的共识。语篇衔接与连贯是语篇研究中不可割裂的两个概念,二者都是语篇的重要特征,它们都是保证语篇内容自然流畅所必不可少的因素。衔接与连贯分别归属于语篇的不同层面:处于语篇表层的是衔接,它是有形显性的;而处于语篇深层的是连贯,它是无形而隐性的。衔接是形式和手段,连贯则是内容与目的;衔接是语篇现象的表层网络,连贯是语篇现象的底层网络。衔接通常是有标志可循的,而连贯不仅要依靠语篇衔接,更要符合语义、语用和认知原则。语篇连贯主要通过逻辑关系保证语义的连接,因此,连贯是语篇的无形网络①。

四、汉英语篇衔接手段的对比分析

　　随着对比语言学以及语篇分析理论的兴起,语篇对比分析成了学界研究的焦点之一。国内进行语篇对比研究的成果主要集中于英汉语篇对比的研究。根据语篇语言学理论,衔接手段可分为:语法衔接(如指称、替代、省略、连接等)和词汇衔接(如重复、同义/近义、反义、上下义等)。从现有研究成果观察,国内许多学者对汉英语篇中的以上衔接手段进行了对比,研究成果较为丰硕。

　　张德禄和刘汝山(2003)的《衔接与连贯理论的发展及应用》可称之为集大成之作。该书将衔接机制划分为显性衔接与隐性衔接两个大类。其中,隐性衔接属于语用学的范畴。书中对于前人的理论进行了补充,还涉及到文体、翻译、外语教学及其他相关领域的研究。

　　刘辰诞(1999)的《教学篇章语言学》结合英语语料,从教学实践与应用的角度系统介绍了语篇衔接对比的基本方法;彭宣维(2000)的《英汉语篇综合对比》以宏观的研究视野分析了汉英语篇衔接的层次以及衔接特点等问题;朱永生、郑立信、苗兴伟(2001)的《英汉语篇衔接手段对比研究》一书主要就英汉语篇衔接方式进行了对比分析,并讨论了对比差异及其同社会与文化之间的内在关联;此外,黄国文(2001)的《语篇分析的理论与实践》综合运用衔接理论,对广告语篇进行了分析。这些著作都从对比分析的角度针对汉英语篇衔接问题进行了探讨。

　　此外,钱瑗(1983)在其《英汉语篇中某些衔接手段的比较》一文中,对英汉衔接手段中的人称指称和指示指称的衔接特征进行了对比。许余龙(1989)的《英汉远近称指示词的对译问题》一文主要探讨了英汉指示指称词表达的远近距离及其异同,指出指示指称与心理距离有关,而心理距离与实际时空和语篇距离彼此影响,以上因素共

---

①涛亚《对外汉语语段教学的重点——衔接》,《首都师范大学学报》,2000年增刊(s3),第66−73页。

同决定了语篇应用者选用远近指示指称词时的取舍问题。索玉柱(1996)的《连接推理与世界知识——英汉语篇的词汇衔接实验研究》立足于功能、认知与推理之间的关系,探讨中国大学生理解英汉语篇中的词汇衔接及推理判断的效果,研究结论指出:连接性推理本质上是一个认知心理过程,受到个人世界知识的影响。

鞠玉梅(1999)的《英汉篇章中的词汇衔接手段及其文体效应》以 Halliday 和 Hasan 的衔接理论为依据,例释了英汉语篇中的词汇衔接机制与相应的文体效应。许余龙(2000)的《英汉指称词语表达的可及性》通过对语篇定量分析,探讨了在可及性表达方面英汉指称词语的异同问题。

此外,左岩(1995)《汉英部分语篇衔接手段的差异》、徐玉臣(1996)《英汉语言主要衔接手段的对比分析》等都是较早运用衔接理论针对英汉语篇衔接手段进行对比研究的成果之一。

而李婷(2013)的硕士学位论文《汉英语篇衔接对比研究及其对对外汉语教学的启示》则将汉英语篇衔接对比研究成果与对外汉语教学实践问题进行了一定的结合。

国内外语界对于语篇衔接的研究初期以理论引进为主,后期转向英汉衔接手段的对比,并据此将理论推广到翻译与语言教学等领域,该领域的研究对于我国汉语作为第二语言教学的语篇偏误研究提供了一定的理论支撑材料。国内外语界对于语篇衔接的研究在理论上基本沿用西方的理论模式,胡壮麟先生曾于上世纪九十年代对语篇衔接的层次划分做出过阐释性的拓展与构建,但遗憾的是后期缺乏延续性研究。在应用领域,国内外语界依照西方语篇衔接的相关理论针对英汉翻译、英语教学、双语跨文化研究等领域都进行了积极的探索,但是研究手段较为陈旧,大多数研究仅限于语料分析加经验总结式的阐述,研究缺乏实证性,说服力不强。

五、汉语语篇衔接手段研究

陈平(1987)《汉语零形回指的话语分析》一文对汉语零形回指(也称省略)衔接现象进行了研究①。他立足于话语角度,针对汉语零形指称衔接的适用范围以及使用条件等进行了分析,并进一步从微观连续性(话语的线性顺序)、宏观连续性(话语层次)两大层面进行分析,研究论证了话语结构特点对零形指称衔接所产生的制约作用。陈平根据话语分析理论结合汉语语篇特点对零形指称进行了国内开创性的语篇研究先河。

徐赳赳(1990)的《叙述文中"他"的话语分析》针对叙述文中的指称形式"他"进行了考察②:从指称衔接词"他"的线性结构、层次结构、以及分布的制约因素等三个角度加以探讨,较为系统地分析了汉语指称衔接词"他"在叙述文语篇中的应用特点。

此后,黄南松(2001)《现代汉语的指称形式及其在篇章中的运用》一文针对汉语指称形式的呈现规律展开了分析研究③。该文认为指称可分为"NP"(名词)、"P"(代词)以及"ø"(零式指称)三类,叙事体语篇倾向于用"NP"(名词)建立指称,且一般倾

---

①陈平《汉语零形回指的话语分析》,《中国语文》,1987 年第 5 期,第 363 – 378 页。

②徐赳赳《叙述文中"他"的话语分析》,《中国语文》,1990 年第 5 期,第 325 – 337 页。

③黄南淞《现代汉语的指称形式及其在篇章中的运用》,《世界汉语教学》,2001 年第 2 期。

向于首先使用"ø"（零式指称），再运用"NP"（名词）和"P"（代词）来延续指称，并给出了指称的几类基本模式。黄南松的研究所表现出的不是语法研究的规则，而是一种基本规律的模式探讨，这一规律取决于语篇研究的性质。

田然（2003）《现代汉语叙事语篇中 NP 的省略》一文从 NP 省略前后句法位置的异同入手，对汉语叙事语篇 NP（即名词结构）省略这一衔接方式进行了描写①，总结了 NP 省略的主要模式，并对其中较为突出的省略后句法功能所发生切换的 NP 省略进行了详细的描写：某些 NP 形式省略前为小句的定语成分，省略后却出现于主语位置等。

国内本体研究领域对于语篇衔接问题的研究由最初文章学、写作学附属研究中独立出来，成为汉语语法研究的一个微观层面，学者们对于汉语语篇衔接提出了许多有见地的观点，这是汉语语篇本体研究的不断深入的结果。但汉语衔接本体研究领域的语篇衔接以语言形式或结构为根本，研究重点主要集中于关联词和复句层面，相对较为零散，缺乏系统性，不能客观全面地反映汉语语篇衔接研究的整体性。国内语篇本体研究领域的现有成果不足以为汉语语篇应用研究领域提供可行的理论支持。

六、汉语作为第二语言教学的衔接偏误分析与教学实践研究

随着中介语理论的提出，西方国家开始针对第二语言学习者学习过程中所产生的偏误进行分析。到了上世纪 80 年代，我国汉语作为第二语言教学界的学者们也开始关注偏误分析，但早期偏误分析主要以第二语言学习者的词汇语法为主要研究内容，语篇方面的偏误研究直到上世纪 90 年代才得到汉语作为第二语言教学界的重视。

目前，外国学生汉语语篇偏误问题业已成为偏误研究的重点内容之一，也是研究成果较为密集的领域。近年来，汉语作为第二语言教学界从不同角度，不同层面针对语篇教学问题进行了探讨研究。受学科性质的决定，该领域主要以外国学生语篇衔接应用研究为核心。其中，偏误分析在数量上占据着绝对优势，主要以归纳偏误类型、描述分布规律、分析偏误成因为主，并据此提出教学对策。

我国汉语作为第二语言教学研究界最早针对语篇问题进行开创性研究的是鲁健骥先生。他于 1992 年在《偏误分析与对外汉语教学》一文中提出了立足于语用因素针对留学生的语言偏误进行研究这一课题。他指出，很多时候，外国学生一出现连贯的话语，就会出现语篇和语用上的偏误，而这一类偏误问题并非属于语法问题，套用一般病句分析是无效的，也是不可取的。我们对外国学生的汉语语篇问题关注度不够，因此，应该将对外汉语教学的偏误分析研究扩大到语篇和语用层面。

此后，有研究者立足于某一类衔接手段对留学生的语篇衔接问题进行研究：如高宁慧（1996）的《留学生的代词偏误与代词在篇章中的使用原则》以学生的语料为统计来源，考察留学生语篇中的代词使用情况。杨德峰（1999）在《副词修饰动词性成分形成的结构的功能》一文分析了外国学生汉语语篇中的副词应用不当而导致的语篇衔接问题。肖奚强（2001）在《外国学生照应偏误分析》一文针对外国学生的汉语照应（也称为指称）偏误进行分析，指出照应形式的不恰当使用会造成语篇表义不明确。

---

① 田然《现代汉语叙事语篇中 NP 的省略》，《汉语学习》，2003 年第 6 期。

还有研究者综合考察数类衔接手段对留学生的语篇衔接问题进行研究：如罗青松（1999）在《对外汉语语篇教学初探》中指出语篇衔接中的某些衔接手段，如指代、省略以及连接词语等是学习者掌握难度较大的项目。此外，汉语学习者还会出现句子排序与表达习惯上的合理性偏误。田然（2004）的《叙事语篇中 NP 省略的语篇条件与难度级差》将留学生在省略方面的偏误分为主语省略、定语省略和动宾结构中的小宾语省略等三个类别。并且从系统功能语言学的观点出发，进一步阐述了语句顺序应遵循"从已知到未知，从确定到不确定，句末中心"等基本交际原则。何立荣（1999）《浅析留学生汉语写作中的篇章失误》一文对留学生汉语语篇衔接连贯的偏误类型进行了分析，就逻辑联系语、省略、照应（或称指代）、句子排序、句式选择、词汇衔接手段等问题分别进行了阐释。

杨翼（2000）在《培养成段表达的对外汉语教材的结构设计》一文中探讨了留学生省略手段应用不当而导致的语篇偏误问题，以及连接成分混用、误用和不用所造成的语篇衔接偏误问题。鲁健骥（2000）在《外国人学汉语的篇章偏误分析——兼谈拓宽中介语的研究领域》一文将留学生的照应偏误进行了分类归纳，并且以汉英对照的语篇材料为例，针对母语为英语的学习者在用汉语表达时表现出的偏误进行了分析。辛平（2001）《对 11 篇留学生汉语作文中偏误的统计分析及对汉语写作课教学的思考》认为词语、句式选用不恰当，违背汉语表达习惯，或将母语的表达习惯套入汉语中都有可能造成语篇层次上的偏误问题。陈晨（2005）的《英语国家学生中、高级汉语篇章衔接考察》以数据库语料研究为前提，针对汉语学习者语法衔接手段的偏误类型加以考察研究，结果表明：省略、照应、时与体的配合、句式选择和替代的偏误程度较高。陈晨（2005）在《英语国家学生学习汉语在语篇连贯方面的常见偏误》一文依据定量分析结果加以分析，提出了解决学习者汉语语篇连贯偏误的重点方向以及相应对策。

马燕华（2001）的《中级汉语水平日本留学生汉语语段衔接调查分析》以调查分析为主要研究手段，详细描述了学习者语篇衔接的主要难点所在，及其不同文体写作中呈现出的差异。张宝林（2001）在《语段的语义中心的获取及其表现形式》一文中针对语段中心句问题进行了分析①。张宝林认为，在一个语段中，各小句均服务于表现整体语义中心的目标，但其功用却又不尽相同。段落中存在着一个"中心句"，其它小句均围绕"中心句"来表现语义。汉语中最普遍的表现形式是"首句为话题、末句为中心句"的语段，这一结构形式应作为汉语教学的重点。该研究将汉语本体研究与汉语教学实践应用相结合，更具现实意义。

吴丽君（2002）主编的《日本学生汉语习得偏误研究》针对日本学生语篇衔接手段应用的各个侧面所表现的偏误进行了系统而细致的描述与分析。

黄玉花（2005）《韩国留学生的篇章偏误分析》一文针对韩国来华留学生的语料进行分析，将语篇衔接偏误类型归纳为"省略偏误、照应偏误、关联词语偏误、时间词语偏误、词汇衔接偏误"等五种类型，并展开了系列分析。刘俊玲（2005）《留学生作文中的篇章偏误类型》一文通过语料分析，针对留学生汉语语篇的主要的偏误类型进行了再分类。主要涉及关联成分以及指称成分的偏误归类。其分类与黄玉花的分类并无

①张宝林《语段的语义中心的获取及其表现形式》，《语言教学与研究》，2001 年第 3 期。

本质差异,只是切分角度略有不同。

赵成新(2005)的《外国留学生汉语语篇衔接方式偏误分析》基于作文语料,将语篇衔接偏误进行了分类,其中主要的类型是:指称偏误(指称不明确、错误指称);替代偏误(替代不明、缺少替代、错误替代);重复偏误(缺少重复,滥用重复);连接偏误(错误使用连接词、连接累赘,缺少连接,连接关系混乱)以及平行偏误等等。赵成新(2005)的《留学生汉语语篇衔接偏误目的语因素考察》一文针对语篇偏误进行了归类分析,并立足于语篇衔接角度,就目的语的影响程度及其方式在语篇衔接中介语中的具体表现形式进行了归纳。孔艳博士学位论文《英语国家留学生汉语语篇衔接手段使用研究》以语料库为资源,分析了英语国家中、高级学生语篇衔接手段使用的偏误情况,指出了产生偏误的原因,并针对这些偏误提出了具体的教学建议。

此外,王绍新(1996)的《超单句偏误引发的几点思考》,曹秀玲(2000)的《韩国留学生汉语语篇指称现象考察》,杨春(2004)的《英语国家学生初级汉语语篇照应偏误考察》等也分别根据留学生作文语料对其语篇中出现的衔接偏误进行了描述性分析。

由于我国汉语作为第二语言研究领域对语篇衔接问题的日益关注,近五年来还涌现了大量立足于外国学生汉语语篇衔接偏误分析的硕士研究生学位论文:

如,肖艳(2010)《中高级阶段越南学生汉语常用篇章衔接手段偏误分析》一文以中高级阶段越南学生汉语习作及试卷为研究语料,从照应、连接成分、省略和替代等四类汉语常用衔接手段加以考察,分析中高级阶段越南学生汉语常用篇章衔接手段的偏误情况,探讨偏误产生的主要原因,并就如何纠正中高级阶段越南学生汉语篇章衔接手段提出了教学对策。

张颖(2010)的《以英语为母语的高水平汉语学习者语篇衔接使用情况研究——以 HSK(高等)证书获得者为例》以英语母语背景学生的 HSK(高等)考试作文为研究语料,共涉及 62 篇书面作文,针对该语料中的照应、省略、连接成分等三类衔接手段的使用情况进行量化分析,探讨偏误的类别及成因,并就语篇教学及改进学习策略等问题出了教学建议。

毕宏伟(2012)《中高级阶段英语背景留学生语篇衔接偏误问题探讨》主要以留学生作文衔接偏误为考察对象,分析了 100 篇中高级阶段的英语背景留学生作文中的语篇衔接偏误,对偏误进行分类,并从母语负迁移、衔接手段过度使用以及教师教学过程和教材影响等角度探讨偏误产生的原因,并提出建议。

林帅(2012)《留学生汉语语篇词汇衔接偏误分析及教学建议》一文以 110 份留学生测试卷为语料,考察了调查对象在运用 13 类常用词汇衔接手段的应用情况,统计分析了各类词汇衔接偏误的数量与次类偏误分布特点及偏误成因,同时提出了改进建议。

刘宝(2012)的《中高级阶段泰国学生汉语叙述体篇章衔接手段偏误分析》对中高级阶段泰国学生的汉语叙述体篇章中的五种衔接手段——指称、省略、替代、逻辑连接与词汇衔接的偏误分布、类型及特点进行分析,探讨偏误产生的原因,并提出了汉语语篇教学的教学对策。

刘丽丽(2012)《丹麦留学生语篇衔接偏误研究》一文以初级汉语水平丹麦留学生66 篇习作为语料,考察了调查对象语篇衔接的偏误,将其分为关联词使用偏误、照应使用偏误两类,并分析了其中的偏误特点与偏误成因,最后提出了初级汉语语篇教学的建议。

马艳荣(2012)《关于中高级阶段韩国留学生语篇衔接的研究》一文以中高级阶段韩国留学生66篇习作为语料,分析了调查对象语篇衔接的偏误类型及成因,并针对汉语写作课中的语篇教学提出了改进建议。

屈慧(2012)的《汉语记叙文语篇衔接及其应用》以前人研究为基础将汉语记叙文语篇衔接方式分为指称衔接、结构衔接、词汇衔接和逻辑衔接等四类。并从小学语文课本记叙文和高年级留学生作文中各选取三十篇记叙文为语料,对其中的语篇衔接方式及使用情况进行定量分析和考察,针对中介语语料中的语篇衔接偏误加以分析。

孙健(2012)的《基于衔接理论的英语国家留学生词汇衔接偏误研究》以不同阶段留学生习作为语料,研究考察了词汇衔接使用方面的偏误,对词汇衔接手段的偏误进行分类,并分析了词汇衔接偏误产生的原因,进而提出了教学建议。

吴芸(2012)《基于HSK动态作文语料库的英语国家不同等级汉语学习者语篇衔接偏误比较研究》一文以北京语言大学"HSK动态作文语料库"200篇习作为语料,其中低水平组和高水平组各占100篇,从语篇衔接角度考察了两个组在语法衔接、词汇衔接以及连接手段上的异同。该研究认为语法手段中的照应是偏误率最高的类别,同一手段类别下的省略和替代在低水平组中较为普遍,高水平组在词汇手段上偏误较突出,此外,不同水平组的学生在同一类别下的偏误方式也存在差别。最后,提出了初级汉语语篇教学的建议。

张艳艳(2012)的《英语国家留学生语篇词汇衔接使用研究》以英语国家中高级汉语水平学生为研究对象,语料取自北京语言大学HSK动态作文语料库41篇作文,针对词汇衔接的偏误特点加以归纳和分析,探讨偏误成因,并提出了教学建议。

周罡(2012)的《基于中介语及衔接理论的留学生语篇偏误分析——以英语国家学生为例兼谈写作教学》以英语国家留学生语篇衔接连贯偏误问题为研究对象,针对语法手段衔、词汇手段衔接、连接成分衔接、逻辑排序衔接以及句式选择衔接的偏误进行了考察,分析了以上偏误类型的分布特点与学生习得情况,探讨了衔接偏误产生的原因,并提出了写作教学方面的启示。

刘永锋(2013)的《印尼学生语篇衔接手段分析及其对教学的启示——以印尼棉兰学生为例》以语篇衔接理论为基础,针对印尼棉兰地区初中级汉语水平学生习作为语料,将其分为语法手段、词汇衔接手段使用偏误两类,并分析了其中的偏误成因,最后分析了相关教学启示。

石文(2014)在《外国留学生汉语语篇偏误分析及教学初探——以郑州大学为例》中以郑州大学国际教育学院中5位中高级阶段留学生的96篇习作为语料,考察了调查对象语篇衔接的偏误,将其分为衔接手段缺失、误用及冗余等三类,并分析了留学生汉语语篇偏误产生的原因与影响因素,且提出了汉语语篇教学的建议。

除以上立足于书面语料进行语篇衔接偏误分析的研究外,还有部分关注外国学习者汉语口语语料进行语篇衔接偏误问题的研究:

如,王凌艳(2012)的《日韩学生中级口语语篇偏误分析》以复旦大学国际交流学院中介语语料库中汉语本科专业三年级日韩学生口语录音为研究语料,通过梳理归纳,从省略、照应、逻辑连接和语义连贯等方面对其口语语篇偏误进行分析,结合偏误产生的原因提出了教学对策与建议。

殷维真(2012)《中高级阶段韩国留学生口语语篇衔接研究》一文则根据对中高级阶段韩国留学生在语法衔接、词汇衔接与逻辑衔接方面的用例加以考察,针对其偏误问题及特点加以分析,并探讨了韩国学生汉语口语语篇衔接的习得特点及语篇衔接教学的建议。

彭珍(2014)《非洲学生初级汉语口语语篇衔接偏误及教学策略——以尼日利亚孔子学院汉语学习者为例》则以非洲初级汉语学习者的口语录音语料为依据,考察其口语习得过程中使用语篇衔接手段的偏误问题,认为偏误主要集中在语法衔接手段和逻辑联系语两个方面,并对其成因做了分析,进而从学生、教师、教材等方面提出了教学策略。

张慧(2014)的《留学生中介语口语语段衔接特征研究》根据对初中高三个水平阶段的留学生口语调查为基础,对留学生口语语段词汇衔接及句子衔接的特点做了归纳,并结合调查结果与特点的分析,从词汇衔接连贯能力和句子接应的整体框架结构能力的培养,提出了提高留学生口语语段表达能力的教学建议。

此外,也有少数学者针对汉语语篇习得问题进行了专题研究。如黄立(2004)的《日本留学生汉语转折复句的习得研究》对日本留学生转折复句的习得过程进行了研究,并重点探讨了其中所体现的习得顺序。

李兆娜(2013)的《初级阶段留学生语篇衔接偏误研究及教学实验》以语篇衔接理论为指导,结合所搜集的语料进行偏误分析,分析初级阶段留学生常见的衔接偏误类型,并以此为依据进行语篇课堂平行教学对比实验设计,实验测试结果分析表明,初级阶段的语篇衔接教学可行且有效,并据此提出了相关的教学建议与研究反思。

目前,从第二语言习得角度针对留学生语篇衔接问题进行研究的专著并不多见,最具代表性的为马明艳(2009)的《面向对外汉语教学的汉语语篇研究》一书。该书以韩国留学生书面作文为考察对象,某些章节涉及到了语篇衔接与连贯偏误以及语用偏误表现问题,并针对性地分析了偏误产生的原因,提出了解决偏误的具体教学对策。

除了语篇衔接偏误研究外,也有一些研究者从教学实践的角度探讨了与语篇衔接相关的问题:如毛悦(1997)《对一次留学生话语能力测试的分析》围绕“初级阶段学生所具备的话语能力”进行了录音调查,其分析结果显示,处于初级阶段后期的学生初步具备长时间进行“独白体”表述的话语能力,“但他们在“陈述主题的选择”、“语篇的规划”、“组合形式的能力”等方面的问题较为突出。毛悦的研究进一步证明了初级学生在口语表达中尚缺乏组织语篇的基本知识。但是,对于语篇衔接的问题并未展开充分的考察,对于语篇衔接这一关键问题探讨不深。

杨翼(2000)的《从排序看汉语学习者的局部连贯障碍》从诊断测试的角度检验了留学生的汉语语篇衔接连贯应用能力,对汉语学习者的语篇局部连贯障碍进行考察,研究结果表明:“当不同的连贯模式具有某些共同的特征时,学习者极易出现局部连贯障碍”。此外,在语篇衔接能力测试研究方面,张宝林(2005)的《汉语水平考试中的语段测试》提出汉语水平考试中的“语段表达能力测试的几种意向性的方法”,提出了语段测试应从“语段的语义”和“语篇衔接表达”两个方面实施。

同时,还有研究者从汉语教材的语段、语篇角度开展了积极的探索性研究:

如,杨翼(2000)《培养成段表达能力的对外汉语教材的结构设计》针对汉语教材语段设计的研究进行了探讨。作者以实例说明中、高级留学生语篇表达中存在大量偏误这一客观事实,提出了区别于传统教材编写模式的教材结构设计法,特别强调在中、高级阶段,应按照"语篇→语段→复句→单句→词组→词"这一序列设计教材,即从有形式标记逐渐过渡到无形式标记。杨翼的研究从语篇角度,尤其是语篇衔接手段的教学方面提出了值得肯定的教材编写思路。

吴玥(2012)《从语篇分析视角探析《博雅汉语》(飞翔篇)课文语篇》以《博雅汉语》(飞翔篇)课文语篇为研究语料,针对该教材课文语篇的层次结构、课文语篇的推进结构、课文语篇的衔接手段进行了分析研究。

杜思娴(2014)《海外汉语教材课文语篇的衔接与效果——以美国剑桥出版社"汉语与文化"系列教材为例》以美国剑桥出版社"汉语与文化"系列教材为研究语料,通过数据统计分析,将"汉语与文化"系列教材课文语篇的衔接手段归纳为五类:时序手段、理序手段、例序呼应手段、关联标记手段以及辞格手段,认为以上衔接手段使得课文语篇具有话题一致、明晰性、义理性等特点。

由以上文献的分析可知,我国现代语言学语篇理论取得了一定的成就,从汉语作为第二语言教学界现有的研究成果来看,受国外外语教学与二语习得研究方向的影响,语篇衔接手段偏误研究是该领域研究中的重要项目之一,取得了一定的成果,且成果较为丰富。在研究手段上,也逐步由传统的定性研究转向定量研究,重"教"轻"学"的状况得到一定程度的改善,针对教学或教材所提出的改进措施在一定程度上指导了对外汉语语篇教学和教材的编写。就总体而言,对外汉语语篇偏误研究起步比较晚,研究也不够透彻,无论是从理论深度还是研究方法上看,目前的研究层次普遍偏低,以语篇偏误现象描述为主,汉语语篇衔接规律特色分析不强,沿袭英语语篇研究的基本套路。研究对象主要集中于欧美、日韩等国留学生,且大多研究是对某一具体衔接手段进行探讨,缺乏系统性研究,所呈现的研究结论较为局部化。同时,研究语料主要以中、高级阶段汉语学习者的书面作文为对象,初级学习者一般被摒弃在研究范围之外,对于口语语篇衔接手段的问题研究不足。此外,大多研究未探讨外国学生汉语语篇衔接手段的习得难度问题,而对于汉语语篇衔接手段应用能力的研究更是鲜有涉及。

七、综述评价小结

综合前人现有的研究成果,我们发现语篇衔接研究观点流派众多,理论研究角度多样,也涉及到了语言应用的部分领域,但仍存在诸多的不足之处:

(一)理论研究缺乏系统性,研究成果较为零散。

目前,大部分的衔接理论研究仅就某一个衔接现象进行探讨,研究者们立足于各自的研究视角,在研究前提不一致的情况下各抒己见,致使语篇研究至今仍缺乏一个相对系统化的研究体系,研究结论也相当零散,无法全面客观地反映语篇研究的整体面貌,如汉语界研究的重点主要集中于关联词和复句层面。同时,研究的深度与广度都较为欠缺,研究效果不甚理想。

（二）研究语料语体类型不全，研究方法陈旧单一。

现有的研究语料一般以书面材料为主，研究结论主要来自于书面语篇的静态分析，对自然条件下鲜活的口语语篇材料动态分析不足。语篇不仅仅包括书面形式，也包括口语形式，忽略口语语篇材料的研究，无法保证研究语料的选择的客观与真实性，那么其研究结论的准确性必然会受到一定程度的影响，研究结论说服力不强。

（三）理论引进多于创新，汉语特色体现不足。

目前，国内现有的语篇衔接研究主要以西方的衔接理论为基本框架，沿袭英语语篇研究的基本套路，生搬硬套印欧语的衔接分类标准，研究层次普遍偏低，对于汉语语篇衔接特有的规律挖掘不足。因此，不少研究结论削足适履现象严重，并不能为汉语研究提供真正有效的理论支撑，尤其是无法对汉语做为第二语言教学的应用研究提供有效的帮助。

（四）经验式总结多于科学性分析，定性研究多于定量研究。

目前，大多数研究仅限于语料分析加评述式的泛泛而谈，一般以对衔接类型进行归类式总结最为常见，从材料出发再回归到材料，无法对研究结论进行实证性证明，研究结论说服力不强。

（五）二语习得领域以偏误分类描述为主，对衔接习得的内在规律探讨不足。

现有的语篇衔接习得研究成果主要采取静态语料研究的方法，将学习者的书面语料（如作文材料）进行分类归纳，而对于学习者语篇衔接的习得特征、习得难度、应用能力等仍鲜有涉及。此外，研究对象主要集中于中、高级水平的学习者，对于初级水平对象缺乏关注，研究过程缺乏延续性，研究结论不能客观反映学习者的整体习得面貌。

第一章　汉语语篇衔接类型分析与研究设计

第一节　本文对语篇及语篇衔接的界定与分类

一、关于语篇的定义

语篇突出的特点在于其语义完整性,无论其长度如何,只要是语义完整的口语或书面语材料都能成为一个语篇。正如 Halliday 所言,语篇中,各组成部分的关系不在于篇幅的长短,而在于衔接,即具有语篇性,能使各衔接组成部分相互联系,构成语义连贯、信息完整的语篇。

在术语表述上,本文倾向于胡壮麟先生的观点,采用"语篇"这一术语。本文研究涉及的语篇,既包括书面语篇,也包括口语语篇。本文所研究的内容主要限于狭义衔接范畴,以探讨语篇形式衔接为主,兼顾具有汉语特色的语义衔接方式,不涉及语篇时态、文体构造以及语篇社会文化功能等要素,所指"语篇"且具有如下基本特征:

1. 结构特点:语篇可长可短,但语篇是大于句子的语言单位,一般由两个或两个以上小句结构组合而成,属于一个语义整体单位。

2. 语义联系:语言具有音系、语法和语义等层次,语言研究中的语篇特征受语篇底层的语义结构制约。由于其紧密的逻辑关系,一个常规的"语篇"在意义上具有相对的独立性与完整性,当它被从其整体文本的语流中切分出来,仍能保持自身作为语义－句法单位的基本特征。

3. 组合方式:几个小句组合成一个语篇时,通常要采取某种组合方式,其方式可以是语言手段上的形式组合,如语音手段、词汇手段、语法手段等,也可以是事理上的意合句以及语用形式上的句式选择。

二、关于汉语语篇衔接类型

在系统功能语言学基本思想中,语言的层次性是其六大核心思想之一。作为高于句子层面的语义单位,语篇性便是语篇的基本特征,这一特征主要通过衔接来加以实现——即语篇内部各组成成分必须连接合理,逻辑严密、语义通顺。这种组合既要依靠语言表层结构中的合理排列,又要符合语用和认知原则[①]。Halliday 指出,衔接在宏

[①] 鲁忠义、彭聃龄《语篇理解研究》,北京语言大学出版社,2003 年,第 33 页。

观上是个语义概念,语言系统是一个多层次的意义潜势系统,其内部是具有层次性的,具体的衔接手段与词汇、语法等形态因素密切相关,因此,就语义这一层面而言,所有的语言结构都是可以衔接的,衔接力不仅仅局限于语法这一层面,还应该包括语义层、词汇层和音系/文字层。

以上各层次之间"存在着一种'体现'关系":"对意义(语义层)的选择体现于对'形式'(词汇、语法层)的选择";"对形式的选择又体现出对'实体'(音系层/文字层)的选择"①。由于语篇表达方式的差异导致体现形式的区别,书面语篇的意义最终通过文字层加以体现,而口语语篇则通过音系层得以体现。

衔接对语篇连贯起着十分关键的作用,衔接对语篇连贯具有重要贡献,衔接作为谋篇功能的一部分,是所有人类语言都共同具备的,能将语篇各组成部分粘合起来的一种重要的语言资源。由于衔接主要对语篇中的词义关系加以解释,正如 Halliday 所指出的,"能表达语篇内部语义关系的特征都可视为衔接特征"。

综合前人的研究,我们认为,由于语篇是一个完整的语义单位,在语义和语用层次上,衔接属于意义概念;而在形式层面上,与衔接相关的语音、词汇、语法等都是属于有形式或标记特征的衔接关系之一,要讨论语篇衔接的分类问题就必须全面考虑两个层面:一是具有形式标记的层面,如语音衔接、词汇衔接、语法衔接;二是无形的意义层面,如语义和语用层面。

语言作为人类最重要的交际工具,是我们认知世界、进行思维表述的独特方式及过程。"语言的共性与个性是语言性质的两个不同侧面,二者相互依存,却又处在矛盾对立的统一体中。人类语言的共性使得人类彼此交流成为可能;个性是语言共性同特定思维方式与行为模式相结合在特定符号编码系统中的表现,又是语言共性在不同条件下的特殊表现。分析个性可成为弄清共性机制的契机"②。

汉语研究必须立足汉语事实,回到汉语的起点,其根本原因在于"语言研究最适合的起点是某种语言自身,对于汉语,这个起点就是'汉语'自己。"③在语篇衔接问题的探讨上,我们不但要坚持人类语言的普遍共性,更要充分体现汉语独特的个性元素,尤其是汉语衔接手段的特有现象。

我国目前现代语言学意义上的语篇研究主要沿袭西方的语篇理论,而西方语言学家们所提出的语篇理论其语料来源是西方语言,不能科学反映汉语的实际。汉语的句子观与西方语言的句子观存在原则上的差异,由句子所构成的语篇同样存在其自身的特征,直接将西方印欧语的语篇理论来分析汉语语篇,必然出现削足适履的后果,因此,我们迫切需要根据汉语的事实,立足于汉语特征来再度确认汉语语篇研究的相关问题,毕竟西方理论只是提供了某种参照或借鉴,而不是根据,更不是全部。

吕叔湘先生曾提出,通常我们研究语法,一般都是到句子层面为止,将句子看做最大的语法单位,因此,句子只有结构分类,没有功能分类,这种思路仍脱离不了旧有模式。事实上,一个段落由若干个句子组成,句子和句子之间不仅具有意义上的联系,更

---

① 胡壮麟《系统功能语言学概论》,北京大学出版社,2005 年,第 10 页。

② 郭富强《意合形合的汉英对比研究》,中国海洋大学出版社,2009 年。

③ 史有为《汉语中的意义和人》,《语文研究》,1999 年。

具备着形式上的联系,比如"这"、"那"等指示代词,"首先"、"其次"、"总之"等关联性词语,这些都应该被视为语法手段之一。吕叔湘先生进一步强调,汉语中句和句、段和段之间的联系可以有"语法手段"、以"逻辑"加以体现的意合手段以及"其他手段"等①。

根据汉语的特点,语序和虚词是表达语法意义的重要手段,因此,除了汉外语篇衔接共有的重复、同/近义、反义以及上下义衔接等词汇衔接方式,指称、替代、省略、连接等语法结构衔接手段之外,汉语突出的意合法与语篇构建中的句式选择等形式都是汉语语篇衔接的重要手段之一。

语篇衔接可分成表层形式和深层语义衔接两个彼此关联的层面。本文将"表层"和"深层"的部分内容重新加以组合,并以汉语为出发点和基础,从汉语作为第二语言的应用角度提出我们的认识和分类依据,在"语篇是一个语义单位"这一基本概念范畴统筹之下,结合汉语语篇衔接的突出特点,在外延上有所扩展,除了西方语篇衔接所指的词汇衔接、语法结构衔接之外,还包括语音衔接和语用衔接。此外,本文所涉及的语篇衔范畴定位为狭义衔接,因此将语义合并入语用范畴,也就是说,将汉语意合法的衔接形式划分为语用衔接类别之中。

(一)语音衔接

传统语言学研究所关注的语言形式仅为语序、虚词以及形态等要素,但随着口语研究的展开,诸如语调、音节、停顿、韵律等语音特征也受到广泛关注。因为,如果语言研究仅为词类与句法结构成分,显然不符合语言的客观现实。

言语作为思想表达的内容和介质,其主要目的与作用是传情达意。作为言语活动的直接单位,语篇中的语音因素是语篇特征的直接体现方式之一,语音模式的选择与运用具有谋篇意义,是明显的衔接机制②。"每种语言都有自己特殊的语音模式,但不论是英语,或汉语,或其他语言,语音模式在语音上实现语篇的衔接,……当然,它的功能不一定在所有的语篇中体现出来,至少在某些体裁中发挥相当大的作用。"③

没有语音衔接的衔接理论既不符合语言应用的实际,也无法体现语篇衔接的整体性与系统性特征。著名语言学家罗常培先生在《普通语音学纲要》一书中也指出:"语言里的词是声音和意义的结合体。甚至在咱们思考或默读时,也就是当咱们的语言活动不把声音读出来的时候,咱们也还是在思想中通过词的声音复现这个词的。所以说,语言的声音是语言的物质的外壳。"④

语言是多层次的,如语音层、词汇层、句法层、语义层等,各层次与语篇衔接都有一定的关系,对于没有形态的汉语来说,能够打破逻辑顺序的重要因素就是汉语的音韵和节奏特点⑤。因为语言的"韵"能够将涣散的音节单位加以贯穿联系,使其成为一个完整的语言整体。在此,"韵"即为语音要素。

---

① 吕叔湘《汉语语法分析问题》,商务印书馆,1979年。

② 张德禄、刘汝山《语篇连贯与衔接理论的发展及应用》,上海外语教育出版社,2003年,第15页。

③ 胡壮麟《语篇的衔接与连贯》,湖南教育出版社,1989年,第175页。

④ 罗常培《普通语音学纲要》,商务印书馆,1981年,第1页。

⑤ 潘文国《汉语的韵律、词法与句法》,北京大学出版社,1997年。

清代文章家刘大櫆曾指出:"盖音节者,神气之迹也;字句者,音节之矩也。神气不可见,于音节见之;音节无可准,以字句准之"①。汉语行文讲究"神气",所谓"神气",究其本质而言就是指语言中音节搭配以及节奏分布问题。音节与节奏不仅使语言抑扬顿挫,也是句子组织的重要原则,有助于语义表达和语势强化,是一种极富汉语特色的语言现象,是汉语语篇衔接的重要手段,也是逻辑事理的必要补充。除了语义逻辑规律外,语音韵律因素对汉语句子的结构也具有不可忽视的影响;除了词汇语法层的衔接手段外,"语音模式一旦跨越句子的界限,这种手段就应该具有衔接功能。"②实现汉语语篇衔接的语音手段主要体现为音节数量、韵律协调以及停顿别义③三类:

1. 音节数量

词语能否搭配,一方面取决于词语在意义上能否组合,另一方面取决于词语的语音形式是否均衡,而音节长度的一致形式就是最为常见的语音和谐的形式之一。在汉语中,这样的现象十分普遍。

(1)虎踞龙盘今胜昔,天翻地覆慨而慷。

——毛泽东《人民解放军占领南京》

(2)真的猛士,敢于直面惨淡的人生,敢于正视淋漓的鲜血。

——鲁迅《纪念刘和珍君》

(3)远望天山,美丽多姿,那长年积雪高插云霄的群峰,像集体起舞的维吾尔少女的珠冠,银光闪闪,那富于色彩的连绵不断的山峦,像孔雀开屏,艳丽迷人。

——碧野《天山景物记》

例(1)、例(2)、例(3)中的每一小句与前一小句在句尾音节数量上都是均衡对等的,这样便能使语篇在语音上连贯一气,凸显语义信息。尽管音节均衡是诗词歌谣一个基本的要求,在现代汉语中,为追求表达形式的和谐,也力图使前后小句相对应的词语音节长度相一致,即"单音节对应单音节,双音节对应双音节,多音节对应多音节"④。音节的均衡协调使语篇在视觉接受效果上具有整齐、匀称的特点,在听觉接受效果上则具有和谐顺畅的美感,使语篇在形式上衔接紧密,语义上连贯流畅。

如果音节失衡,尽管不一定影响语篇的连贯,但会破坏语篇音步与节奏的协调一致性,影响语篇的语义连贯与表达效果。

2. 韵律协调

"从生成语言学的观点分析,韵律是语言中语义、句法、语用等几个要素经过充分选择、转换后的终端表现形式,也是一种语音表达式"⑤。在语篇中重复使用同韵的音节成分,可形成语篇同韵相应,前后呼应的效果,使语篇音韵和谐,节律齐整,具有语

① (清)刘大櫆《论文偶记》,人民文学出版社,1959年,第6页。

② 胡壮麟《语篇的衔接与连贯》,湖南教育出版社,1989年,第168–169页。

③ 为行文方便,简称音节、韵律、停顿。

④ 宗廷虎《修辞新论》,上海教育出版社,1998年,第254页。

⑤ 吴为善《双音化、语法化和韵律词的再分析》,《汉语学习》,2003年第2期。

篇美。

这种呼应,从句子的角度而言,可以使字系于韵而不至于离散;从段落的角度看,可以使句子系于韵而浑然一体。

(4)哪一颗星没有光,哪一朵花没有香,哪一个庄稼人的心里又不怀着屈辱和期望?在过往的日子留下的这片废墟上,哪一个庄稼人又不在为明亮的日子而奔忙?

——何士光《赶场纪事》

(5)老丫头,你别吹!自从有了你,家里就倒了霉!爸爸叫你克死,家里缺米又缺煤,连个媳妇也娶不上,谁也不肯来做媒!费了多大劲,跑了多少回,才娶上媳妇,生了娃娃,人口一大堆。你就该老老实实在家里,抱孩子,干活儿,不等嫂子催。可是你,一心一意往外跑,好像一群野马后面追。

——老舍《女店员》

例(4)中,以"ang"押韵的文字韵脚反复出现,强调句末重点,使句子的信息焦点十分清晰,有助于更为充分地理解语篇的含义。例(5)中,"吹"、"回"、"堆"、"催"、"追"、"谁"押韵,韵母均为"ui",而"霉"、"煤"、"媒"则是同音字押韵,韵母都是"ei"。两韵交错相押,在听觉上具有音韵和谐的美感,以及交错变化、同中有异的悦耳效果。

一般说来,带有 a、an、ao、ang、ong、eng 等韵母的字多有表现雄壮激昂的感情色彩。i、ui、ei 等韵母字多带有表现悲愤、哀悼、忧郁、伤感、苦闷等感情色彩[1]。韵脚和谐,顺口悦耳,便于传诵,便于记忆,音韵的和谐有助于语义信息彼此紧密关联,使语篇更为流畅连贯,形成良好的语义衔接链。

3.停顿别义

停顿是语音上的一种间歇现象。从广义的角度而言,停顿既是一种生理呼吸的需求,更是语言表意的需要。后者与句子意群息息相关,形式上主要表现为词语的分合,而词语的分合是由语音停顿来体现的。语言的层次性是语言结构层次的组合,也是各种语言的共同现象,语音结构层次同语法结构层次较为相似,停顿依据语言结构层次的语义,采用断句的形式加以表示。能否将语言的语义层次正确表现出来,其关键就在于语音停顿。不少处于静态语言结构的句子,可以采用不同的语音停顿,构成不同的句子,甚至表达不同的语义,这充分说明,尽管在静态的语法平面、语义平面有此类多义结构,但在动态的语用平面,语句却语义单一,其根本原因之一在于上下文语境,同时也是由于语音停顿可消除歧义[2]。

(6)昨天我们几个讨论过了,我们同意他/也同意你/怎么样?
(7)昨天大家讨论过了,我们同意他也同意/你怎么样?

语音停顿的差异使得例(6)、例(7)两个语篇单位的语义区别十分明显:例(6)的

---

[1]胡裕树《现代汉语》,上海教育出版社,1999 年,第505 页。
[2]叶竹钧《语音停顿与语义表达》,《安顺师专学报》,1994 年第3 期,第43－47 页。

"同意"指向人,例(7)的"同意"指向事。句子内部音节之间的停顿间歇可以对句中小句之间的结构关系,意群之间的组合关系起一定的标示作用:停顿不同,小句间的结构关系便不同,意群组合关系也不同,语篇所表达的意义自然也就不同。倘若停顿不当,必然会造成语篇意义理解上的偏差,更会破坏语篇的衔接与连贯。

总之,语篇结构内部的语音衔接体现为相邻句子的音节协调、韵律和谐等在结构和形式上的相关性或一致性,语篇中,语音衔接手段的正确使用可以连句成篇,实现语篇语义的连贯一致。因此,语音的音节数量、韵律协调、停顿别义等语音形式是否得当,也是决定语篇是否衔接连贯的重要因素之一。

(二)词汇衔接

一篇主题突出的文章,需要意义相关的小句彼此相互衔接。语篇中的词汇,尤其是处于某一特定语篇中的词汇,以一定的方式汇集在一起,通常存在相互依赖或彼此对立的关系:通过分布于小句内部的一些词语的语义特征构成完整的语义网络,使句子之间的语义连贯性得以维系,从而形成完整的语篇。因此,语篇的语义是否具有整体性,关键取决于该语篇内部各小句之间语义联系的紧密度,即语篇衔接的程度。

语篇的构建与解读就其本质而言,属于一个问题的两个方面:构建是语篇的编码过程,解读则是语篇的解码过程。在此过程中,"词语不再是孤立的个体要素,而是语篇语义网络中的一个个结点,彼此之间存在种种微妙的关系:或为近义或同义关系、或为反义关系、或为上下义关系、或为整体与部分的关系"①,从而使词语组织呈现立体化格局。词汇衔接产生于语篇中跨越小句或句子的两个或多个词项之间的意义关联,即在语篇组织过程中通过词汇的选择,形成贯穿语篇的语义链条,以建立语篇网络,使语篇得以衔接与连贯。

语篇是一个语义自足单位,语篇的构建往往需要围绕一定的主题来组织词语,这些词语属于彼此相关的词汇群,从而形成一个完整的词汇链。词汇衔接使得语篇中的句子得以彼此前后关联。与语法结构性衔接处理的封闭性词类不同,词汇衔接处理的是开放性词类,强调语篇中所出现的部分词汇相互之间存在的语义联系。只有当具有语义关联的词语彼此衔接,连成语篇,才能保证语言结构单位的主题同语义场的协调。

衔接指"存在语篇内部的各种意义关系"②,衔接在宏观上是个语义概念,然而具体的衔接手段同词汇、语法等形态因素密切相关。在词义上所有的结构都是衔接的,并非仅仅局限于语法层面才有衔接力。"词汇衔接是语篇衔接中最为重要的形式,占据语篇衔接纽带的40%左右","对语篇衔接的研究在很大程度上就是对语篇中词汇模式的研究"③,也就是说,语篇中的词汇不仅传达词汇本身的单个的概念或意义,更发挥着组织语篇的重要作用:语篇的构建往往是通过词汇组合方能得以实现。

词汇衔接主要包括两大部分:重述(reiteration)和搭配(collocation)。重述是语篇

---

① 田然《论词语的组织方式与语篇难度及词语教学》,《云南师范大学学报》,2004 年第 4 期。

② Halliday, M. A. K. & Hasan, R. Cohesion in English, London:Longman,1976,P4.

③ Hoey, M. Patterns of Lexis in Text, Oxford:Oxford University Press,1991,P10.

组织的重要衔接方式,是语篇成为整体、实现连贯的重要保证,其构成较为复杂[①],搭配则是指词项共现(cooccour)的可能性,而非词语之间的语义关系。

重述和搭配关系均受到语篇和语境的双重限制,但是搭配关系的范畴更为宽泛,变化度更大,"在某一个语篇中相关联的词语在另一语篇中则可能风马牛不相及,而通常不相关的词语在某一语篇中则有可能是关联的"。"词汇在搭配关系层面具有极强的语境依赖性"[②],使得确定相关词项的范围更为多变。

由于本文研究所关注的是狭义衔接中的词汇衔接与汉语教学的问题,是构建语篇时词语之间某种最基本的语义关系所起的作用,因此主要考虑词汇重述而非词汇搭配。根据语篇理论,重述衔接主要包括原词重复(repetition)、同义词(synonym)或近义词(near - synonym)、上下义词(hyponymy)衔接等[③],同时,同义词/近义词、反义词以及上下义词也是实现语义场协调一致的基本要素[④]。

1. 原词重复

根据 Hallliday 的观点,重复指相同的词语或结构在语篇的数个句子中不断复现的现象。语篇中原词复现使得语篇信息结点关系明确,易于构成显性的语义网络,是一种特殊而又较为普遍的形合方式。作为一个完整的语义单位,语篇构建过程中包含了一个信息延续的过程,需要依赖先出现的某一成分,也就是说,新信息的延续有赖于先前出现的旧信息,因此,"后者对前者的依赖性越高,就越需要采取词汇重复的衔接手段,即具有相同语义、同一形式的词语在同一语篇中反复出现"[⑤]。

(8)贾芸道:"……欲要孝敬婶娘,不怕婶娘多心,如今重阳时候,略办了一点东西……"……凤姐道:"你这把东西带了去吧。"

——曹雪芹《红楼梦》

(9)两个神奇的字:祖国!这么美丽的两个字,就是这两个字在激励我的心灵。现在我正是身在国外,因此我对她的感受更深,就是这两个光辉的字,庄严的字,贴心的字,最可贵、最可爱的字呵,祖国,我的祖国!

——徐迟《祖国》

例(8)重复词"东西"回指贾芸的"礼物",例(9)重复词"祖国"在语篇中反复出现,有助于语篇信息的延续,并表达了强烈的感情意义。

语篇词汇重复凸显了语篇内部的语义关系,使语篇语义信息明确清晰,语篇内部结构衔接紧密,浑然一体。词汇重复具体表现为原词复现,原词复现形式的词汇重复是一种形合方式,是语篇衔接的重要手段之一,是语言表述中一种极为普遍的现象。尤其是在篇幅较长的语篇中,在语篇构建中适当重复同一个词,可以使语篇的意念中心不至走散,突出了语篇的主要信息。

---

①Hoey,M. Patterns of Lexis in Text,Oxford:Oxford University Press,1991,P12.

②刘辰诞《篇章与词汇教学》,《外语教学》,1997 年第 2 期,第 27 页。

③Halliday, M. A. K. & Hasan,R. Cohesion in English,London:Longman,1976,P278.

④为行文方便,以下简称近义、反义、上下义。

⑤何自然《认知语用学——言语交际的认知研究》,上海外语教育出版社,2006 年,第 432 页。

2. 同义词或近义词

词汇衔接的近义词衔接，主要是运用词语意义的相似性，既有同一性，也有相近性两个方面，指的是意义相近或相同的不同词项之间的呼应关系，而无论该词语蕴涵的意义指向对象是人还是物。

（10）你们的许多言论行动，既然和敌人汉奸的所有这些言论行动一模一样，毫无二致，毫无区别，怎么能够不使人怀疑你们和敌人汉奸互相勾结，或订立了某种默契？

——毛泽东《质问国民党》

（11）从前的北京人习惯把已经结婚的女儿叫做"姑奶奶"。结婚后，"姑奶奶"是不能住在在娘家的。但是农历的二月初二，娘家的人可以接他们家的女儿回家住十天二十天。如果接不回来，可能是女儿在夫家出了什么事情，娘家的长辈一定要亲自到她婆家问个明白。

——佚名《民间风俗——龙抬头》

例（10）中的"一模一样"、"毫无二致"、"毫无区别"是同义的四字格词语，意义相近，例（11）中"夫家"、"婆家"意义相同，这些近义词或同义词的使用能使语篇内部的小句之间意义遥相呼应，增强了语篇的衔接力，同时也避免了词汇的单调重复，使语篇表述富于变化。

语篇中的同义词或近义词使得语篇内部各小句之间在主要信息上彼此印证互为说明，使语篇信息得以强化，并能突出语篇内部意义衔接的一致性。

3. 反义词

根据 Halliday 的观点，反义衔接手段的应用能使数个词项之间呈现一种具有意义区别的对比关系，诸如相反、对立、互补、序列等，并能形成一种互为相反关照的衔接关系。

（12）笑的声音有大有小；有远有近；有高有低；有粗有细；有速有慢；有真有假；有聪明的，有笨拙的；有柔和的，有粗暴的；有爽朗的，有娇嫩的；有现实的，有浪漫的；有冷冷的，有热情的，如此等等，不一而足，这就是笑的辩证法。

——高士其《笑》

（13）大凡教书的人总是那么灰色，大学教授更甚。学生甲这么说，学生乙又那么说，好，我们的教授既不敢左袒，又不敢右倾，只好摆出一副挨打的脸儿嘻嘻的傻笑。

——茅盾《子夜》

例（12）中的"大－小、远－近、高－低、粗－细"等属于相反关系的反义词进行对比，例（13）使用了"左－右、甲－乙"等属于互补关系的反义词进行对比。反义词所彰显的具有区别对立关系的语义信息，使语篇内部各小句彼此构成关联，对语篇衔接起着重要的语义连缀效果。

4. 上下义词

词语的之间的分类关系也体现了词汇衔接的功能,主要是由于某些词类在语义上彼此存在类属关联。词语意义的上下类属关系能使词语之间同时出现或相互替代,以实现语义的关联,使语篇信息进一步衍生。

（14）这地方的火烧云变化极多,一会儿红彤彤的,一会儿金灿灿的,一会儿半紫半黄,一会儿半灰半百合色。葡萄灰、梨黄、茄子紫,这些颜色天空都有,还有些说也说不出来、见也没见过的颜色。

——萧红《火烧云》

（15）"……我这终身唯一的亲爱的,就是这朵枯萎的白玫瑰和这本身!……"

……"吴夫人! 我选中了你! 我想来你也同意! 这朵花,这本书的历史,没有一刻不在我的心头!……"

——茅盾《子夜》

例(14)中的"颜色"及其下位词"红、金、灰、白、紫",例(15)中的"花"及其下位词"白玫瑰"之间形成了语义上的类属联系,实现了语篇的衔接与连贯。

上下义词之间在语义类属上的关联使得词语之间可以互为指称,彼此衔接,形成语义上的回指关系。即使语篇前后的小句之间相隔再远,也能凭借词汇上下义类属所蕴含的这种回指关系将各部分紧密串联起来,充分保证语篇意义的整体连贯性。

总之,在词汇衔接中,一般情况下,构成语篇的前后几个小句之间所具有的词语聚合方式及其理解难度与语篇内部小句衔接的方式直接相关,小句一般以逗号和句号为分界标志。词语衔接的组织方式,如词语之间衔接距离的远近(即词语第一次出现与再次出现的距离远近)、词语标记数(即某一词语在上一句衔接中作为标记词语的重现)所出现的频率越多,语篇词汇衔接越紧密,所构成的语义链也就会越清晰,所传递出来的语篇信息也会更加清楚明确。

（三）语法衔接

句子的研究使得语言学家们日益发现单句语法理论的局限性,因此纷纷将研究范围扩展到更大一级的语言单位。在语篇语言学理论系统出现之前,语篇语法就先行诞生了。

语篇语法以句连接、跨句的语法现象等涉及语篇构建的结构性衔接手段为语篇研究的基础。根据 Halliday 的观点,语法衔接指的是利用语法手段使语篇内的小句或句组之间达到上下衔接语义连贯的目的。具体而言,是指对语篇中某一词语、词组或者小句,通过同语篇中的另一个预设结构做句法结构比较,回找本结构中某些未明确出现的词语、词组或者小句。语法衔接的主要手段有指称、替代,省略以及连接词衔接等①。

根据语篇语言学所指的语篇具备"语篇性"这一基本特征的理论前提,语法衔接

---

①胡壮麟《语篇的衔接与连贯》,湖南教育出版社,1989 年。

所指的"语法"同语言学中的"语言组合规则"存在一定的区别,语篇中的"语法"主要是指语篇中各小句之间在语篇构建中所体现的宏观结构关系,而不是传统语法研究中的语素、词、短语、句子等要素的组合或聚合关系。

1. 指称

指称(reference),也有人称之为照应,是一个回指某个以前曾经提及的单位或意义的语言学单位,属于一种语义关系。根据 Halliday 的观点,指称指的是语篇中一个成分作为另外一个成分的参照点,即语篇中的一个语言成分与另一个语言成分之间存在互相解释的关系。指称成分与所指对象之间以语境为基础,主要以语篇结构为基本前提,运用指称代词等语法手段来表示语义关系,从而使单句连缀成语篇的一种衔接手段,这也是语篇组织中较为常见的方式。指称与词汇衔接最根本的区别在于指称的认同性,即指称指示的是同一个实体。

语篇语言学理论认为,在每一种语言中都有一定的词语具有某种指称的特点,指称手段主要包括人称指称(personals reference)、指示指称(demonstratives reference)和比较指称(comparatives reference)等三种方式。

(1) 人称指称

人称指称是指采用语言中的人称系统指称事物。汉语中常见的人称指形式主要有"你/我/他(她/它)"、"我们/咱们"、"大家"、"人家"、"自己"等;

> (16) 我忍不住,便放声大笑起来,十分快活。自己晓得这笑声里面,有的是义勇和正气。
>
> ——鲁迅《狂人日记》
>
> (17) 人生有限,知识无穷。当你用汗水敬献她的时候,她和你携手前进;当你用游荡讨好她的时候,她和你分道扬镳。
>
> ——2009 年广西公务员考试行测真题

例(16)以人称代词"自己"指称"我",例(17)以人称代词"她"指称"知识",指称回指前一小句的主体对象,使前后对象信息互相参照,体现了所指对象的一致关系。

语篇内的人称指称是语篇衔接中使用频率较高的衔接手段之一,人称指称用于表示语篇内部事物对象之间的指代关系,用于回指上文的主体。指称与及物性有机结合,使语篇所指对象互为说明,实现语篇内部形式的衔接与意义的连贯。

(2) 指示指称

指示指称是指说话人通过指明事物在时间或空间上的距离来对所指对象加以确认的方法。一般而言,"指示指称指向时间所呈现的是单向直线关系,而指向空间则为立体多维关系"①。汉语中主要的人称指称词为"这"和"那",及其派生的"这时/那时"、"这里/那里"等。

> (18)桂林的风景线长达 100 公里,从桂林到阳朔水程 83 公里,漓江蜿蜒于群山之中,乘船从这里掠过,可以饱览壮丽的景色,奇峰矗立,绿水萦回,船

---

① 胡壮麟《语篇的衔接与连贯》,湖南教育出版社,1989 年。

移景变,尽态极妍。

——秦牧《桂林山水之美》

(19)吴老太爷看见一团蓬蓬松松的头发乱纷纷地披在白中带青的圆脸上,……蓦地这披头发扭了一扭,……四小姐擦着那披头发下去了。

——茅盾《子夜》

例(18)以"这里"指称"漓江",例(19)以"这"和"那"指称"头发",指称回指前一小句的事物,使语篇中所指的前后两个事物彼此参照,保持语义上的一致关系。

就一般意义而言,"这"表示近指,"那"表示远指。第一次提及用"这",第二次提及用"那",但某些情况下,语篇中的信息焦点因具体的语篇情景因素发生变化时,便会出现指示指称的近指与远指的换用。如例(19)中"这披头发"表示叙述的对象是当事人视线中的焦点,是近指,因此用"这"。而当叙述对象发生位移,离开了当事人视线后,则由近指变为远指"那"。

通常,指示指称与人称指称的基本指称功能趋于一致,因此,一般二者不同时使用。但在汉语中,可以采用指示指称与人称指称并用的形式,使指称对象的信息更为丰富,体现了语篇使用者的心理焦点所在:

(20)听说上个月你买车了,你这车是什么牌子的?

(3)比较指称

人称指称与指示指称是指称中最为重要且较为常用的形式,在语篇衔接中发挥着重要作用。除此之外,比较指称也是语篇指称衔接中不可忽视的一类。

比较指称中的"比较"并非等同于印欧语法中所指的形容词或副词的比较级,而是指存在于语篇结构内部,对语篇结构具有一定衔接作用的指称形式。比较指称通常由具有比较意味的词语或结构单位,如"同样"、"差不多"、"不一样"等加以体现。与人称指称与指示指称一样,比较指称所指的意义也必须参照上下文语境的所指关系加以索引,但比较指称是语篇指称中相对隐蔽化的衔接方式。

(21)去年村里的收成因为一场冻雨而减产,今年没有冻雨,却出现了干旱,所以最后的收成也和去年差不多。

(22)依照向来的习惯,他这无声的温柔的抗议,可以引出林佩珊几句话,因而事情便往往有转圜的可能。但今天林佩珊却不同了。

——茅盾:《子夜》

例(21)比较指称结构"差不多"与前一小句的"去年村里收成因为冻雨而减产"进行比较,表示二者存在一种相似性。例(22)比较指称结构"不同"与前一小句"他这无声的温柔的抗议,可以引出林佩珊几句话,因而事情便往往有转圜的可能"这一情况进行比较,表示二者存在一种差异性。通过这种相似性或差异性的比较,实现了语篇内部小句前后的语义衔接。

比较指称需要某一所指词语与另一词语进行比较后方能确定其具体语义,可以使发话者用最简单的指代形式来表达上文已经提到或下文即将提到的信息,使语篇表达简洁高效,也使得语篇在结构上更为紧凑,成为前后衔接的意义整体。

2. 替代

替代(substitution),是指用替代形式替代上文出现的某一成分。替代形式的使用可以实现语篇的衔接,被替代的成分既可以是名词,也可以是动词。而作为一种常见的语言现象,替代既可出现于句子层面,也可发生在语篇层面。替代形式保证了语篇内在关系的一致性,因而是语篇组织的重要手段:替代能实现句子间的相互承接,构成紧凑连贯的语言网络,从而实现语篇中上下文衔接的目的。同时,从语法和修辞角度分析,替代是避免语篇单调乏味或重复啰嗦弊病的一种重要手段。

汉语语篇中替代的使用虽不像英语篇章那么常见,但有时作为语篇衔接的语法手段之一,替代也会发挥作用。一般而言,替代可分为名词性替代(nominal substitution)、动词性替代(verbal substitution)和小句替代(clausal substitution)三类。

(1)名词性替代

名词性替代是指用名词性结构来替代语篇中已有预设中的某一对象。汉语中可以替代名词的,常见语言形式有"的"字短语,以及常见于书面语的"者"字结构:

(23)纵观古今,能打天下的人不少,但能治天下者却不多。

(24)他在那又高又粗的槐树上的鸟窝里掏出了三只不知名的鸟蛋:小小的,椭圆的,还带着灰黄的斑点。

例(23)中的"者"替代前一小句所指的"人",例(24)中的"的"替代前一小句中的"鸟蛋"。

(2)动词性替代

动词性替代是指用动词性结构来替代语篇中已有预设中的某一动作或事件发展的动态过程。汉语中可以替代动词的常见语言形式有"来"和"干"等动词:

(25)让我白白地把这几个月的劳动成果全拱手相让?我可不干。

(26)他们打牌三缺一,问你来不来?不来,我就去了。

例(25)中的"干"替代前一小句所指的"把劳动成果去全部拱手相让",例(26)中的"来"替代前一小句中的"打牌"。

(3)小句替代

小句替代是指用一个形式结构来替代语篇中已有预设中的整个小句或小句的大部分内容。汉语中可以替代名词的,常见语言形式有"这样/这么"、"那样/那么"或者"然"等:

(27)春天来临之际,皮肤敏感的人要特别注意过敏症的发生,不然,就会感染皮肤病。

(28)前面一伙小孩子,也在那里议论我,颜色也同赵贵翁一样,脸色也都铁青。我想我同小孩子有什么仇,他也这样!

——鲁迅《狂人日记》

例(27)中的"然"替代前一小句所指的"皮肤敏感的人要特别注意过敏症的发生",例(28)中的"这样"替代前一小句中的"在那里议论我,颜色也同赵贵翁一样,脸色也都铁青"。

3. 省略

省略(ellipsis),也被称做零式指称,省略通常指"句子、某结构或语篇中未出现的词语可以根据上下文从篇章的其他小句或句子中找回,其作用是避免重复,突出主要信息,使语言表达更为简洁"[①]。省略结构和省略成分之间的预设关系,使得语篇上下文前后衔接关系更为密切。

省略现象可以发生在语言的各个层面,如语音省略、词汇省略等,省略是汉语语篇形式连贯所采用的最主要的语法手段之一。省略是"经济原则"(economy - priciple)在语言交际中的直接体现,"人们在能确保语言交际功能得以实现的前提下,往往会对语言活动中的消耗做出符合经济要求的安排"[②]。"省略属于语法省约的直接体现,要求在不引起歧义的情况下,尽可能使用简约的表达方式……省略使语言简练、紧凑而明确,有利于突出语言交际中的新信息,是实现语言简洁和明晰效果的最佳平衡手段"。虽然省略有时也被称为"零形替代",但"省略反映的是语义关系,而替代衔接所反映的是词汇语法层面上的关系,二者存在本质上的区别,不应归并为同一类型"[③]。

省略可分为名词性省略(noun ellipsis)、动词性省略(verb ellipsis)和小句性省略(clausal ellipsis)三类。

(1)名词性省略

"名词性省略指名词词组内表示事物意义的中心词的省略,各种修饰成分的省略乃至整个名词词组的省略。汉语中名词性省略现象较为常见。只要意义清晰明确,汉语中甚至连主语都可以省略"[④]。由于语篇的上下文语境因素,这些成分的省略并不会造成理解上的混乱,相反,使得语篇的主体信息更为集中,叙述更为简洁,衔接更为紧密。

(29)这雨把游玩的人们催回家来。吴少奶奶是第一个。

——茅盾《子夜》

(30)杨志取路,不数日,(0)来到东京,(0)入得城来,(0)选个客店,(0)安歇下,庄客交还(0)(0)担儿,(0)与了(0)银两,(0)自回去了。

——施耐庵《水浒传》

例(29)中"第一个"后面省略了"人"这一名词,例(30)中省略了大量的名词性主语及宾语成分。

---

①胡壮麟《语篇的衔接与连贯》,湖南教育出版社,1989年。

②常宝儒《汉语语言心理学》,知识出版社,1990年。

③郭富强《意合形合的汉英对比》,中国海洋大学出版社,2009年。

④郭富强《意合形合的汉英对比》,中国海洋大学出版社,2009年。

(2) 动词性省略

汉语动词附类中主要有趋向动词和助动词①,因此,汉语动词省略常体现为左省略和右省略现象,前者主要是与助动词"得"关的结构性省略,后者大多为实义动词的省略;

(31) 那件事情最后到底谈得怎样了? 怎样了?

(32) "公司里总经理一职请你代理。"

　　"那不行! 还是请王和甫吧!"

——茅盾《子夜》

例(31)中第二个"怎样了"省略了动词与补语标志"得"——"谈得",属于左省略,例(32)"请王和甫"中省略了"代理"这一动词表现为右省略。

(3) 小句性省略

小句和多个小句省略经常出现于是非问答句结构当中。在小句性省略中,肯定或否定词后承载主要内容的小句成分可以全部省略。在许多情况下,可以使用某些情态词来表示发话人对某情形的预测或猜想。

(33) 虽然有人说"有钱能使鬼推磨",但是在我看来,也不一定。

例(33)"也不一定"后省略了"有钱能使鬼推磨"这一内容,表明了个人的态度。

有时,小句往往通过"级转移"(rank – shifting)作为另外一个小句的成分而被省略,这在心理过程中最为常见②。

(34) 这样吧,你们现在就打电话,我马上去叫车,大家同意吧?

例(34)语篇通过"级转移"方式,"同意"后省略了"你们现在就打电话"和"我马上去叫车"这两个小句。小句省略使语篇结构简洁,信息突出,从而使整个语篇中的其他各小句彼此衔接得更为紧密。

4. 连接

语篇中所指的"连接"是指彼此相邻的小句之间的连接关系③。在一个语篇的各小句之间,通常要有连接成分来把他们联系起来,表示小句之间的逻辑 – 语义关系和相互依赖关系④。通过连接性词语的使用,可以体现语篇内小句之间的关系,还可以凭借连接词内在逻辑关系进行语义的推理⑤。对于具有语篇意义的连接词,王力先生曾指出:"词和词可以联接,句和句也可以联结;有些虚词居于词和词的中间,或者句

---

① 吕叔湘《汉语语法分析问题》,商务印书馆,1979 年。

② 胡壮麟《语篇的衔接与连贯》,湖南教育出版社,1989 年,第 83 页。

③ 胡壮麟《语篇的衔接与连贯》,湖南教育出版社,1989 年,第 92 页。

④ Halliday,M. A. K. &Hasan,R. Language, Context and Text,Victoria:Deakin University Press,1985,P96.

⑤ Halliday,M. A. K. &Hasan,R. Language, Context and Text,Victoria:Deakin University Press,1985,P96 – P98.

和句的中间,担任联结的任务。这种虚词,我们可以叫做'联结词'"①。

长期以来,关联词作为复句研究中的一部分,被划分为语法研究范畴。然而,从语篇衔接的角度观察,关联词由于具有明确的逻辑语义信息,是实现语篇衔接最为便捷的显性衔接手段之一,因而也是语篇衔接分析中不可忽视的成分之一。关联词对于强化语篇逻辑及语义关系起着重要作用,因此,在现代汉语语篇中,由关联词承担的形合衔接手段得到了较为广泛的应用,如"虽然……但是"、"因为……所以"、"只要……就"等,是实现语篇衔接的重要手段之一。除关联词具有语义连接功能外,其他具有连接功能的结构,如"一则"、"二则"、"这样"、"那么"、"譬如说"等也属于连接手段的范畴。

(35)我今天来找你,一则为了探望你的病情,二则为了向你介绍一份保险业务。

(36)明天你最好早点过来,这么着我们就可以赶在下班高峰期前去机场,免得堵车。

(37)从前他们又要办工厂,又要做公债,也居然稳渡了两次险恶的风波,现在他们全力来做公债,自然觉得游刃有余。他们没有理由让自己乐观。因此,他们这次会议也就在兴奋和希望中结束。

——茅盾《子夜》

例(35)中的"一则"、"二则",例(36)中的"这么着",例(37)中的"因此"这一连接词语将语篇内部各语篇中的小句串联起来,使语篇前后关联,语义连贯。连接概念体现了相邻小句之间的连接关系。"通过连接手段的运用,人们可以了解句子之间的语义联系,也可以从逻辑上由前句预见后句的语义"②。

由此可见,通过显性的连接手段能充分实现语篇语义的衔接。对于第二语言学习者而言,连接手段的正确选择只是第一步,连接词或连接结构在语篇中的具体位置以及数量关系的确定都会影响到语篇衔接的最终效果。

(四)语用衔接

语篇语言学与语用学不仅在研究领域中有关联部分,在性质上也有不少相似之处。从语言研究的内部机制来看,音系学、语法学和语义学层面的研究属于语言的静态描写;而语用学和语篇分析则属于对语言的动态描写。以词汇、语法为基础的语篇分析方法始终在语言的表层结构上寻找语篇的结构特征,表层结构总是只能反映语篇的一部分意义,无法全面反映语篇语义信息。因此,语篇分析还需从语用角度出发进行分析,关注语篇衔接动态层面的研究。

西方语言学家主要关注英语等西方语言材料,他们对于显性衔接的关注远远大于隐性衔接,毕竟后者并非西方语言的本质特征。长久以来,学界在讨论语篇衔接问题时,总是以西方那套理论为框架,倾向于将形式作为判断语篇衔接关系的主要依据。

---

① 王力《中国现代语法》,商务印书馆,1985年,第378-413页。
② 胡壮麟《语篇的衔接与连贯》,湖南教育出版社,1989年,第94页。

我们在研究汉语语篇衔接时,不可削足适履,而应从汉语自身的特征出发,将语言衔接的共性规律与汉语衔接的个性特征研究相结合,除关注形式上的显性衔接外,更要关注语篇衔接的隐性要素。

对于一个有意义,易于为人们所接受的语篇而言,其在语言各层次的成分都可以表现出各种程度的衔接,从而使得信息交际贯穿整个语篇,最终实现交际目的。语篇衔接除了词汇、语法结构等显性手段外,隐性衔接手段的作用同样不可忽视,这牵涉到语篇的隐性衔接问题,就汉语特征而言,意合手段便是隐性衔接的直接体现。同时,从语篇衔接的角度分析,由于语篇一般涉及到两个或两个以上小句之间的组合关系问题,句式的选择在语篇中所受到的制约因素要比单句中更为复杂,所以句式选择不当也会导致语篇衔接产生问题。因此,句式的选择也是语篇的语用衔接的重要手段之一。

综上所述,语篇是一个语义完整的语言单位,作为语义型语言,汉语的意合手段本是汉语语篇衔接的一个重要隐性衔接方式,而在语篇构建过程中,能否正确选用汉语所特有的句式,如"把/被"形式标记句、主题－说明结构①等结构形式的选择,是决定语篇内部语义关系是否连贯一致的重要前提之一,也是决定语篇内部小句之间的衔接关系能否成立的重要因素之一。从语言内部狭义的语用角度而言,这也是决定汉语语篇衔接与否的另一个层次。相对词汇、语法衔接形式而言,语用衔接则更具有隐蔽性与特殊性,也是相当富有汉语特色的衔接手段,对汉语作为第二语言的学习者而言,语用衔接的掌握难度更大,因为它是无形的,更多地依赖于语感。

1. 意合衔接

汉语语篇组织既有显性衔接,也存在隐性衔接。但对以语义为重的汉语而言,汉语以意驭形,隐性衔接这一语义手段是汉语语篇更为重要的组织方式。由于汉语形态不丰富,"句法上主要靠语序和虚词来表达句子中各成分之间的关系",因此,"句法上有稳定的一面……但与此同时,汉语在句法上存在省略、移位等灵活性的一面"②。此外,汉语使用带有表意成分的汉字,人们在看到汉字的同时,一般能直接由字形激活字义,语义因素在理解中具有明显的优势效应。后两种情形在一定程度上形成了汉语意合的特征,突出表现为汉语句子的构成成分按照时间顺序或事理推理方式,通过多个动词或流水句的形式来表达意义③。

语义型的汉语在其语言组织过程中,语义彼此的组合衔接是决定语序的重要方式。汉语中的语音－语义模块通过逻辑语义的衔接而构成一个个语篇单位。汉语突出的意合特点,能使汉语不用借助词汇或者语法等常用的衔接手段,仅仅通过词语和句子之间的语义或逻辑关系,或者依靠种种语境或语用等因素,便能构成一个连贯的语篇单位。

在表现思想时,汉语所采取的是由思维向语言直接外化的投射模式。由于这一思维模式的影响,汉语社团成员的思维重在整体把握,将"神"赋于"形"之上。语篇组织的一般规律是:语篇中句子的序列与现实世界一致时,语篇世界与客观世界也一致,呈

---

①为便于表述,行文中我们将"主题－说明结构"统称为主题句。

②吕叔湘《汉语语法分析问题》,商务印书馆,1979 年。

③王永德《留学生习得汉语句子发展研究》,复旦大学出版社,2008 年,第 77 页。

现出线性序列关系,这也是语篇组织的自然顺序。

由于文化、社会的诸多因素的影响,不同语言在语义世界物化为语言形式时,可能形成语言结构类型上的种种差异。相似的世界图式在不同结构类型的语言中的表现不尽相同,某种语言抽象为语形范畴的东西,在另一语言中可能凝结为语义范畴①。意合性是汉语有别于其他语言的一个显著特点,所谓"意合",指的是"语言单位与语言单位组合时语义上的联系,即在语言分析中不采取形态变化,而以语义关联为主、辅以分析手段的孤立语言的结构法则"②。

"由于汉语形态变化不丰富,语言单位之间的组合注重的是语义之间的关系,所以相关语言成分之间往往包含着较复杂的语义关系,但在结构关系上并没有标志显示,呈现出明显的意合性。汉语的意合性体现在许多方面,从汉语合成词的构造、词组的结构类型到句法结构所体现的语构、语义、语用特点,语境中的句式变换、简省,修辞手法的运用等,以及汉语的书写符号——汉字的形体结构都所体现出了这种意合性的特点"③。

在语篇方面,主要体现为小句单位组合之间靠语义联系而不是语法规则来构建语篇单位。因此,在只要语篇存在清晰的逻辑语义关系,或者有情景语境提供必要的信息,即使缺少甚至完全抛弃显性衔接手段,但语篇仍然是连贯的。

以语法为基础的语篇分析方法始终在表层结构上寻找语篇的结构特征,表层结构总是只能反映语篇的一部分意义,无法全面反映语篇语义信息。因此,对语篇进行分析还需以语义为基础,语篇衔接手段的作用才能得到客观的阐释。

(38)昨天那顿饭吃得真难忘,吃了满嘴油,跑了一身汗,收支两抵。

(39)我们过了江,进了车站。我买票,他忙着照看行李。

——朱自清《背影》

(40)寻寻觅觅,猜猜测测,想想碰碰撞撞。乍小还大时候,最难中奖。三注四注买入,怎敌他,包号威力? 奖开也,那一组却是旧时相识。

——刘雪梅《声声慢》

例(38)中"吃了满嘴油,跑了一身汗,收支两抵"隐含了转折与因果关系,但是几个小句之间没用任何形式衔接手段。例(39)和(40)按照事物的进展顺序逐渐展开语篇,以流水铺陈的方式叙述事件,各小句之间并未使用任何连接性词语,依靠逻辑语义关系,保证了语篇的完整性,根本原因在于意合。

汉语注重语言的整体性与内在关系,构成汉语语篇的内部小句之间必定存在一定的语义关联,因此,汉语句子内部及句子之间注重内在关系和整体性,依据意义上的连贯或意念,可以少用或完全不用关联词或形式标志却能保证语篇意义的整体性,使得意义维系不断,这充分说明了汉语的本质是意合的,汉语关联词语的使用具有非强制性的特点,尽管关联词语非常重要,但并非不可或缺,这符合汉语意合为重的语义型语

---

①张黎《文化的深层选择——汉语意合语法》,吉林教育出版社,1994年。

②胡明扬《语义语法范畴》,《汉语学习》,1994年第1期。

③陈荣岚《论汉语的意合性与对外汉语教学》,《海外华文教育》,2007年第4期。

言的主要特征。

在语篇解读过程中需要建立认知链接,因为语篇的构建和理解是大量心智加工,最终实现语篇衔接与连贯的结果①。对于汉语意合这一隐性衔接而言,更需要激活相关认知知识以构建或理解语篇信息。

2. 句式选择

通常衔接与连贯研究的是组合关系,是语篇内部小句和语篇语境之间的关系。语言运用是语言与语境的直接互动,就语篇构建过程而言,参与者一方面要从现有的语言系统中进行选择,一方面还要根据情景语境对语言系统中所选择的意义与形式进行改造,使其有利于实现交际目的。也就是说,需要从自己现存的知识系统中选择合适的语言单位,以保证语篇的前后衔接与语义的连贯一致。

小句是语篇组织的构成要素之一,在语篇构建中客观存在着一个句式选择的过程,对句式的选择受到关联理论的制约。语篇构建中,句式选择的关键在于"用",而非简单地区别一个个不同的句子类型,所以语篇构建必须根据语境的需要来选择恰当的句式,使语篇的内部小句之间前后衔接,以保证语义的连贯性。

(1)"把/被"形式标记句的选择

从理论语言学的层面出发,就汉语主体描写而言,"把/被"形式标记句,体现着汉语句型跟亚非语言相似的一面;从汉语信息处理来说,被动句,尤其是"把"字句是现代汉语中一个十分典型的句型;从汉语作为第二语言教学的层面来说,这两种句式使用频率非常高,同时结构形式也相对复杂多样,一直都是汉语教学的重点和难点语言项目。汉语语篇的语用衔接主要涉及句式选择的问题,在汉语语篇衔接中,"把/被"形式标记句的选择是否得当,必然会影响语篇衔接的最终效果。

(41)瞧,那一棵棵枝叶茂盛的果树上果实累累,树枝都被压弯了,有的树枝竟然被压断了,大多数树枝不得不用木杆撑住。

——峻青《秋色赋》

(42)好了,月亮上来了,却又让云遮去了一半,老远的躲在树缝里,像个乡下姑娘,羞答答的。

——朱自清《松堂游记》

(43)一个傣族姑娘挑了两箩筐鸡蛋,一个不小心,滑倒在路上,把蛋打得稀烂。

——艾芜《野牛寨》

从以上语篇中孤立地看某一个小句,很难说是用主动句好还是用被动句好:

例(41)中,"树枝都被压弯了"和"把树枝都压弯了"从语义上而言,描述的都是同一个结果。但如果结合上下文,不难看出,两个被动句连用,叙述方向一致,语气连贯,不仅"通",而且做到了"顺",这便是语用衔接手段对句式选择的影响作用。

例(42)使用了被动句"却又让云遮去了一半",保持叙述方向的一致,让"月亮"

---

①McCarthy, Michael. Discourse Analysis for Language Teachers, Cambridge Universituy Press, 1991, P27.

这个话题连贯下去。假如不用被动句而说成"云又遮去了一半"或者"把云遮去了一半",就导致叙述主题在"月亮"和"云"之间摇摆不定,叙述方向无法保持一致。而语篇视角的游移不定,难免会破坏语篇的衔接一致性。

"把"字句属于主动句,例(43)中这一主动句的选择借助于介词"把"将动作的受事"蛋"提到动词"打"之前,并以补语"稀烂"说明并强调了动作的结果,使得事物的情状得以凸显。选择"把"字句使四个分句在主语上保持了前后一致,使语篇在语义上衔接紧密,连贯顺畅。倘若选择一般主动句"打烂了蛋"或者主题句"蛋打烂了",都不能凸显姑娘摔倒后的严重情状。然而,"如果选择被动句'蛋被打得稀烂',尽管具有的强调意味,但是强调的对象是"蛋",而非"姑娘",导致最后一个小句的主语"蛋"与前面三个小句的主语"姑娘"不一致,破坏了整个语篇的语义衔接与连贯"[1]。

(2)主题句的选择

汉语是语义型语言,汉语句式中与意合特性相关的便是主题句。汉语主题句以语义分析为重,从语义入手,使得句子的构建仍然以逻辑和语义为核心,突出了汉语意合特征:前面为主题,后面是述题,是对主题的说明,这一结构符合汉语句子组合的心理轻重规律。汉语主题句可以很松散,其间可以有语气停顿(主题和说明之间的停顿是汉语特有的音韵特征,有助于语义的表达和读者的理解),也可借助关联词[2]。汉语主题句这种松散的表象背后,正是我们汉民族"比类取象","援物类比"的思维方式在语言运用中的一种现实反映[3]。这就是汉语语义本质的特点。

汉语主题句的重点在于语义,而非结构。主题和述题之间不存在形式一致的关系,但主题有定,是说话人想要强调的对象,只可置于句首。主题是陈述的对象,往往是表述的出发点,也是新信息获取的基础。述题传递新信息,新信息是重点,也是焦点。汉语主题句往往就是要把最需要强调的部分、最新的信息放在焦点的位置上,加以充分的凸显。利用话题来衔接句子,是汉语保证句子通顺,语篇语义连贯的最基本的衔接方法。

(44)十一子和巧云的事,师兄们都知道,只瞒着老锡匠一个人。

——汪曾祺《大淖记事》

(45)二十九岁的老姑娘,走到哪儿,哪儿都投来叫人难以忍受的目光:怜悯、讥讽、戒备、怀疑……怜她茕茕孑立,形影相吊;讥她眼界过高,自误终身;戒她神经过敏,触景伤情;疑她歇斯底里,性格变态……

——谌容《减去十岁》

例(44)中"十一子和巧云的事"充当主题,例(45)中主题句"哪儿都投来叫人难以忍受的目光"由"怜她"、"讥她""戒她"、"疑她"进行说明,主题在语篇信息中最先加以凸显,由主题引发出后续小句的新信息,前后信息彼此关联,使语篇内部各小句形成语义衔接的一致性。

---

① 倪宝元《大学修辞》,上海教育出版社,1994年,第195页。

② 朱德熙《语法讲义》,商务印书馆,1985年,第38-39页。

③ 徐通锵《语言论—语义型语言的结构原理和研究方法》,东北师范大学出版社,1997年。

　　总之,"在语法化方面,汉语选择了主题以及与主题结构密切相关的'把'字和'被'字结构,而英语选择了主语"①。汉语主题句从语义出发,依靠逻辑关系和语序表达意义,与汉语意合手段的本质相吻合,是实现语篇衔接的基本手段之一。

　　对于汉语语篇衔接研究而言,汉语语篇除了具备语篇衔接的一般手段(如词汇衔接、语法衔接等)以外,汉语语篇特有的语音衔接,语用衔接(如意合衔接,句式的选择等)更是汉语语篇衔接研究中非常值得关注的内容。

　　根据以上分析,本文研究所涉及的汉语语篇衔接分类层次如下表所示:

表 1.1　汉语语篇衔接分类

语音	音节		
	韵律		
	停顿		
词汇	重复		
	同/近义		
	反义		
	上下义		
语法	指称	人称指称	
		指示指称	
		比较指称	
	替代	名词性替代	
		动词性替代	
		小句性替代	引语替代
			条件替代
			情态替代
	省略	名词性省略	
		动词性省略	
		小句省略	
	连接	连接用词	
		连接词位置	
		连接词数量	
语用	意合句		
	句式选择	"把/被"形式标记句	
		主题句	

---

①郭富强《意合形合的汉英对比》,中国海洋大学出版社,2009 年。

第二节 研究内容及研究目的

一、主要研究内容及预期假设

在前一小节中,我们已对本文所研究的汉语语篇衔接的层次及其相应内容进行了阐述。本文主要围绕越南学习者语篇调查语料中各衔接项目的具体应用情况进行分析,研究内容包括:学习者语篇衔接应用的具体偏误表现与影响因素、语篇衔接的习得顺序及习得过程等问题。

研究结果主要基于对以下衔接项目的考察与数据统计[①]:

(一)语音衔接:X1 音节、X2 韵律、X3 停顿;

(二)词汇衔接:X4 重复、X5 近义、X6 反义、X7 上下义;

(三)语法衔接:X8 人称指称、X9 指示指称、X10 比较指称、X11 名词性替代、X12 动词性替代、X13 小句性引语替代、X14 小句性条件替代、X15 小句性情态替代、X16 名词性省略、X17 动词性省略、X18 小句性省略、X19 连接用词、X20 连接词位置、X21 连接词数量;

(四)语用衔接:X22 意合句、X23"把/被"形式标记句、X24 主题句;

预期假设为:所调查的越南学生在以上 24 个汉语语篇衔接项目应用中存在一定的规律性偏误特征、习得难度及习得顺序。不同调查方式所获取的数据能体现出大致相同的习得顺序及难度等级,不同的研究方法分析得出的结论彼此相近,并能相互印证。

二、研究目的

汉语作为第二语言的教学是针对母语非汉语的人士所进行的汉语教学,其研究取向以应用为基本出发点及最终归宿,与汉语语言学本体研究以理论探讨为主的走向有所不同,因此,在研究目的、研究重点以及成果表述的方式上都有一定的差别。

目前,语篇衔接领域虽然已有一定的成果,但已有的研究大多只局限于对外国学生学习汉语语篇形式衔接与连贯手段的偏误类型划分的粗浅层面,对其中的小类的构成和具体表现进行较为深入的系统性研究还很缺乏,尤其对语篇衔接手段的习得规律,包括内在习得顺序、习得难度及其影响因素的等问题等研究不足。中介语的偏误分析研究不应仅停留于语音、词汇、语法等语言要素层面,而应进一步拓展研究领域,综合考虑语篇、语用等多方面的因素,更为深入全面地认识第二语言学习的内在规律,为第二语言教学提供更为科学可信的基础。

对于外国学生汉语学习过程中出现的语篇偏误问题进行系统研究,探寻外国学生汉语语篇运用的偏误表现、偏误成因,挖掘隐藏在偏误表象背后的中介语系统的习得规律、难度等级模式以及语篇能力差异,对于汉语作为第二语言的教学与研究尤其具有现实意义。

描述特定水平等级学习者的目的语规则系统,探寻构成学习者处于任何学习阶段

---

①为便于行文及表述,本文将各衔接项目进行编号,均以 X(衔接)为代码,将各衔接子项目按表1.1中的顺序标号,4种类别的衔接共计 24 个子项目。

的中介语所具有的语言范畴的特殊性,并进一步发掘学习者产生此类语言范畴特殊性现象的缘由,这便是二语习得研究的首要目的。二语习得研究的目的在于了解三个"W"和一个"H",即:"what"——学习者掌握了什么,"how"——怎样掌握的,"when"——何时掌握的,以及"why"——解释这些问题答案的原因:为什么。

本文借鉴语篇语言学以及认知语言学的相关理论,运用偏误分析和对比分析的中介语研究方法,对初级、中级、高级越南汉语学习者语篇衔接应用与习得情况进行系统考察,主要研究目的如下:

(一)构建较为全面的汉语语篇衔接中介语系统,即探寻各阶段学习者究竟"掌握了什么衔接手段"这一问题。描写初级、中级、高级阶段学习者所使用的语篇衔接手段的类型以及数量分布特征。

我们将根据问卷以及口头调查所获取的语料进行语篇衔接类型正确使用频次的统计与归纳描写,探寻其偏误特征,并尝试揭示出现该偏误特征的主要因素。以往的偏误分析研究主要从母语迁移、目的语泛化等角度来阐释,定量分析的研究相对不足。我们通过定量分析的结果来说明事实,将中介语研究中的偏误分析由母语迁移扩大到目的语语内干扰、学习者学习以及认知与策略以及目的语内在难度因素等角度进行多角度思考。

(二)进一步明确汉语语篇衔接手段的应用与习得特征及过程,即探寻各阶段学习者究竟"怎样掌握语篇衔接"这一问题。探寻各种衔接类型内部动态的发展轨迹与完善过程。根据问卷考察与口头表述材料的统计结果,概括每一类语篇衔接在各阶段的发展特征或习得模式,探寻学习者受到何种因素的干扰,如何从中介状态逐步过渡到目的语近似状态。

(三)探寻语篇衔接的各类手段的先后习得顺序,即探寻学习者"何时掌握语篇衔接"这一问题。客观描述学习者掌握各语篇衔接项目的基本过程与动态变化趋势,观察其中介语系统的内部一致性与差异性。

(四)运用新的语言理论多角度进行阐述,即揭示学习者中介语"为什么"的问题。除传统的对比分析、偏误分析、中介语等相关理论外,还围绕"语篇"这一主题,结合语言普遍性、语境与语用、可及性等级、认知心理等相关理论来加以阐释。

同时,为了获取更为客观的语料数据,我们除了采用问卷调查外,还结合了自然口语材料的分析,因为前者属于书面语体的应用考察,学习者的语言监控程度相对较高,而在自然状态下,学习者的语言监控程度最低,最能反映学习者的真实语言能力。将两种语料获取途径相结合进行定量统计与定性分析,能使研究结论更为客观全面。

(五)根据研究结论,针对《国际汉语教学通用课程大纲》中的语篇能力等级标准进行修订,为汉语作为第二语言的语篇教学及教材编写提供客观可行的参考依据。

第三节　研究方法、语料来源及调查对象

一、研究方法

方法论是具体研究方法选择的重要导向,研究结果是否具有客观性和正确性直接受到方法论的制约。本文研究角度上以定量分析(数据统计)和定性分析(特征描述)相结合,使用率和准确率相结合;静态描写(能力分布和偏误表现)和动态分析(习得

过程与习得顺序)相结合;个性(单项特征)与共性(群体特征)相结合。

(一)横向调查研究法

本文主要采用书面问卷结合口头调查的研究法,使被试面对完全相同的调查问卷和相同条件的口头访谈条件的标准化观察程序(问卷主要以封闭式题目为主,口头访谈包含封闭式、半封闭式和开放式等三种形式),以探讨被试语篇衔接四大变量(语音、词汇、语法、语用衔接等)的具体应用与习得情况。调查研究法通过对汉语语篇衔接的习得进行有计划、系统性的考察,对收集的样本资料进行分析研究,以客观了解被试汉语语篇衔接习得的基本特征。

依据实施研究时间维度的差别,第二语言习得研究的基本方法有两类:

一为纵向研究法(Longitudinal Method),又称作追踪法或垂直法。指的是在较长时间内对学习者的语言习得过程进行系统化的定期研究,并将所得结果进行对比,以此揭示语言习得的规律性变化及特点。二为横向研究法(Cross - sectional Method),也称为横断面法或横断法。指的是在一定时间内,对不同习得阶段的学习者进行观察与研究。相对纵向研究法而言,横向研究法更为省时省力,也便于控制研究环境与背景。

汉语作为第二语言习得的研究是汉语作为第二语言学习理论研究的重要内容之一。汉语作为第二语言的习得研究的根本目的在于针对学习者汉语学习的客观规律的分析与探讨。学习者的学习规律从某种程度上而言,是一个隐含的心理认知过程,但这一认知过程的基本规律通常表现为一系列的中介语现象,中介语是学习者第二语言能力不足的客观产物,也是可以观察到的学习者的语言心理现实。中介语是我们直观了解学习者在第二语言能力状况的进展阶段,探讨学习者认知习得规律的客观语言依据[1]。因此,我们可以通过对学习者中介语的考察,对汉语学习者的学习、认知规律进行由现象到本质的揭示与阐释。因此,结合偏误分析理论,对学习者的中介语系统进行定量与定性分析,是切合汉语作为第二语言习得研究的重要方法。

就汉语作为第二语言习得研究的现实而言,由于来华进行汉语学习的外国学习者流动性较大,且学习时间较为自由,很难保证提供整齐划一的调查时间,对一定规模的被试样本进行纵向追踪研究的可操作性不强,因此,横向研究是最可取的办法。本文以初级、中级、高级越南汉语学习者的汉语语篇衔接应用与习得情况为研究内容,属于中介语横向研究法。

(二)定量统计分析法

1. 准确度蕴涵量表统计法

蕴涵量表是根据学习者运用语言特征的频率和数量进行排序的方法,目的在于建立语言特征之间蕴涵关系的量表。所谓"蕴涵关系"是指难习得的特征蕴涵容易习得的特证,共时特征蕴涵历时特征;准确度蕴涵量表统计法可用于解释由于不同语言运用条件而对学习者目的语加工能力产生影响的因素及其表现。

2. 基于 SPSS16.0 的方差分析及正态检验法

使用 SPSS 统计软件,分别进行正态检验、单因素变量分析、单因素方差分析、多因变量方差齐性分析等参数检验。在相关统计过程中,对同一级别与不同级别的被试组

---

[1]王魁京《第二语言学习理论研究》,北京师范大学出版社,1998 年,第 21 - 22 页。

汉语语篇衔接手段应用统计数据结果进行多重比较,考察统计数据结果是否存在差异显著性。统计中,以 95% 为标准置信区间,即 $P < 0.05$ 为差异显著性临界值,$P < 0.05$ 时,样本组存在显著性差异,反之则不存在显著性差异。

3. 基于项目反应理论的 BILOG – MG3.0 的数据分析法

项目反应理论(item response theory 简称 IRT)也称题目反应理论,潜在特质理论或潜在特质模型,是一种现代心理测量理论,模拟问卷调查所要测量的个体的特质水平与该个体对试题所作反应之间的关系,是一种建立在某种数学模型上的测量理论,其意义在于可以指导项目筛选和能力赋值(本文据此对被试组成员的汉语语篇衔接项目应用的得分情况及能力指数进行统计赋值)。BILOG – MG 是适用于二元分析(对与错)试题 logistic 模式之试题参数及考生能力之估计的软件包。本文研究采用 BILOG – MG3.0 运行数据。

二、语料来源及调查对象

(一)语料来源

本文以汉语语篇材料为研究语料,其中既包括被试的汉语书面语问卷材料,也包括汉语口头语篇表达的录音转写材料。

其中,书面语问卷材料的来源有:小学语文课本、对外汉语教材、报刊杂志、中小学语文考试试卷、汉语水平等级考试(HSK)资料以及网络故事材料等,经过海量选择和分类归纳后,对其中大部分语料进行了简化和改写,使语料符合可理解性输入的要求,使之更贴近调查对象的语言水平,同时也更切合语篇衔接应用能力考察的要求。

本文研究中,依据问卷测试的材料容量,将语篇划分为小语篇和大语篇两类,其一为小语篇,即由几个小句组合而成的小段文字材料,一共有 97 个选择题项;其二为大语篇,即语篇情节完备、结构完整的短文阅读材料,一共有 43 个选择题项。用于调查的一共有 6 篇常见语体的短文,其中记叙文两篇,说明文两篇,议论文两篇。语篇衔接考察问卷为单项选择填空形式,共计 140 个选择题项[①],为防止被试者在问卷调查中出现答题的策略性类推,所有题项均不按衔接类别排列,而以随机乱序形式呈现。

口头语篇表达录音转写材料取自本次调查对象群体中随机选取的 15 名被试者。其中,初级、中级、高级各抽取 5 名录音对象,根据其口头录音资料整理而成。口语材料的录制分为三个环节:其一为全封闭式口头表达,即根据阅读的材料进行复述;其二为半封闭式口头表达,即根据提供的图片进行描述或评论;其三为全开放式口头表达,即根据提供的主题进行口头叙事。在以上三个环节中,每个环节均含有两个主题,每个录音对象的口头表达最终一共产生 6 个语篇,共计 90 个录音语篇。我们的口语录音主要采取两种办法,一是在教学过程中以口语练习的方式进行,一是课间休息时以闲谈交流的方式进行。事后征求录音对象意见,均同意使用其录音转写材料。

本文研究语料中,书面问卷材料约 13000 字,口语录音转写材料约 35000 字,可供分析的语篇语料共计约 48000 字。

[①]若某题兼有数种衔接特征,在分析时分别计入各类统计值中。如:"明白过去苦,才知今日甜。"既属于语音衔接类,也属于词汇衔接类。

以往的语篇研究较为注重书面语语料而忽视了口语语料的研究,这是研究中的一大缺陷。口语先于书面语而产生,根据录音整理的"正在说"的语料也应作为书面语语料的等价体,二者不可偏废。本文实现了语言材料的限定性输入和话语自然输出相结合的客观前提,兼顾口语和书面语语篇衔接问题的综合考察,力求减少语篇衔接研究的片面性,因为口语和书面语语料的分析结果能从不同角度提供信息,也能互为参照,使研究结果的信度进一步得到保证。

(二)调查对象

为保证调查对象的样本充足性以及调查工作的方便可行性,我们以与广西地缘关系较近的越南汉语学习者为研究对象。调查对象共有三组,分别为初级、中级和高级等三个水平阶段的越南汉语学习者,为行文方便,文中分别称为初级被试者、中级被试者和高级被试者。三组对象均为以越南语为母语的汉语学习者,年龄为 19 – 36 岁,共计 122 人,包括初级对象 36 名、中级对象 50 名、高级对象 36 名。被试者主要来自于越南岘港大学所属外国语大学、越南胡志明市人文社科大学、广西民族大学、华南师范大学等四所高校,所有被试者均具备在中国留学的经历。

被试等级分类标准主要根据《汉语水平等级标准与语法等级大纲》[①]的相应要求确定:初级对象学习汉语的时间为一年至一年半左右,已经基本学完了甲、乙级汉字1604 个、甲、乙级词语 3051 个以及甲、乙级语法 252 项(或点),具备了基本的听、说、读、写能力,入学分班语言成绩测评认定为初级水平;中级对象学习汉语的时间为两年至两年半左右,已经基本学完了甲、乙级词语 5253 个、甲、乙级汉字 2205 个以及甲、乙级语法 652 项(或点),具备了良好的听、说、读、写能力,入学分班语言成绩测评认定为中级水平,基本具备在中国高校入系学习的语言能力;高级对象学习汉语的时间为三年(含三年)以上,已经基本学完了甲、乙、丙三级词语及丁级词语的一半,共约 7000个,甲、乙、丙级汉字及丁级汉字的一半,共 2555 个,以及甲、乙两级语法及丁级语法的一半,约 910 项(或点),具备了较好的听、说、读、写能力,入学分班语言成绩测评认定为高级水平,具备在中国高校入系学习的语言能力。所有被试者均已学完了汉语3000 常用词(3000 常用词对语料的覆盖率为 86.7%[②] – 90.56%[③]),能大致理解阅读内容,所有被试者均自愿参加调查。

上述被试人数为实际统计分析使用的有效人数,不包括以下 26 名被试者:14 名被试者问卷调查参加过程不完全,7 名被试者问卷答题项缺失值达 1/5 以上,5 名被试者为具有良好汉语方言或普通话家庭语言环境的华裔生。以上被试者所提供的数据不客观,因此不纳入有效统计数据范围。

从被试者与语言材料的关系来看,越南语以拼音文字为书写系统,与汉字联系程度不大。从被试的母语类型来看,越南语同汉语一样,同为声调别义、SVO 语序。尽管被试者母语同汉语有一定的相似度,但是被试者母语书写工具为拼音文字,字母本身无意义,仅代表语音音素。因此,被试者均属于汉字文化圈中无汉字背景的学习者。

---

①刘英林《汉语水平等级标准与语法等级大纲》,高等教育出版社,1998 年。

②《现代汉语频率词典》,北京语言学院出版社,1986 年,第 1490 页。

③张凯《汉语构词基本字的统计分析》,《语言教学与研究》,1997 年第 1 期。

第二章　语篇衔接项目应用情况分析

第一节　语音衔接项目应用情况分析

一、语音衔接项目正确使用相对频次分析

表 2.1　语音衔接子项目正确使用相对频次

级　别 / 子项目		音节	韵律	停顿	合计
初级	问卷语料	0.8	1.4	7.4	20.4
	口语语料	6.3	4.5	0	
中级	问卷语料	1.3	2.7	9.7	29.8
	口语语料	9.4	6.7	0	
高级	问卷语料	2.7	3.8	14.9	40.1
	口语语料	11.5	7.2	0	
合计		32	26.3	32	90.3

（相对频率 = 各阶段某类语料中衔接频次/各阶段某类语料衔接总频次）

根据表 2.1，全体被试者在音节、韵律及停顿正确使用相对频次分别为：音节（32）= 停顿（32）> 韵律（26.3）。音节与停顿正确使用相对频次略高于韵律，音节与停顿的正确使用相对频次较为接近。我们对表 2.1 中音节、韵律、停顿三个语音衔接项目进行单因素方差分析，所统计的结果如下表所示：

表 2.2　语音衔接项目单因素方差分析

差异源	ss	df	MS	F	Sig.
校正模型	118.948	5	23.790	13.10	1.041
截距	241.603	1	241.603	.	.
总计	437.230	6			
校正的总计	118.948	5			

经单因素方差检验所得 $P=1.041>0.05$，主效应不明显。这说明所检测的三个语音衔接项目之间不存在显著性差异，被试者在此三个项目中的正确使用相对频次区分度不明显，且得分值都偏低。

在问卷调查中，绝大部分被试者对于语音衔接的音节与韵律特点缺乏基本意识，他们面对书面问卷材料的第一反应就是力图读懂其意义，而极少关注语篇材料中语音衔接方式是否恰当，是否有助于提高语言表达的效果。由于音节与韵律同语义理解的联系较为松散，且更为隐蔽，对使用者的语言能力要求相对较高，因此，面对语篇的语音衔接问题，尤其是音节和韵律问题时，他们大部分人无法准确做出选择。

在汉语书面语篇"读"的过程中极易出现分词错误，词语分合不当便会引起语义理解的错误，而词语分合不当直接体现在语音停顿不当方面。停顿在形式上表现为生理呼吸的间歇，但语音停顿的位置取决于语义因素，而语篇作为一个完整的意义单位，具有独立的语言意义，因此大部分被试者能借助于对语篇材料的语义理解，对语篇停顿做出准确判断。正是由于有上下文语境因素的帮助，被试者停顿衔接的正确使用相对频次值在该项目内部相对较高。

此外，由于停顿受制于语义，而语义最终还将受到句法的影响，如果不能正确把握汉语句法规则，那么即使能结合语境理解语篇的意义所在，也无法真正对语篇材料做出正确的停顿。如：

(1)他想不下去了，所以打电话叫外卖。
(2)这种苹果不大好吃，明天我还要去买点儿。

根据语篇上下文语境，例(1)中"他想不下去"指的是"他不打算下去"，而(2)中"苹果不大好吃"表示的是"苹果虽然小，但是味道很好"，因此例(1)"他想不下去"正确的停顿应为"他想/不下去"，"不下去"作为一个否定短语，是一个信息整体，也是"想"的内容；例(2)中"苹果不大好吃"正确的而停顿为"苹果不大/好吃"，"不大"与"好吃"作为并列成分共同陈述苹果的特点。

语音衔接不仅与语篇的语义层面密切相关，甚至还部分涉及到句法结构的正确把握。被试者在问卷调查的以上两例停顿衔接中出现了较多的错误，正确率分别为57.33%和61.20%。探究其深层次的原因，在于被试者对于语音停顿背后的语义的句法规则尚未厘清，导致语音停顿产生错误判断。

而在口语调查中，我们发现，被试者音节衔接的初中高级总体正确使用相对频次略高于韵律：音节(32)>韵律(26.3)。但总体而言，被试在口头表达中对于音节与韵律的应用情况相对好于问卷。其中，音节衔接初中高级总体正确使用相对频次为：口语(27.2)>问卷(4.8)；韵律衔接初中高级总体正确使用相对频次为：口语(18.4)>问卷(7.9)。这和人类特有的语言习惯有关系，在语音应用中，我们大都更倾向于接受朗朗上口的语音方式。

二、各级被试者语音衔接应用能力值分析

由于 BILOG-MG3.0 对测量数据的样本量及缺失值都有严格的限制，因此，在考量语音衔接应用能力时,我们主要以样本量充足且缺失值较小的问卷作为数据分析来源,以问卷调查对象(共计122人)数据为主,而将口语语料数据作为参考值。各级被试者得分经过基于项目理论的 BILOG - MG3.0 测量软件处理后,所得能力指数总体上接近正态分布,说明在语音衔接项目的调查结果符合测试信度要求。全体被试者语音衔接能力指数分布情况如下图所示:

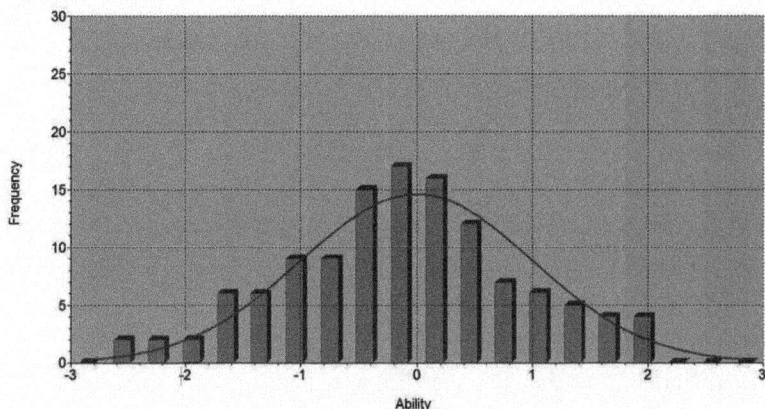

图 2.1　被试语音衔接能力值总体分布

通过基于项目理论的 BILOG - MG3.0 测量软件对被试者语音衔接应用能力进行分析,我们得到初级、中级、高级被试者的语音衔接能力指数分别为:-0.12821、-0.12615 和 -0.11168。如下图所示:

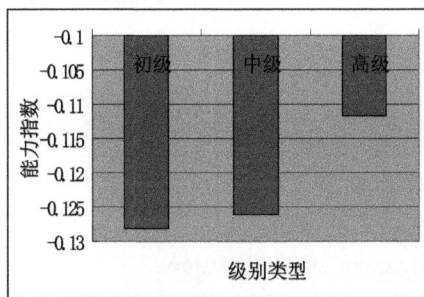

图 2.2　各级被试者语音衔接能力指数

被试者语音衔接的总体能力均值为 -0.12201。能力指数横向比较显示,初级、中级、高级被试者的语音衔接应用能力呈逐步递增趋势:初级(- 0.12821) < 中级(-0.12615) < 高级(-0.11168)。总体而言,初级能力最低、中级次之、高级相对最高,初级与中级被试者指数较为接近,相对低于高级被试者指数。所得结果与表2.1的正确使用频率值结果相一致,这一情况符合语言习得发展的一般规律。但是,从指数的数学特征上观察,各级被试者的能力指数值均为负值,处于能力临界值以下,这充分说明各级被试者在汉语语篇语音衔接应用能力方面还比较弱,与前文分析结果相一致:这是由于语音衔接中的音节、韵律、停顿等各子项目均值得分率普遍不高,因而语音衔接总体应用能力偏低。

三、语音衔接项目应用影响因素分析

(一)汉字形－音－义认知通路的影响

自 20 世纪初起,越南语的语系归属尚未确定。现在被广泛接受的观点是越南语属南亚语系的孟－高棉语族。越南语音节有固定声调,声调起区别词义的作用,各音节之间界限分明。构词的主要特点是每一个音节常常是一个有意义的单位,可以独立使用,但单音节又可作为构成多音节词的基础。绝大部分多音节词语是双音节结构。同时,词序和虚词是表达语法意义的主要手段。

"音节的和谐,常常表现在两个方面:一是句式的对称,二是上下文句式的押韵。语句节奏和韵律的巧妙组合,常常能使语篇结构更加紧凑,语义更为流畅"[1]。音节与节奏不仅能使语言抑扬顿挫,有助于语义表达和语势强化,也是语篇组织的重要原则,因此,是汉语中一种富有特色的语言现象之一,是汉语语篇衔接的重要手段。

越南语在语言特征上同汉语有着非常接近的要素,同时,在越南语语篇中,语音衔接的特征也与汉语语音衔接颇为相似:

1. 讲究音节数量的协调,如:

(3)Ân cần hỏi thăm, nhiệt tình giúp đỡ.

　　亲切　问候,　　热情　帮助。

(4)Trung với nước, hiếu với dân.

　　忠　于　国,　孝　于　民。

(5)Sông anh hung, chết vẻ vang.

　　活着 英雄,　死　光　荣。(意译为:英雄地活着,光荣的死去。)

2. 讲究韵律的和谐

(6)Bây giờ mận mới hỏi *đào*,

　　现在 李子 才 问 桃子,

　　vườn hồng đã có ai *vào*.

　　花园已经有谁进来(吗)

3. 语音停顿具有区别语义的作用,如:

(7)không được mặc quần/ bò　đến trường.

　　不能　穿　裤子/(骑牛)到　学校。(不能骑牛到学校)

(8)không được mặc quần bò/　đến trường.

　　不能　　穿　裤/牛仔 到　学校。(不能穿牛仔裤到学校。)

根据二语习得的迁移理论,如果学习者所学目的语具有同母语相近或相同的规则,那么他很容易实现语言学习的正迁移,而顺利掌握目的语的相关规则。然而,越南汉语学习者在汉语语音衔接的习得中却出现了完全有悖于该经典理论的现象:学习者并没有因为其母语具有同汉语类似的语音衔接特征而表现出极强的汉语语音衔接能力。其根本原因在于,对于单词水平的解码困难而言,首先就是语音问题。越南语的"基本书写单位为表音文字,其自动解码途径主要为"形－音－义",在词义通达过程

---

①周立根《例谈语言连贯"五看"的解题思路》,《中学语数外·高中版》,2004 年第 9 期。

中不存在语音转录现象;而平面型的汉字不仅外形与线形排列的表音字母有着极大的差别,在语言单位结构的认知上更是存在差异"[1]:

一方面,尽管"字的性质是形、音、义三位一体,听觉单位、书写单位、结构单位三位一体"[2],但是汉字的认知途径主要为形－义直接通路,甚至有研究发现"形－义"通路是汉字认知的唯一途径[3],或是视觉呈现的汉语单词认知根本无需语音的参与[4]。在自然阅读中,由于汉字的字形与字音的离散性,"字义主要由字形输入直接激活",解码能力的高低难以影响这一过程,"从而限制了语音对汉字的正态促进"[5]。

汉语的"字"和"词"属于两个不同层次的概念。汉语的记录单位为汉字,而汉字在语言单位的体现中情况较为复杂,可能是语素,可能是词,也可能是不包含任何意义的音节。此外,汉语语篇的汉字或词语之间的排列较为密集,除了表意群停顿的标点外,没有空格或者其他辅助标记将词语按意群加以分割,以至于词语界限不明确,这也对识别词语单位造成了一定困扰,并增加了断句难度。即使通达了字音完成了汉字的解码,仍有可能难以实现词义层次上的通达,从而导致语义理解方面的问题。从这一意义上而言,从记音和表音的角度来说,表音文字的使用相对较为方便。

(二)语篇语境因素的影响

从语言学角度而言,语境所涉及的范围十分广泛。从语篇理解的角度分析,可将语境分为狭义语境和广义语境。狭义语境是指语内语境或词语语境,即通常所说的上下文,狭义语境可分为词语语境、句子语境和语篇语境等类型。"广义语境泛指一切语言环境,既包括狭义的上下文语境,又包括语言本身以外的语言环境等因素"[6]。

在语篇理解中,交际者需要根据语篇信息构建认知语境,进行信息码的重组,并同时组织逻辑推理。如果认知语境中信息缺失,就无法构建恰当的认知语境,从而影响语篇信息的正确理解,导致语言交际失败。"语境机制的作用是灵活的,它会随着语境条件的变化而变化:当启动词与目标词有较强的语义联结时,语境效应主要来源于词与词之间的联结启动;当启动词与目标词之间的语义联结较弱时,随着语境干扰强度的增加,目标词的词汇通达时间也随之增加"[7]。前一种情况,符合机制符号模块化理论,后一种情况符合相互作用理论[8]。

作为具备完整意义的语篇,无论其单位或信息量大小如何,都是基于一定语境条件下的语篇,语境对于语篇衔接具有十分重要的意义。在问卷调查中我们发现,语篇

①金花《汉语发展性阅读障碍诊断方法探讨》,《华南师范大学学报》,2009 年第 5 期。

②徐通锵《说"字"——附论语言基本结构单位的鉴别标准、基本特征和它与语言理论建设的关系》,《语文研究》,1998 年第 3 期,第 1 页。

③ZHOU X. MARSLEN－WILSON, W. Direct Visual Access is the Only Way to Access the Chinese Mental Lexion . In Proceeding of the 18th Annual Conference of Cognitive Science Society,1996.

④ZHANG J. X. X. Distinctive Neural Mechanisms for World Reading in Different Writing Systems. In 11th International Conference on Processing Chinese and Other East Asia Languages,2005,P46.

⑤金花《汉语发展性阅读障碍诊断方法探讨》,《华南师范大学学报》,2009 年第 5 期。

⑥鲁忠义《语境作用机制研究》,《高校社科信息》,2001 年第 2 期。

⑦鲁忠义《汉语句子阅读理解中的语境效应》,《心理学报》,2003 年第 35,(6)期,第 726 － 733 页。

⑧鲁忠义《汉语句子阅读理解中的语境效应》,《心理学报》,2003 年第 35,(6)期,第 726 － 733 页。

语境信息的强弱对于被试者语音衔接判断的正确率有着相当明显的制约。相对于音节和韵律衔接而言,语境因素对于语义倾向的停顿衔接的影响更为明显,并且语境信息越强,学习者习得策略的启动效应越明显。如:

(9)只有大学毕业证是不够的,我们不但要读好书,还要做好人。

(10)以前我们同一个大院里有不少小孩儿,可是后来,五六个大院里的小伙伴那一年全都上学去了。

(9)由于其语境信息较为隐晦,被试者在"读/好书"与"读好/书","做/好人"与"做好/人"的停顿中游移不定,卷面涂改痕迹较为普遍,而最终只有55%的被试者能做出正确选择;而(10)中语篇的前语境信息"同一个大院"对语篇后一小句的停顿具有明确的启发效应,72%的被试者能准确做出停顿判断:"五六个/大院里的小伙伴"。

尽管相对停顿而言,音节与韵律衔接受语境的影响更显微弱,但语篇语境中语音要素提示信息存在与否也会对被试者认知策略产生不同影响,如:

(11)明白过去(苦),才知今日(甜)。他忘不了以前艰难的日子,所以更珍惜现在的生活。

(12)珍视上天对你的每一种恩赐,即使是困难。珍惜人生路上每一次相逢,哪怕是(偶然)。

同(11)类似,(12)内部小句之间不仅有语义信息的互补,同时还包含了语音衔接因素的提示。卷面显示,有相当一部分被试者在(12)"困难"一词上作标记,并选择出了正确答案——"偶然",答题正确率为52%,而(11)的整体得分率仅为46%。这也从另外一个侧面证实,语篇语境对于被试者语音衔接具有一定影响,同时也说明被试者习得策略的启动与语篇语境因素密切相关。总体而言,语境信息越强,启动效果越好。

尽管同词汇和语法衔接手段相比,语音衔接手段并不能完全独立起到组句成篇的作用,需要配合其他基本衔接手段才能使语篇达到衔接连贯的目的,因此,语音衔接手段一直被试者认为是无足轻重的"辅助衔接手段",但语素组合不可避免成为一种音节组合,因为汉语的音节大多有意义,最终表现出"音节-语素"的特征。

四、本节小结

本节主要对被试者的汉语语音衔接应用情况及能力指数进行了考察与分析,主要研究结论如下:

(一)被试者语音衔接内部各子项目正确使用相对频次经单因素方差分析所得 P 值=1.041>0.05,主效应不明显。这说明所检测的三个语音衔接项目之间不存显著性差异。被试者语音衔接的总体能力均值为-0.12201,初级、中级、高级被试者的语音衔接应用能力呈逐步递增趋势。语音衔接能力指数总体上接近正态分布,但各级被试者的能力指数值均为负值,处于能力临界值以下,这说明初级、中级、高级被试者的语音衔接应用能力不强。

(二)被试者音节衔接的初中高级总体正确使用相对频次略高于韵律:音节(32)

＞韵律(26.3)。视觉呈现的汉语单词认知一般无需语音的参与,汉字形－义认知通路特征对于被试者书面语篇语音衔接产生明显阻碍作用。被试者在口语语篇录音转写材料中对于音节与韵律的应用情况相对好于问卷,这和人类特有的语言习惯有关系:在语音选择中,我们都倾向于朗朗上口的方式。被试者语音衔接能力还与语篇语境因素相关,就总体而言,语境信息越强,启动效果越好。此外,学习策略正确运用也有同样有助于音节与韵律的正确应用。

第二节　词汇衔接项目应用情况分析

一、词汇衔接项目正确使用相对频次分析

表2.3　词汇衔接子项目正确使用相对频次

级别	子项目	重复	近义	反义	上下义	合计
初级	问卷语料	20.3	6.4	4.1	18.4	96.7
	口语语料	18.7	6.7	9.7	12.4	
中级	问卷语料	26.7	7.7	5.3	19.7	114.1
	口语语料	20.0	8.5	11.2	14.7	
高级	问卷语料	19.2	9.6	6.8	19.9	109.4
	口语语料	18.9	8.1	12.6	14.3	
合计		124.1	47	49.7	99.4	320.2

（相对频率＝各阶段某类语料中衔接频次/各阶段某类语料衔接总频次）

根据表2.3,全体被试者在重复、反义、近义及上下义正确使用相对频次值分别为124.1、47、49.7和99.4。重复、上下义正确使用相对频次总值明显高于反义与近义:重复(124.1)＞上下义(99.4)＞反义(49.7)＞近义(47)。其中,反义与近义的正确使用相对频次总值较为接近:反义(49.7)＞近义(47)。音节与停顿正确使用相对频次值略高于韵律,音节与停顿的正确使用相对频次值较为接近。我们对表2.3各子项目正确使用相对频次值进行单因素方差分析,所得结果如下表所示:

表2.4　词汇衔接项目单因素方差分析

差异源	ss	df	MS	F	Sig.
校正模型	271.226	9	12.600	8.53	0.048
截距	211.092	4	1791.4102	.	.
总计	347.010	3			
校正的总计	198.773	11			

经单因素方差检验所得 $P = 0.048 < 0.05$，主效应明显。这说明所检测的四个词汇衔接项目之间存在显著性差异。由此可见，被试者在词汇衔接四个子项目中的正确使用相对频次值区分较为明显，程度不均衡。

对词汇衔接正确使用相对频次值加以对比，我们不难发现，词汇衔接内部各子项目中反义与近义衔接手段的相对频次值明显偏低。近义词衔接与反义词衔接不仅与语篇的语境意义有关，更有着深层次的语言学规则制约，涉及到词汇义项判断问题，因此被试者这两项得分低于词汇重复与词汇上下义衔接，导致方差检验中出现了差异显著性。从词汇衔接项目得分情况观察，被试者仅从词语语义表层对词语进行判断，在语篇词汇衔接应用中出现种种错误判断：

（一）将词语之间任一具有同义或反义因素的义项作为构成同义或反义关系的前提，忽视了主要义项因素。如：

骄傲－自信 节约－高档 狡猾－放心

（二）将在语义上具有近义或反义联系作为一对语言结构构成近义词或反义词关系的主要前提，忽略上下文语境因素以及语言风格相协调的问题。如：

随心所欲－随便 科学－落后

（三）定副词"不"作为构成词语反义关系的最为便捷的手段，对于语言结构特征的内部一致性这一隐含规则不甚明确。如：

高兴－不高兴 简单－不简单 通俗－不通俗

词汇衔接反映了人类思维所具有的高度抽象归纳能力，人类对于事物的种属关系具有相当明确的意识，在词汇方面直接体现为派生出语义场概念。语义场是借用物理学中"场"的概念而来的，是指语义的类聚。语义场强调的是一个词跟全体词在语义上存在着密切的联系。在共时条件下，若干个具有共同义素的义位聚合起来的聚合体便构成语义场，可分为同义义场、反义义场以及上下义（或称为类义）义场。在实际应用中，只有选择得当，才会对语言的表达起到积极的作用。

二、各级被试者词汇衔接应用能力值分析

由于 BILOG－MG3.0 对测量数据的样本量及缺失值都有严格的限制，因此，在考量词汇衔接应用能力时，我们主要以样本量充足且缺失值较小的问卷作为数据分析来源，以问卷调查对象（共计 122 人）数据为主，而将口语语料数据作为参考值。各级被试者得分经过基于项目理论的 BILOG－MG3.0 测量软件处理后，所得能力指数总体上接近正态分布，说明在词汇衔接项目的调查结果符合测试信度要求。全体被试者词汇衔接能力指数分布情况如下图所示：

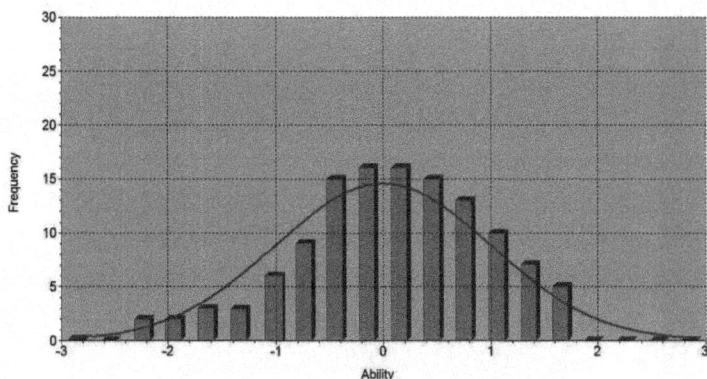

图 2.3 被试词汇衔接能力值总体分布

通过基于项目理论的 BILOG － MG3.0 测量软件对各级被试者词汇衔接应用情况进行分析,我们得到各级被试者的能力指数分别为:0.026383、0.101814、0.113617。横向对比结果如下图所示:

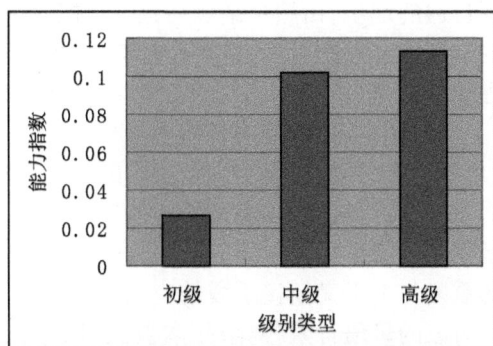

图 2.4 各级被试者词汇衔接能力指数

被试者词汇衔接的总体能力均值为 0.08060,初级、中级、高级被试者在词汇衔接应用能力上逐步增长:初级(0.026383) < 中级(0.101814) < 高级(0.113617)。总体而言,初级能力最低、中级次之、高级相对最高,符合语言习得能力发展的一般规律,且中级与高级能指数较为接近,说明大部分词汇衔接手段在中级阶段已经被掌握。

各级被试者的能力指数值均为正值,处于能力临界值以上,但都处于较低的指数阶段,主要是因为在词汇的近义衔接、反义衔接方面还不同程度地存在问题,有待继续加强学习。根据项目反应理论,被试者汉语词汇衔接能力指数充分反映了被试者在汉语词汇衔接项目的反应和成绩与他们的潜在特质之间的特殊关系。由于被试者在词汇衔接各子项目的应用结果呈现出明显的能力差异,即词汇重复与词汇上下义衔接能力优于词汇近义衔接与反义衔接,而内部子能力的不均衡必定对整体能力指数产生影响。

三、与前人研究结果的对比

被试者词汇衔接的综合正确使用相对频次值序位为:重复(124.1) > 上下义

（99.4）＞反义（49.7）＞近义（47）。其中，被试者问卷类词汇衔接的正确使用相对频次序位为：重复（66.2）＞上下义（58）＞近义（23.7）＞反义（16.2）；被试者口语类词汇衔接的正确使用相对频次序位为：重复（57.9）＞上下义（41.4）＞反义（33.5）＞近义（23.3）。问卷与口语调查中的词汇衔接正确使用相对频次序位彼此能基本相互印证，与综合正确使用相对频率结果也较为吻合。

根据表2.3的数值以及上文的排序情况对比前人的研究结果，我们不难发现，本被试组词汇衔接应用的情况同田然（2005）所作的静态语料分析结论大体一致：田然以留学生书面作文、作业等资料为基础，建立了约为14万字的外国留学生中介语语料库，随后从该语料库中抽取了三个话题作文中的60个语篇，针对留学生使用名词和动词衔接的情况进行了考察。其研究结果认为，所考察的60个语篇中有80%的语篇密集式出现了词汇重复的衔接特征，其中有16篇作文甚至出现了词汇重复，句句紧接的现象。因此，其研究总结指出，留学生力求单句的语法完整性，在实现单句的语篇性衔接时，大量使用重复手段。词汇衔接手段是常用的语篇衔接手段之一，人们最为常用的衔接手段为词汇重复衔接，因此，词汇重复无需再进行课堂教学，因为留学生可以根据母语的迁移达到无师自通的地步，田然总结认为：从某种程度上而言，留学生汉语词汇重复这一衔接手段的运用已经过犹不及，呈泛滥趋势；而他们对于近义词、反义词等衔接手段的掌握不甚理想。但是，他们对语义类聚与主题义族词汇（上下义词）使用情况较好，能自觉运用上下义词，实现语篇的自然衔接[①]。

因此，无论从哪个角度考察，我们都得出一个相同的结论，被试者词汇重复和上下义衔接手段应用情况明显好于近义词和反义词的衔接应用，并且词汇重复衔接的正确使用相对频次值几乎是近义词或反义词衔接的两倍，这也从另一个侧面充分说明了被试者对于词汇衔接中的重复与上下义衔接手段的应用十分熟练。

尽管田然研究语料对象的母语背景各异，而本被试组对象母语背景一致，均为越南语，但是二者研究结果趋于一致，这从另一个侧面证明了词汇衔接是人类构建语篇表达思维的基本手段：人们借助于语言词汇的重复、上下义、近义词和反义词等手段来实现语篇的衔接。但词汇衔接各项目使用的具体频次与正确率存在一定的差异。

四、词汇衔接项目应用影响因素分析

事物存在于人的意识之外，它却表现于人的语言之中。人们怎样运用语词去表述事物，在这种语言结构中也就表现着事物的某种结构[②]。语篇词汇衔接中，词语是语言网络中的一个个节点，彼此之间存在种种微妙的关系，语篇中唯有跨越小句或句子的两个或多个词项之间具有意义上的关联才能产生词汇衔接。也就是说，语言中的词绝不是孤立存在的，它们往往通过语音、词汇或语法方面的某些共同特点，从而产生各种不同的聚合关系。其中，最为典型的是同义词、反义词和上下义词。被试者在汉语

[①]田然《留学生限定话题语篇中的词汇衔接状况考察》，《云南师范大学学报》（对外汉语教学与研究版），2006年第1期，第23－26页。

[②]唐代兴《语义场导论：人类行为动力研究》，四川大学出版社，1996年。

近义词、反义词衔接应用中出现了明显的趋低性结果,其词汇衔接的总体能力因此而受到制约。导致这一结果的主要表现为被试者在以下有关词汇语义知识的学习掌握存在明显的不足:

(一)语义范畴

语言中存在一词多义的现象,除个别单义词外,一般情况下,一个词语指称意义具有数个不同的义项,且各义项侧重点不一样。反义词必须属于同一语义范畴,对于近义词或反义词的选择,我们应该注意其对比义项信息的语义范畴一致性,否则,就会出现应用错误。如:

(1)我们以我们的祖国有这样的英雄而(骄傲),我们以生在这个英雄的国度而(自信)。

(2)明白过去(苦),方知今日(甜)。他忘不了以前艰难的日子,所以更珍惜现在的生活。

卷面显示,在例(1)中,16.5%的被试者选择"骄傲 – 自信"或"难忘 – 幸福"作为近义选项,占该题错误比例总数的 62% 和 33%。而在例(2)的选择中,26%的被试者选择"好 – 苦"或"不容易 – 幸福"作为反义选项。占该题错误比例总数的 49% 和 32%。

同义词是指词的词汇意义、语法意义相近,色彩意义不一定相同的词。语言中意义相同或相近的词方可成为同义词,由此可见,词汇意义相同或相近才是确定同义词的根本依据。就语法意义来看,只有属于同一词类的词,才能属于同一类型的概念范畴,才能在意义上发生关联,才能构成同义词[1]。

毛泽东在《矛盾论》中曾指出:"原来矛盾着的各方面,不能孤立地存在。假如没有和它作对的矛盾的一方,它自己这一方就失去了存在的价值。"[2]汉语中的反义词是客观现实中的矛盾对立关系在词汇中的反映。反义词词义之间的关系是相互矛盾、相互对立,同时又是相互依赖、相互制约的关系,是辩证唯物主义哲学的矛盾对立统一法则在语言学上的投射。反义词虽然表示着客观世界中相互矛盾对立的概念,然而,表示矛盾对立概念的成分并不一定都是反义词。语言中的反义词具体有其自身特点[3]:

首先,词语反义关系成立的首要条件是意义范畴的同一性,即反义词在词性上必须相同,反义词所表示的是处于同一个统一体中的两个相互矛盾对立的方面,所以同一组反义词必须建立在同类意义范畴基础之上,且具有逻辑意义上的相对性。这一情况反映到语言上,就表现为它们在词性上必须相同。

其次,形成反义词的单位必须是词。反义词是词汇中以词为单位形成的类聚,因此,反义词的单位必须是词,尽管语言中的词组也具备表示客观现实中矛盾对立关系的功能,但词组无法形成反义词。此外,反义词在词性与音节上必须具备同一性与对

---

①葛本仪《汉语词汇研究》,外语教学与研究出版社,2006 年,第 101 页。

②毛泽东《毛泽东选集》,人民出版社,1991 年,第 328 页。

③葛本仪《汉语词汇研究》,外语教学与研究出版社,2006 年,第 109 – 110 页。

称性,这也是汉民族追求语言形式对称美的社会约定俗成的结果。

最后,在词汇意义、语法意义相对或相反的情况下,反义词的色彩意义也必须相一致。

例(1)中"骄傲－自信"、"难忘－幸福"无法构成近义关系,因为词语彼此的主要义项毫无对应,近义关系不能成立。而例(2)中,"苦－甜"这一对反义词借助于味觉形容词来描述内心的感受,主要义项信息属于同一个感觉通道,而"好－苦"或"不容易－幸福"虽然两组词在特定语境的作用下存在局部意义的重叠,但是主要义项信息并不对称。

(二)语言结构与语言风格

语义场强调一个词与全体词在语义上存在密切联系。在共时条件下,若干个具有共同义素的义位聚合起来的聚合体便构成语义场,由共同义素聚合在一起的词语形成一个语汇网络,彼此之间具有纵横关系:纵向的关系体现语义场的层次性;横向的关系体现了语义场的依存性。事实上,近义词和反义词关系的构成,不仅取决于语义因素,也受制于词语内部结构和语言风格的制约。如果违背后一原则,即使词语之间在语义上建立了一定联系,也无法真正构成合理的近义或反义关系。如:

(3)……随心所欲,进入了完全(自由自在)的状态。

(4)"爱"这个字最简单、最通俗、最高雅,同时这个字也(最复杂、最深奥、最朴实)。

卷面显示,被试者在例(3)的选择中,25.6%的被试者选择"随便"作为近义选项,占该题错误比例总数的59.1%,而在例(4)中,21.2%的被试者选择"不简单、不通俗、不高雅"反义选项,占该题错误比例总数的40%。例(3)中的近义词组"随心所欲－自由自在",例(4)中的反义词组"简单－复杂、朴实－深奥、通俗－高雅"无论在语言结构上,还是语体风格上都协调一致,形成了信息对称、结构一致的语义关系。而"随心所欲－随便"、"简单－不简单、朴实－不简单、通俗－不通俗"尽管语义相反,但是无论在语言结构,还是语言风格上都缺乏内部一致性,其近义或反义关系不能成立。总之,构成近义或反义关系的词必须音节数目相同,语法单位大小一致,此外还必须符合色彩相同,词性相同的基本要求。

(三)上下文语境因素

在语篇衔接中,语义联系是关键因素,词语义项信息对称与结构风格的一致性等因素也不容忽视,但由于语篇是一定语境下的语篇,在语篇编码或解码过程中必须结合语境上下文对词汇衔接手段进行选择,否则便会造成语篇衔接不畅,影响语篇信息的连贯一致性。如:

(5)看看现在的小学生,……没有假期休息,只有书山题海。不知道这样是(进步还是倒退)。如果生在现在,我不知道我还会不会说"我要上学"。

例(5)有以下四组为备选答案:"轻松－辛苦"、"进步－倒退"、"开心－难过"、

"科学－落后"。从备选答案本身考察,每一组词的主要义项与结构风格都符合反义关系的标准,迷惑性较大,因而这道题的误选率高达48%。究其原因在于被试者没有充分结合语境上下文对各组选项加以甄别。语篇的内容叙述的是一个60后对于自己小学生活的回忆片段,在语篇结束部分,他以时间纵轴为参照,将三十年前轻松愉悦的小学生同当代忙碌紧张的小学生加以对比,对于当今时代的填鸭式教育的弊病提出了质疑,认为时代进步,但教学理念与方式却不合时宜的保守落后,这实际上是一种教育水平的倒退。所以,如果不结合上下文语境的理解,词汇衔接便会脱离语篇整体而失去语义的关联,最终造成语篇衔接失败。

五、本节小结

本节主要对被试者的汉语词汇衔接应用情况及能力指数进行了考察与分析,主要研究结论如下:

(一)词汇衔接内部各子项目正确率相对频次使用单因素方差分析所得 $P=0.048<0.05$,主效应明显。这说明所检测的四个词汇衔接项目之间存在显著性差异。被试者在词汇衔接四个子项目中的正确使用相对频次值区分较为明显,程度不均衡。被试者词汇衔接的总体能力均值为0.08060,初级、中级、高级被试者在词汇衔接应用能力上逐步增长:0.026383(初级)<0.101814(中级)<0.113617(高级)。各级被试者的能力指数值均为正值,处于能力临界值以上,但都处于较低的指数阶段,被试者在近义词衔接与反义衔接方面还不同程度地存在问题。

(二)本被试组词汇衔接应用情况同前人的研究结论大体一致:被试者词汇衔接的综合正确使用相对频次值序位为:重复(124.1)>上下义(99.4)>反义(49.7)>近义(47)。且从不同角度考察均获得相同的结论:被试者词汇重复和上下义衔接手段应用情况明显好于近义词和反义词的衔接应用。并且词汇重复衔接的正确使用相对频次值几乎是近义词或反义词衔接的两倍,这也从另一个侧面充分说明了被试者对于词汇重复衔接的应用十分熟练。

(三)名词和动词在句子中的基本功能的相互配合是构成句子内在机制的基本要素,其跨越小句的衔接特点明显体现出词汇网络的系统性特征,因此它们是人类语言中最为重要的两类词语。在语篇构建中,名词与动词的重复是最为常见的词汇衔接手段,这是人类语言带有普遍性的特征之一。由于人类语言普遍性的认知特征,重复及上下义词汇衔接手段具有良好的母语正迁移效应,在二语习得中得到广泛应用,而词汇内部语义范畴、语言结构与语言风格以及语篇上下文语境等因素影响着学习者近义和反义衔接应用能力。

第三节　语法衔接项目应用情况分析

一、语法衔接项目正确使用相对频次分析

2.5　语法衔接项目正确使用相对频次

级别 / 子项目		指称			替代		小句替代			省略			连接			合计
		人称指称	指示指称	比较指称	名词替代	动词替代	引语	条件	情态	名词省略	动词省略	小句省略	词语选用	词语位置	词语数量	
初级	问卷语料	10.4	21.5	13.3	17.3	6.2	1.6	3.7	1.7	1.6	5.5	7.6	6.5	1.8	5.2	190.2
	口语语料	11.2	12.4	19.7	21.2	0	0	0	0	3.7	0	0	12.3	3.2	2.6	
中级	问卷语料	15.3	20.4	18.1	15.9	8.7	1.9	3.4	1.9	3.8	5.9	8.9	13	2.6	7.1	230.9
	口语语料	13.7	14.6	22	20.7	0.9	0	0	0	5.5	0	0	16.2	5.7	4.7	
高级	问卷语料	19.1	22.9	19.4	18.4	8.9	2.3	3.6	1.9	9.6	7.4	9.5	15.3	5.2	8.9	268.7
	口语语料	14.5	16.1	21.3	21.2	1.6	0	0	0	11.4	0	0	14.4	8.1	7.3	
合计		84.2	107.9	113.8	115.1	26.3	5.8	10.7	5.5	35.6	18.8	26	77.7	26.6	35.8	689.8
							22									
		305.9			163.4					80.4			140.1			

（相对频率＝各阶段某类语料中衔接频次/各阶段某类语料衔接总频次；总偏误频率＝某类衔接偏误在所有各阶段语料中的总频次/全部阶段所有语料中衔接总频次）

根据表2.5，全体被试者在指称、替代、省略及连接等语法衔接手段的正确使用相对频次值由高到低的序位为：指称（305.9）＞替代（163.4）＞连接（140.1）＞省略（80.4）。指称衔接的正确使用相对频次值最为突出，替代与连接衔接的正确使用相对频次值相对较为接近，省略正确使用相对频次值在语法衔接内部中最低。我们对表2.5各子项目正确使用相对频次值进行单因素方差分析，结果如下表所示：

表2.6　语法衔接项目单因素方差分析

差异源	ss	df	MS	F	Sig.
校正模型	205.7218	16	17.830	12.910	0.007
截距	241.603	23	203.117	.	.
总计	361.052	21			
校正的总计	13.738	34			

经单因素方差检验所得 P＝0.007＜0.05，主效应明显。这说明所检测的语法衔接项目之间存在显著性差异。由此可见，被试者在语法衔接四个子项目中的正确使用相对频次值区分较为明显，程度不均衡。

相对于其他衔接类型而言，语法衔接内部层次较为复杂，指称、替代，省略以及连

接小类内部还存在进一步的小类划分。其中,指称分为人称指称、指示指称和比较指称;替代分为名词性替代、动词性替代和小句替代;省略分为名词性省略、动词性省略和小句性省略;连接体现在连接词的使用、连接词的位置及连接词的数量等方面。为了行文方便,我们将针对语法衔接内部各个子项目的次级分类应用情况逐一进行考量与阐释。

（一）指称衔接项目正确使用相对频次分析

被试组在指称内部各小类正确使用相对频次值由高到低依次排列分别为:比较指称(113.8) > 指示指称(107.9) > 人称指称(84.2)。经方差分析检验后所得 $F(2,11)$ = 0.403, P = 0.067 > 0.05,主效应不明显,不存在差异显著性。

指称成分与所指对象之间以语境为基础,主要运用代词等语法手段来表示语义关系,且每一种语言中,都有一定的词语具有某种指称的特点。指称词所指表现为代词所指,是实现语篇正确理解的关键所在。表指称的指示代词或人称代词所指称的对象不清楚,名词和代词分工不当,或表指称的人称代词与其在语段中所指的人际交际关系角色的不一致,都会造成指称衔接错误。如:

(1)明天上午别去服装厂找李梅了,(人家)最近工作太忙。她让我问问你,下个周末大家一起吃午饭行不行。

被试者在例(1)"人家"这一表示人称指称的代词应用中出现了较为明显的问题,正确率仅为59.017%,与指称衔接高达85%的总体得分率不一致。其中,将"人家"理解为"大家"的多达56.21%。原因在于该语篇语境信息不突出,被试者出于词语运用策略,同时也受到语篇中下一小句的影响,将其等同于集体指称代词"大家",未能正确判断存在对话人共识中的人称指称词"人家"的正确指称含义。

此外,"人家"一词在汉语指称中含有多重指称可能,既可用于指称自我,也可指称他人,既可用于单数指称,也可用于复数指称,信息解码的干扰性较大。同时,"人家"一词对于大多数学习者而言,日常交际使用频率相对不高。

（二）替代衔接项目正确使用相对频次分析

被试组替代衔接的内部各小类正确使用相对频次值由高到低依次排列分别为:名词替代(115.1) > 动词替代(26.3) > 小句替代(22)。经单因素方差检验后所得 $F(2,11)$ = 0.545, P = 0.051,存在差异显著性。

考察被试者的具体答题情况发现,被试者对于汉语名词替代形式"的"字结构掌握情况较好,总体的得分率到达87.36%,"来"或"干"等动词替代以及"这样/么"、"那样/么"或"然"等小句替代的总体得分率分别为81.04%和76.33%。

替代衔接方面的问题主要表现在:没有掌握"者"及"之处"这两个表示人物和地点的省略衔接形式,二者的正确率分别为46.131%与50.033%,背离了替代衔接70%以上的总体得分率趋势。如:

(2)莲花是非常特别的花朵,它连枝带叶地浮在水面,我个人认为它是花中最美丽者。

（3）在数千年到数万年前，黄土高原甚至黄河流域就自然条件而言，是最适合生存之处。

"者"用在名词、动词、形容词、数词、词组后，组成"者"字结构，常用以指人、指事、指物等。如：来～、读～、违规～、二～必居其一；"之处"用在动词、形容词之后，用以指代处所或方面。如：安身～、不便～。尽管"者"和"之处"对大部分被试者而言不存在认读困难，但由于二者属于书面语词，在语体风格上近似文言，日常交际使用频率不高，因而被试者掌握应用情况不佳。例（2）和例（3）的正确率分别为46.131%与50.033%，与替代衔接70%以上的得分率总体情况不一致。

从正确使用相对频率来看，问卷结果显示，在小句替代衔接中，条件替代（10.7）>引语替代（5.8）>情态替代（5.5），其中，引语替代与情态替代的正确使用相对频率明显低于条件替代，内部差异较大。

此外，由于被试者在口语调查中偶尔使用动词替代手段，小句替代手段使用率极低，因此缺失值较多。这主要与被试者口语表述内容的随机性相关，也不排除被试者出于回避策略，用其他表达形式取代小句替代结构。

（三）省略衔接项目正确使用相对频次分析

省略衔接内部各小类正确使用相对频次值由高到低依次排列分别为：名词省略（35.6）>小句省略（26）>动词省略（18.8）。经单因素方差检验所得 $F_{(2,11)} = 0.859$，$P = 0.042 < 0.05$，存在差异显著性。

在省略衔接项目中，最为突出的现象体现在名词省略项目上，而这一现象并不具备群体特征，反而存在一个明显水平等级的差异。具体表现为，初级和中级被试者名词省略应用情况与高级被试者具有十分显著的差异。根据表2.5，问卷调查的名词省略正确使用相对频次值为：高级（11.4）>中级（5.5）>初级（3.7）；而口语调查中的名词省略正确使用相对频次值为：高级（9.6）>中级（3.8）>初级（1.6）。无论是问卷还是口语材料的考察，高级被试者的正确使用相对频次值都是初级和中级被试者的两倍甚至两倍以上。这也说明，高级被试者倾向于大量使用名词省略手段，这极其容易导致泛化过渡的问题而出现使用偏误。

省略是汉语常用的语篇衔接方式，在语义连贯的支撑下，省略手段运用频繁，其中最为突出的是主语省略现象。汉语同一个句子中的主语出现后，在以后的小句里就可以省略不用，这对语义理解不会产生太多影响。被试者在小句和多个小句省略方面的问题主要表现为省略不当，不该省略的地方省略了，导致表义不清；该省略的地方没省略，造成表达的累赘，尤以后一种情况更为突出。究其根本原因，是因为省略是汉语语篇实现连贯的重要手段之一，跨句省略主语的现象尤为普遍。学习者对此缺乏意识，以至实现于省略运用偏误问题频频出现。如：

（4）下课（0）回到房间，我想看看电视，可是同屋说（0）不能看（0），因为（0）停电了。（0）真扫兴！

（5）她丈夫是个挺直爽可爱的人，（0）一定要请我们吃饭。我们怕他太麻烦，（0）要走，他非留我们不可，（0）说我们不吃就是看不起他。我们没办法,只好领他的情。(0)那顿饭吃得可真香啊。

被试者在以上两个语篇应用选择中的得分率分别为48.325%和51.031%,总体得分情况不理想。由于被试者对于汉语名词性省略特性了解不足,也由于受到语法规则的规约,往往不敢轻易省略,具体表现为在应用中补足了所有的代词,使语篇内名词性指称单位泛滥成灾,异常累赘,这类现象在初级和中级被试者中尤为突出。省略不当固然会造成衔接生硬或语言零散的问题,而语篇中该省略而又没省略的现象将会极大破坏语篇内小句之间的自然衔接,影响语篇衔接与语义连贯的整体性。

(四)连接衔接项目正确使用相对频次分析

连接内部各小类正确使用相对频次值由高到低依次排列分别为:连接词选择(77.7) > 连接词数量(35.8) > 连接词位置(26.6),连接得分率不均衡,层次差异较大。得分均值单因素方差检验后所得 $F(2,11) = 0.305, P = 0.021 < 0.05$,存在差异显著性。

被试组在连接这一语法手段的应用中,对于连接词的选择基本能做出正确的选择,得分率达到78.21%。但对于具体语篇应用中连接词摆放位置以及数量多少等具体应用细节却存在较大问题,普遍存在困难。如:

(6)①学校的老师②不够,③张老师④身体不舒服,⑤他⑥还是坚持给同学们上课。(正确的先择为:①由于④尽管⑤可)

(7)本品用银花、连翘等中药配制而成,(0)具有祛寒退热的功能。

被试者在以上两个语篇应用选择中的得分率分别为49.031%和47.635%,总体得分情况不理想。观察做出错误选择的被试者答题情况,根据句法理论,例(6)中"由于"应置于位置①,"由于学校的老师不够"作为原因状语,用于表示该语篇的因果关系。我们发现被试者将连接词"由于"置于②的被试者高达77.3%,这样便造成该语篇主语缺失,在句法上不能成立;而例(7)中,接近50%的被试者选择连接词"并且"和"不过",从逻辑上分析,该语篇内部前后小句为并列关系:前面介绍某中药的成分,后面介绍其功效,二者之间并非递进或转折关系。因此,在运用连接词实现语法衔接时,句法和逻辑的因素同样不可忽视,尽管语篇以语义自足为主要特征。

二、各级被试者语法衔接应用分析与能力比较

由于 BILOG – MG3.0 对测量数据的样本量及缺失值都有严格的限制,因此,在考量语法衔接应用能力时,我们主要以样本量充足且缺失值较小的问卷作为数据分析来源,以问卷调查对象(共计122人)数据为主,而将口语语料数据作为参考值。各级被试者得分经过基于项目理论 BILOG – MG3.0 测量软件处理后,所得能力指数总体上接近正态分布,说明在语法衔接项目的问卷调查符合测试信度要求。全体被试者语法衔接能力指数分布情况如下图所示:

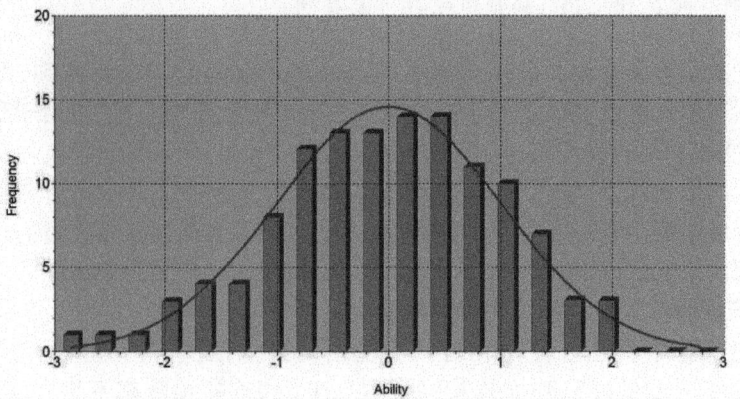

图 2.5　被试者语法衔接能力值总体分布

通过基于项目理论的 BILOG－MG3.0 测量软件对初、中、高级被试者语法衔接应用能力进行分析,我们得到各级被试者的能力指数分别为:－0.0788、0.00667、0.014781。横向对比结果如下图所示:

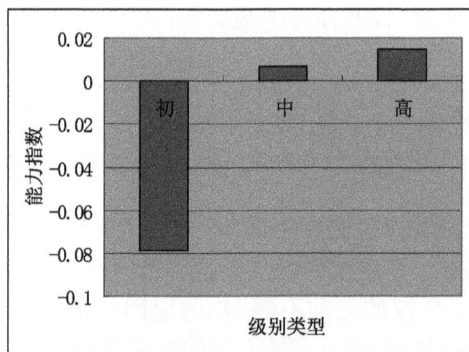

图 2.6　各级被试者语法衔接能力指数

被试者语法衔接的总体能力均值为 －0.01911,初级、中级、高级被试者在语法衔接应用能力上逐步增长:初级(－0.0788)＜中级(0.00667)＜高级(0.014781),且中级和高级被试者的能力指数值均为正值,总体上符合语言习得能力发展的一般规律。但被试组语法衔接能力指数处于临界值区间,总体能力不高。根据项目反应理论,被试者语法衔接能力指数充分反映了被试者在汉语语法衔接项目的反应和成绩与他们的潜在特质之间的特殊关系。由于被试者在语法衔接各子项目的应用结果呈现出一定的能力差异,主要表现为名词省略衔接、名词替代及关联词位置与数量等方面的问题较为突出,内部子能力的不均衡必定对整体能力指数产生影响。

三、与前人研究结果的对比

(一)指称

本文研究中,被试组在指称内部各小类正确使用相对频次值由高到低依次排列分别为:比较指称(113.8)＞指示指称(107.9)＞人称指称(84.2)。被试在汉语指示指称、比较指称以及人称指称方面应用情况比较接近,效果较为理想。学习者母语迁移作用发挥了较大作用:越南语中存在于汉语较为对应的指称代词,如人称代词bạn(你)、tôi(我)、anh ấy(他)/chị ấy(她)/nó(它)(chúng nó们);提示代词đây/này(这)、kia/kìa(那),且与汉语指称代词的运用规则一致,很容易在目的语学习中实现正迁移。

根据表2.5的数值以及上文的排序情况对比前人研究结果,我们发现本文研究中的被试组对于汉语中兼具地点和时间指称的"这/那"掌握情况较好,即使初级阶段的学习者也较为正确地加以区分,其正确率为79.352%,中级、高级学习者的正确率分别为89.5%和91.7%,与曹秀玲、肖奚强和陈晨基于静态语料研究的结果存在不同程度的差别:

被试组对于汉语中兼具地点和时间指称的"这/那"掌握情况较好,而曹秀玲(2004)针对韩国留学生汉语语篇指称现象的研究结果表明,韩国学生表地点指称和时间指称的名词性指称正确率较低,指称汉语的时间和地点时,"这/那"的选择较难把握。此外,他们的语篇中缺少必要的指称或缺少必要的先行成分而直接用指称而导致语义不清;

本文研究中的被试组对于汉语指称衔接词"这/那"掌握情况较好,即使初级阶段的学习者也较为正确地加以区分,极少出现漏用现象。但肖奚强(2001)的研究显示,初级阶段的汉语学习者常将该用零式替代(即省略)的地方误用为人称或指示指称;中级、高级阶段的汉语学习者往往片面追求语言的经济性,导致省略过度。

此外,本文研究中的被试组对于指称衔接词"这/那"应用较为准确,对于"你/我/他"等具有指称功能的人称代词的掌握也比较理想,极少出现混淆不清的状况。而陈晨(2005)针对中、高级英语国家学生汉语篇章衔接语料考察发现,该类学生不能很好地区分表指称的指示代词,而且对人称代词的指称对象不甚清楚,语段中表照应(即指称)的名词和代词分工不当,用人称或指示代词进行指称时,代词和指称对象在单复数方面不一致,以及表指称的人称代词与其在语段中所指的人际交际关系角色的不一致。

本文研究结论与曹秀玲、肖奚强和陈晨等人研究结论存在差异的原因可能主要是语料选取方式所致:本文研究的结果从分类设计较为全面的问卷分析中获得,限定了被试的衔接项目,便于被试者聚焦于指称的应用,因而大大减少了其他干扰因素。而曹秀玲和陈晨的分析语料主要来自于留学生的书面作文,在作文过程中,学生们可能将更多的注意力放在语言的组织上,对于指称衔接这类细节注意度不够;此外,以上研究者所分析的语料提供对象的母语特征也是一个很重要的因素,学习者的母语与汉语指称方式的差异度对学习者目的语习得会带来一定的影响。

此外,以上研究者对于留学生汉语指称衔接的研究类型仅限于人称和指示指称,并未考虑比较指称这一衔接项目,未能实现对留学生汉语指称衔接的全面考察,无法针对研究对象汉语指称衔接应用的整体情况进行分析,略有遗憾。

(二)替代

本文研究中,被试组在替代衔接内部各小类的正确使用相对频次值由高到低依次排列分别为:名词替代(115.1)＞动词替代(26.3)＞小句替代(22),且名词替代的应用效果优势十分突出。具体而言,被试者对于汉语名词替代形式"的"字结构掌握情况较好,总体的得分率达到87.36%,"来"或"干"等动词替代以及"这样/么"、"那样/么"或"然"等小句替代的总体得分率分别为81.04%和78.33%;替代方面的问题主要表现在:对于汉语中较为书面化的替代结构缺乏了解,没有掌握"者"及"之处"这两个表示人物和地点的省略衔接形式,正确率分别为46.131%与50.033%,背离了替代衔接70%以上的总体得分率趋势。但随着水平层次的提高,被试者的替代衔接应用效果也更为理想。

根据表2.5的数值以及上文的排序情况,与前人研究相比较,结果显示本文研究中与他们的结论存在一定差异:

被试组对于汉语名词替代形式"的"字结构掌握情况较好,总体的得分率高达87.36%,但陈晨(2005)针对中、高级英语国家学生汉语篇章衔接考察发现,他们没有掌握用"的"字短语;被试组"来"或"干"等动词替代以及"这样/么"、"那样/么"或"然"等小句替代的总体得分率分别为81.04%和78.33%,总体情况良好,但陈晨的结论认为,中、高级英语国家学生没有掌握"来"或"干"类动词以及"这样/么"、"那样/么"或"然"等替代语篇中相应的名词、动词或小句的正确用法。

被试者对于汉语中较为书面化的替代形式掌握得不理想,如"者"及"之处"正确率分别为46.131%与50.033%,与替代衔接70%以上的总体得分率趋势不一致,这一结果与陈晨的研究结论完全一致:学生没有掌握"者"的替代用法。

综合考察被试者问卷和口语调查中替代衔接的应用情况,没有发现被试者存在明显的替代衔接手段应用过渡的问题,但辛平(2001)对11篇留学生作文中偏误的统计分析显示,留学生的替代衔接手段有时使用泛滥。这可能是语料选取方式的差异所致:被试者问卷考察中,每一个衔接项目所在的语篇篇幅相对都不长,而口语考察中,替代的使用是较为简便的语言手段,符合语言经济原则,并不会对会话者造成信息干扰,而肖奚强研究所选取的语料是留学生书面作文材料,篇幅相对较长,并且在书面文字呈现的条件下,某一成分重复使用太多,便会造成语篇词汇贫乏的弊端,也会影响书面语篇表达的生动性与丰富性。

(三)省略

本文研究数据显示,被试组在语法衔接手段的应用中,省略是效果最不理想的一类。全体被试者在指称、替代、省略及连接等语法衔接手段的正确使用相对频次值由高到底分别为:指称(305.9)>替代(163.4)>连接(140.1)>省略(80.4)。指称衔接的正确使用相对频次值最为突出,替代与连接衔接的正确使用相对频次值相对较为接近,省略正确使用相对频次值在语法衔接内部中最低,尤其以名词性省略衔接最为明显。

这一研究结论与前人研究结果相当一致:陈晨(2005)针对中、高级英语国家学生汉语篇章衔接考察后发现,他们在省略手段方面出现的问题最多,占偏误总数的79%,省略手段中最突出的问题是主语省略不当,其次是定语省略不当。而在省略衔接手段内部,被试组也呈现出一定的差异性,省略小类衔接手段的正确使用相对频次值由高到底分别为:名词性省略(35.6)>小句省略(26)>动词性省略(18.8),这说明省略衔接得分率不均衡,存在层次差异,尤以动词性省略问题最为突出。被试者受到语法规则的规约,往往不敢轻易省略,导致语篇整体臃肿累赘。

本文研究中,被试者省略衔接手段的应用存在明显的内部层次差异,根据表2.5,问卷调查的名词省略正确使用相对频次值为:高级(11.4)>中级(5.5)>初级(3.7),口语调查的名词省略正确使用相对频次值为:高级(9.6)>中级(3.8)>初级(1.6);无论是问卷还是口语材料的考察,高级被试者省略衔接手段的正确使用相对频次值都是初级和中级被试者的两倍甚至两倍以上。这也说明,高级被试者倾向于大量使用名词省略手段,这极易导致泛化过渡的问题而出现使用偏误。

对于名词性省略,曹秀玲(2004)针对韩国留学生汉语作文进行考察,发现其零式指称(即省略形式)用量不足;辛平(2001)对11篇留学生作文中偏误进行统计分析后,指出大多留学生在作文中表现为不敢省略。由于前人研究的表述较为模糊,对此我们无法进行对比,但是大致可以推断,曹秀玲所研究的对象很可能处于中级以上水平,而辛平的研究对象应该属于中级或中级以下水平。二者的研究对象水平层次存在差异,因此才出现不同的研究结论。

(四)连接

本文研究结果显示,连接衔接内部各小类正确使用相对频次值由高到低依次排列分别为:连接词选择(77.7)>连接词数量(35.8)>连接词位置(26.6),连接小类正确使用相对频次值不均衡,层次差异较大。被试组在问卷连接词限定性考察项目中,对于连接词的选择情况较好,正确率达82.6844%,但在连接词位置与连接词数量的考察中存在明显的不足。选用正确的连接词只是在语义层面上做出了合理选择,但是在连接词的位置及数量关系的把握上还存在较大的问题,从而难以实现语篇衔接的准确性,导致衔接出现偏误。

被试者对于连接词的选择情况较好,正确率达82.6844%,尤其以一些常用的关联词最为突出,在口语语篇中表因果关系、表转折关系的关联词使用频率和准确率相当高,尤其是在口语语篇衔接考察中,被试者语篇中使用诸如"因为"、"但是"之类表示连接的关联词比比皆是。这一结果与前人的结论趋于一致:辛平(2001)根据11篇留学生作文的偏误分析发现,学生较多使用转折、因果、假设关系的关联词来实现语篇衔接,其中表示转折的最多。何立荣(1999)留学生作文篇章失误分析中指出,留学生关联词方面的问题主要表现为关联词贫乏。

在我们的研究中,受时间的限制,同时为了兼顾其他衔接手段的应用考察,我们无法对所有的关联词进行穷尽式的问卷考察,但口语语篇考察弥补了这一缺憾,我们发现被试者一旦遇到需要构建层次复杂的语篇时,便会有意将句子加以拆分,或采用其他关联词替代,或完全不用关联词进行话语表述。这同辛平所揭示的现象基本一致:并列、递进、让步等关系的关联词掌握不好,或用其他关联词替代或完全回避使用,复句中这类关联词的应用也会出现混乱。也符合何立荣(1999)对留学生作文篇章失误所作的分析:留学生在关联词方面的问题主要表现为关联词贫乏、滥用与错用。

以上两位学者对于连接这一衔接手段的考察主要以关联词的选用是否准确为核心内容,由于语料来源方式的差异,无法做到等量齐观,这一研究结论与前人研究的结论无法进行确切的比较,但可以发现前人的一些研究与本文研究结论高度相关。

四、语法衔接项目应用影响因素分析

(一)语法衔接项目难度等级因素

根据普拉克特(C. Practor)所提出的"难度等级模式理论",根据学习者母语同目的语的内在关系,第二语言学习中存在一个从零级到五级,难度系数逐步递增的难度等级模式。在语篇衔接范畴内各子项目同样可以验证这一理论,因为语篇作为语言单位的最大一级单位,必然包含语言要素的使用问题,也就是说学习者在汉语语篇衔接习得及应用中也会在衔接项目上存在母语与目的语的内在关联,这势必对其产生一定程度的影响。

在语法衔接层次上,我们既可找到零级难度等级的例子,如常用人称指称代词"你"、"我"、"他",连接词中表因果关系、转折关系、选择关系的关联词"因为"、"但是"、"还是"等。同时,也存在一些等级较高的语法衔接手段。如:

> (8)老人在窗前站了一会儿,(0)微微的觉得有些凉,于是(0)转过身来,(0)忽然感觉眼睛很花,屋子里的东西都看不清了。

尽管 Halliday 和 Hasan 强调衔接手段是"语义概念",且"存在于语篇内部",这充分表明汉语是语义型语言,语义同逻辑是语篇衔接的重要因素,也是汉语重意合的直接证据。省略是汉语常用的语篇衔接方式,在语义连贯的支撑下,省略手段运用频繁,其中最为突出的是主语省略现象。

例(8)体现了汉语特有的意合特征——省略,属于"难度等级模式理论"中的第四级——超差异(overdifferentiation),即目的语中的某个语言项目,在其第一语言中没有相应的项目,学习者在习得这些全新的项目时会产生阻碍性干扰,外国汉语学习者"经常出现该省不省的重复啰嗦语病"[1],尤以名词省略问题最为突出。

> (9)明天上午别去服装厂找李梅了,(人家)最近工作太忙。她让我问问你,下个周末大家一起吃午饭行不行。
> (10)二十年前,他去过桂林。(那时)桂林还只是个小城市,但(那儿)的美景让他念念不忘。退休后,上个月他再次踏上了桂林之旅。

例(9)中"人家"这一人称代词在汉语指称中含有多重指称可能,既可用于指称自我,也可指称他人,既可用于单数指称,也可用于复数指称,信息解码的干扰性较大;而在例(10)中"那"与不同的语素相组合,既可用于时间指称,也可用于地点指称,体现了"难度等级模式理论"的第五级——分裂(split),即母语中的某一语言项目到了目的语中分为两个或两个以上的项目,需要学习者摆脱其母语原有习惯加以区别,才能在目的语中正确使用。

在问卷中,被试语篇例(8)、例(9)、例(10)的得分率分别为:46.017%、40.983%

---

①陈昌来《对外汉语教学概论》,复旦大学出版社,2005 年,第74 页。

及 55.206%,整体得分率都不高,说明衔接手段的难度等级越高,对学习者的干扰也越大,这也客观体现了目的语难度是影响学习者第二语言能力的现实原因之一。

(二)指称可及性程度因素

心理空间是语言或语义结构中相关信息的"临时性容器",或者说是用于描写语言使用者如何利用大脑空间确定和处理指称关系的概念结构①。心理空间在我们思维或谈话时构建,并在语法、语境和文化习俗的制约下实现相互连接,创建空间网络。心理空间理论认为,语言结构的基本功能是利用不同的认知视角信息的可及性去描写心理空间的各种连接或映射,以便使人们能使用词语作为触发成分去指称其他的各种连接或映射。空间理论的一个重要概念就是"可及性"(accessibility),可及性概念源自于心理学,指一个人说话或听话时从大脑记忆系统中提取一个语言或记忆单位的便捷性或难易程度。从语篇角度分析,可及性是指语篇使用者采用某种形式的指称词语指称某一事物时,其所指在大脑记忆系统中的可及程度。

表意明确是人类认知的共性,各语言对于指称都有其特定的原则,汉语对指称形式的选择原则是:在保证语言表达明确的前提下,能使用省略的一般不用代词,能用代词的一般不用名词②。

在一个语篇单位中,各小句之间存在着连续性,且连续性有强弱之分,就指称而言,认知语法的可及理论认为:连续性最强时,采用省略指称,连续性较弱时,采用代词指称,连续性最弱时,则用名词指称。即代词的可及程度介于名词和零式指称(即省略)之间,代词的可及性高于名词,但低于零式指称形式(即省略)③。

由于被试者对汉语语篇指称可及性的内在规律把握不准确,结果往往将造成指称与省略衔接的混淆,从而破坏了语篇的完整与连贯性。如:

(11)老子说:"是的。(0)听说你要来,我就在这儿迎候(0)。学问(你)不比我差,为什么还要拜我为师呢?"

(12)后来他在一个商店工作,(他)会写字也会算数,但(0)总是把十字写成千字,千字写成十字。商店的老板生气了,(他)只是笑笑说:"千字和十字不是差不多吗?"

被试者在例(11)、例(12)中的得分率分别为:48.32%、58.079%,得分率整体不高。主要表现为:被试者常将该用省略(即零式指称)的地方误用为人称或指示指称。用高可及标记替换低可及标记,从而导致语篇结构松散,破坏了语篇的连贯性;或由于过于回避词语重复手段的使用,容易将低可及标记换成高可及标记,该用指称的地方却常用省略手段,导致语篇表意不明,影响了语篇结构的完整性。

(三)语境上下文因素

在语篇衔接中,语义联系是关键因素。对语境条件的把握是否准确,对于语篇语

①Coulson. S. &Matlock. T. Metapgor and the space structuring model, Metahhor and Symbol,16(3),P295 - 316.

②王灿龙《人称代词'他'的照应功能研究》,《中国语文》,2000 年第 3 期,第 228 - 287 页。

③肖奚强《外国学生照应偏误分析——偏误论丛之三》,《汉语学习》,2001 年第 2 期,第 50 - 54 页。

法衔接手段的正确判断起着十分关键的作用:

(13)①赵州桥②坚固③美丽④表现了中国人民的勤劳和智慧⑤是我国的宝贵遗产。(②不但③而且⑤因此)。

(14)后来他在一个商店工作,他会写字也会算数,但0总是把十字写成千字,千字写成十字。商店的老板生气了,(他)只是笑笑说:"千字和十字不是差不多吗?"

被试者在例(13)、例(14)中的得分率分别为:41.32%、58.079%,尽管总体得分率都不甚理想,但后者明显比前者高,其中主要原因在于语境上下文的影响。在例(13)中,出现错误的被试者将"因此"置于位置④的多达61.052%,未能厘清究竟是"因为赵州桥的坚固美丽,所以才表现了中国人民的勤劳和智慧,是我国的宝贵遗产",还是"因为赵州桥坚固美丽,表现了中国人民的勤劳和智慧,所以才是我国的宝贵遗产"。从语境上下文因素考察,该语篇的因果关系较为隐晦,其正确的理解应为:赵州桥同时具有建筑价值和人文价值,所以才成为我国的宝贵遗产。

而相对于例(13)而言,例(14)的语境信息更为明确,尽管"商店老板"可能也是男性,但这个"商店老板"和"他"必定不是同一个人,从上下文来看,商店的老板生气正是因为"他"不严谨的工作态度,因此老板不可能微笑且认为"千字和十字差不多",最后一个括号内不能用省略衔接,而必须用指称衔接手段,以低可及的人称代词显示前后对象之间的区别。

(四)母语负迁移因素

母语迁移这一概念是在20世纪四五十年代兴起的对比分析理论中提出的。迁移(transfer)是一个心理学术语,指先前的学习对后继学习的影响。起促进作用的影响,其效果是正向的,被称为正迁移;起干扰作用的影响,其效果是负向的,被称作负迁移。如在英语学习中,指学习者不自觉地把母语的形式和规则套用到英语中,产生生硬的不自然的表达,例如:I only spoke a few sentences。

由于母语负迁移因素的影响,越南学生在运用某些衔接手段的时候,无论其汉语水平高低,仍会受到他们母语——越南语的干扰,简单地将它与越南语里相对应的手段进行对应,而实际上,汉语与越南语语篇衔接手段并不完全相等,在我们调查搜集到的语料中,最为突出的表现在语法衔接手段涉及到某些关联词的语序问题,尤以"就"的错位最为突出。这种偏误现象在我们的录音语料中并不少见:

(15)那个姑娘不说……就她走了,他不知道怎么回事儿。

(16)猪油放在家里……就我一看到会很想吃,还是我们把它放到远一点的地方去吧。

越南学生之所以犯这样的错误,是因为越南语中的"thì"(就)连接小句时,通常放在后一小句的句首,无论这一小句是否存在主语,并且越南语的"thì"(就)前边通常没有逗号。而在汉语语法中,"就"所连接小句的后一小句有主语,则"就"必须放在这一

主语后,在此,"就"是副词,而非连词:

(17) Chúng tôi đang nói về việc cuối tuần đến nhà chị gái
我们　正在　聊关于事　周末　去　家　姐姐
chuẩn bị đồ ăn như thế nào thì cô ấy đến.
安排　菜谱　怎么　就　她　来
(我们正在聊周末去姐姐家怎么安排菜谱,她就来了。)

(18) "Không nghe người già nói, thiệt thòi ở trước mắt" nghĩa là:
"不听　老人 言, 吃亏 在 前 眼"　意思 是,
một người nếu không nghe lời khuyên hoặc ý kiến của người đi trước
一个人 如果 不听 劝告 或 建议 的 长辈
thì anh ta sẽ gặp phải việc không hay.
就 他 会 遭遇到 事情 不好。
("不听老人言,吃亏在眼前"意思是说,一个人如果不听长辈的劝告或建议,他就会遭遇到不好的事情。)

此外,汉语中"以后"、"后来"是常用的后时连接成分,越南语中也有表后时的"sau này",通常"sau này"既可以表达将来的时间,相当于汉语中的"以后",也可以表达过去的时间,且前后两个事件间隔较长,相当于汉语中的"后来",因此,汉语的"以后"、"后来"同越南语的"sau này"所涵盖的时间维度并非一一对应的关系,因此学习者在使用中常常出现混用:

(19)然后,以后又有一个老人来问他,你的辣椒辣不辣?

(20)现在他觉得很舒服了,继续走,以后他碰到了……一条……沟,很宽。

(21)所以……从那时候起,后来老鼠看见猫就逃,猫看见老鼠就抓。

由此可见,母语负迁移因素也是影响越南学生汉语语篇衔接手段正确应用的因素之一,尤其在含有连接关系的语法衔接手段的运用上较为明显。

五、本节小结

(一)语法衔接内部各子项目正确使用相对频次的单因素方差分析所得 $P = 0.007 < 0.05$,主效应明显。这说明所检测的语法衔接项目之间存在显著性差异。被试者在语法衔接四个子项目中的正确使用相对频次值区分较为明显,程度不均衡。全体被试者在指称、替代、省略及连接等语法衔接手段的正确使用相对频次值由高到底分别为:指称(305.9) > 替代(163.4) > 连接(140.1) > 省略(80.4)。指称衔接的正确使用相对频次值最为突出,替代与连接衔接的正确使用相对频次值较为接近,省略正确使用相对频次值在语法衔接内部中最低。

(二)语篇作为语言单位的最大一级单位,必然包含语言要素的使用问题,学习者在汉语语篇衔接习得及应用中也会在衔接项目上存在母语与目的语内在关联式的"难度等级模式",衔接项目隐含的难度等级必将对学习者产生一定程度的影响;而对

汉语语篇指称可及性的内在规律把握不准确,会造成语篇指称与省略衔接的混淆。此外,作为一定语境下的语篇,上下文语境因素、使用者的母语负迁移因素也是影响学习者语法衔接应用能力的重要因素之一。

第四节 语用衔接项目应用情况分析

一、语用衔接项目正确使用相对频次分析

表 2.7　语用衔接子项目正确使用相对频次

级　别	子项目	意合句	"把/被"形式标记句	主题句	合计
初级	问卷语料	9.7	1.1	0.9	19.2
	口语语料	0	7.5	0	
中级	问卷语料	11.4	1.9	1.3	27.7
	口语语料	2.4	10.7	0	
高级	问卷语料	13.6	3.4	4.1	36.7
	口语语料	3.4	12.2	0	
合计		40.5	36.8	6.3	83.6

根据表 2.7,全体被试者在意合句、"把/被"形式标记句、主题句选择等语用衔接手段的正确使用相对频次值由高到底分别为:意合句(40.5)>"把/被"形式标记句(36.8)>主题句(6.3)。意合句与"把/被"形式标记句的正确使用相对频次值较为接近,主题句正确使用相对频次值偏低。我们对表 2.7 各子项目正确使用相对频次值进行单因素方差分析,所得结果如下表所示:

表 2.8　语用衔接项目单因素方差分析

差异源	ss	df	MS	F	Sig.
校正模型	148.380	14	52.790	16.71	0.012
截距	301.328	2	151.613	.	.
总计	299.830	6			
校正的总计	138.273	5			

经单因素方差检验所得 $P=0.012<0.05$,主效应明显。这说明所检测的语法衔接项目之间存在显著性差异。由此可见,被试者在语用衔接三个子项目中的正确使用相对频次值区分较为明显,程度不均衡。

语用衔接就其本质而言,是语义连贯在语篇中的体现。按照认知心理学的观点,语义认知属于一种高级复杂的认知行为,在这一行为过程中,人们要以面对的多个语句的视觉信息作为提示和指引,并充分调动头脑中已有的汉语图式知识,通过比较、联

想、推断、预测和判断等认知行为的加工，找到这些语句之间的衔接线索①。汉语语序的基本规律是对客观世界的"临摹性"（iconicity），也称"象似性"。"汉语自然语序形成的主要理据同临摹性相关，这是由汉语语义型语言的特点所决定的"②。与其他语言相比，汉语使用时间顺序的临摹手法更为直接和普遍。同时，语篇中的句子之间存在一定的逻辑联系，并在语义基础之上实现语篇的构建。汉语语言单位的组合有相当一部分没有形式上的标志，只凭着语义上联系来组合语言，即"意合"。其中，最具代表性的是用动词的先后顺序反映事理的因果，这既是对语序和事理逻辑组织法的探讨，也是汉语意合事实的客观体现。

　　句式选择也是语篇衔接的一个重要方面。不同的句式变体可以表达相同的意思，语篇的构建过程也就是一个句式选择的过程。汉语句式中，既有简单小句也有句法成分复杂的复句，还有汉语独有的语用意义复杂的"把"字句③，"被"字句等。由于语篇因素及上下文语境的限制，其句式选择必然不同于单句构建那般自由随意，掌握起来难度更大④。

　　主题是语用分析中的重要概念，从语用上分析，一个句子通常有主题（topic，或译作话题）和评论（comment，或译作述题）两部分，汉语被划入注重话题型语言。这一观点已得到许多学者的认同，在句子基本结构方面，汉语有语用优先于句法的倾向⑤。根据全息理论，事物的某个部分的结构与特性，往往反映该事物整体的结构与特性。语言具有全息性，例如汉语语法中构词法、短语、单句、复句具有类似的组合方式和组合关系。因此，汉语在主题－话题问题上的语用优先，正是整个汉语语法语用优先的全息映现的直接体现。

　　作为重意合的"语义型语言"，汉语的特点是富于弹性，隐现自如，表逻辑关系的连接词可有可无；不同句式所蕴涵的语用意义差别等都不具备形式上明显的标志，语用衔接更多体现为一种逻辑语义关系，这是外国人学习汉语的一大难点，被试者在这方面的失误也相当明显。如：

　　（1）自信的人永远不会被社会打败，更不会（心灰意冷，无力拼搏，不战而败）。

　　例（1）属于事理逻辑衔接，而57.31%被试者出现了普遍性的错误，对于三个短语之间隐含的层递式因果关系把握不到位：失败是因为没有努力拼搏，而不努力的原因在于精神世界的荒芜与空虚。

　　（2）一阵风过去了，街上的小摊儿，行人，（好像都被风卷走了），全不见了，只剩下树枝随着风狂舞。

①杨翼《从排序看汉语学习者的局部连贯障碍》，《世界汉语教学》，2000年第1期，第94－99页。

②卢福波《针对汉字特性，确立对外汉语教学策略》，《华文教学与研究》，2000年第3期。

③"把"字句的语用意义主要包括：表述对事物的处置；表述使事物产生某种状态；表述使事物移动；表述事物的发展变化；表述改变事物的存在状态；表述对事物付出。

④何立荣《浅析留学生汉语写作中的篇章失误》，《汉语学习》，1999年第1期，第44－47页。

⑤刘丹青《语义优先还是语用优先——汉语语法学体系建设断想》，《语文研究》，1995年第10期。

    (3)因为觉得带着词典去餐厅很麻烦,下课的时候他(把词典放在教室里)。吃完饭他再去教室,却找不到那本词典了。

    例(2)和例(3)分别考察了"被"字句和"把"字句的语篇衔接使用,被试者得分率分别为57.4%和63.56%,整体情况较为接近。调动语用策略需要结合语境来选择句式,例(2)括号前面的"幌子,小摊,行人"是要选择内容的主语,根据句子前后主语的一致性原则,应选择被动句,而非"把"字句。考察结果表明,被试者对于"把"字句、"被"字句出现的场合的理解存在一定的问题,主要表现为不能正确分辨这些句式出现的具体语境要求,往往出现两种倾向:使用过度或回避使用,前一种情况在中级和高级被试群体中较为突出,后一种情况往往是初级被试群体常用的策略。

    汉语是主题突出的语言,主题默认为交际双方的共知的旧信息,在具体的句式结构上与汉语的无标记被动句相似,在意义上也含有"把"字句的处置意味,因此,被试者常在汉语主题句、被动句与"把"字句之间游移不定,在汉语主题句的应用中容易出现偏误。如:

    (4)我从图书馆借了两本书,一本是《说什么》,一本是《怎么说》。《说什么》我看过了,很不错;《怎么说》还没看,应该也很好。

    (5)去年我们家盖了一座房子,房子盖在东面。现在房子已经盖好,家具和电器也买齐了。

    主题突出的语言现象反映了人们处理信息的思维过程,主题是已知信息,具有承上启下、引导新信息的作用。但在实际应用中,被试者却更多受制于语言形式的制约,无法根据语篇的整体信息做出正确的句式选择。例(4)中,只有54.2%的被试者做出了正确选择,而有40.23%的被试者倾向于选择使用被动句,而在例(5)中60.43%的被试者选择了"把"字句形式。

    语用因素对正确理解或构建语篇整体有重要价值,但语用因素往往隐含在语篇中,极易被忽视。采用语句分析的方法,如词序分析、语义分析或句法分析等均属于静态分析法,也很难正确分析语用因素问题,因此无法对语篇中的语言形式或句式选择问题做出有力的解释。语用分析法是一种基于语篇的动态分析法,能客观揭示各种语言形式所具有的语用功能,并解释其语用功能的差异所在。

二、各级被试者语用衔接应用分析与能力比较

    在语用衔接问卷调查中,各级被试者得分经过基于项目理论的 BILOG – MG3.0 测量软件处理后,所得能力指数总体上接近正态分布,说明在语用衔接项目的调查中试题符合测试信度要求。全体被试者语用衔接能力指数分布情况如下图所示:

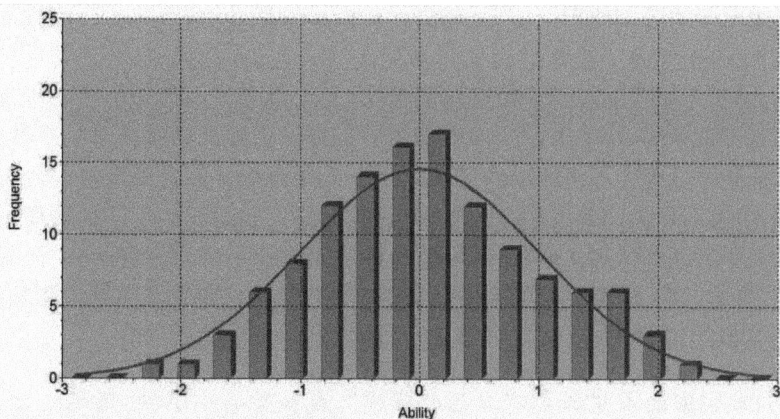

图2.7　被试者语用衔接能力值总体分布

　　由于 BILOG－MG3.0 对测量数据的样本量及缺失值都有严格的限制,因此,在考量语用衔接应用能力时,我们主要以样本量充足且缺失值较小的问卷作为数据分析的来源,以问卷调查对象(共计 122 人)数据为主,而将口语语料数据作为参考值。通过基于项目理论的 BILOG－MG3.0 测量软件对各级被试者语音衔接应用能力进行分析,我们得到各级被试者的能力指数分别为：－0.08486、0.10409 和 0.146222。横向对比结果如下图所示：

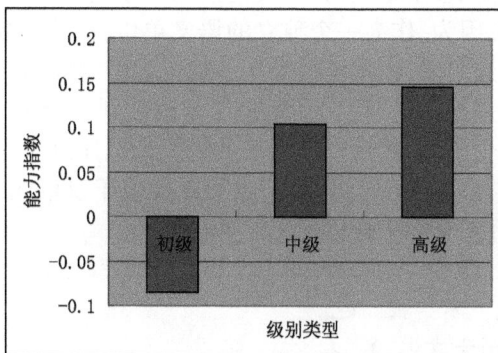

图2.8　各级被试者语用衔接能力指数

　　被试者语用衔接的总体能力均值为 0.05515。初级、中级、高级被试者在语用衔接应用能力上逐步增长：－0.08486(初级) < 0.10409(中级) < 0.146222(高级)。总体而言,初级能力最低、中级次之、高级相对最高,符合语言习得能力发展的一般规律。但是,从指数的数学特征上观察,各级被试者的能力指数值不高,处于能力临界值边缘。这说明各级被试者在汉语语篇之语用衔接应用能力还不够突出,对于汉语语用衔接知识的学习有待加强。

三、语用衔接项目应用影响因素分析

(一)认知语境因素的影响

　　"人的认知结构是对外部世界结构化(即概括或抽象化)的结果,因此具体场合及各种经常用到或出现的语言使用特征,也可以在大脑中结构化。这样一来,原来的具体语境因素,结构化后就变成了认知结构单元和关系"[1]。任何语篇都是基于某一具体语境的语义单位,因此要实现语篇的正确理解或衔接应用,必须结合语境上下文因素。语境的存在是为语言服务的,对于语言的理解离不开语境。语境的理解就是一个认知过程,因而语境也是认知过程中不可或缺的环节之一。认知语境并非言语者身外物质世界的存在,认知语境也不是人们赖以生存的文化模式,而是人脑对我们生活的物质世界和人们所从事的文化活动的认知化储备,语境的这种认知属性是毋庸置疑的[2]。认知语境既有静态性,又有动态性,语境信息的强弱对于语篇语用衔接的使用具有明显影响。

在信息突出的语篇中,被试者对语义衔接的理解效果更好。如:

(6)我们家的人吃饭都有自己的习惯。<u>我和爸爸吃小碗,妈妈吃大碗</u>,因为她觉得小碗麻烦。

(7)他突然(明白)了似的,便(跑向)自己平时极少去的运动场,(走进)运动场一看,果然在一群踢球的少年中(发现)了他儿子的身影。

被试者在例(6)、例(7)中的得分率分别为82.87%和85.09%,究其原因在于语境上下文信息的清晰度:在例(6)中的语境提示"大碗小碗"都是指"工具",而例(7)则因为语境与词语搭配的共同作用,使得被试者极易做出正确选择。作为分析型语言的汉语,语序的差异往往带来语义的差别,而语篇中小句的组合顺序也会对语篇衔接及语义连贯产生影响,因为,作为一个独立的语义单位,语篇必定围绕一个中心,遵循一定的组织规则来构建语义,而不是数个句子随机无序的堆砌[3]。

由于选择句式的关键在于"用",而不是简单地区别一个个不同的句子类型,所以选择句式多是提供一个语境,然后根据语境的需要来选择恰当的句式。

尽管越南语中没有"把"字句结构,但也存在类似于汉语句式结构的"被"字句和主题突出句式,并在日常交际中得以应用。如:

(8)May quá,tôi khôn bị muộn.

　　运 太, 我 不 被 晚。

　　(还好,我不至于太迟。)

(9)Việc đấy chúng ta đều biết,nhưng chẳng có ai nhắc đến.

　　事 那 我们 都 知道 可 没有 谁 提 到。

　　(那件事我们都知道,可谁也不说。)

(10)Cái mầu đỏ có thể ăn trước,cái mầu vàng để mấy ngày nữa có thể ăn.

　　的 红色 可以 吃 先 的 黄色 留 几天 再 才 可以 吃。

　　(红的可以先吃,黄的留几天才能请吃。)

例(8)中,"bi"表示对主体不利或不乐于接受,含有"遭受"的意味,与汉语中

---

①熊学亮《认知语用学概论》,上海外语教育出版社,2004年,第115页。

②许葵花《认知语境语义阐释功能的实证研究》,中国人民大学出版社,2007年,第107页。

③何立荣《浅析留学生汉语写作中的篇章失误》,《汉语学习》,1999年第1期,第44-47页。

"被"语义接近。例(9)的"那事"与例(10)中的"红的"、"黄的"分别作为语篇中的主题置于句首,在语篇信息中最先加以凸显,由主题引发出后续小句的新信息,前后信息彼此关联。

根据语言迁移理论,如果学习者母语存在与目的语相同的规则,则相当容易实现母语规则的正迁移作用。但被试者在面对汉语"把"字句、"被"字句与主题句的理解与应用中出现混淆句式选择方面的问题主要表现在如下方面:或过分地使用"被"字句、或使用"把"字句时,没有考虑到语篇中的语义、语用因素,易与主题句混为一谈,因此误选率较高——主题句选择正确率仅为61.6803%,"被"字句、"把"字句正确率分别为64.58%及65.21%。

根据习得规律,在第二语言习得过程中,随着教学的不断推进,来自母语的迁移或干扰作用逐渐减低,由目的语本身内部结构的复杂性而造成的在外语习得发展过程中的错误,即发展错误呈逐渐上升趋势[①]。发展错误是指学习者在语言应用中,面对不同的表达形式无法做出正确的判断和选择,对各种表达形式所具备的不同语用功能缺乏准确的判断,对语言结构的具体使用场合及语用含义也无法正确把握,从而出现的语言形式与语用含义相脱节的偏误问题。被试者在汉语"把/被"形式标记句、主题句以及常规的"主-谓-宾"陈述句结构之间出现了较大的混淆,这正体现了汉语句式的多样性导致其普遍出现的"发展错误"。对于语境的认知的程度高低决定了学习者对句式选择的最终结果,这是语用衔接正确应用的基本前提之一。

(二)语篇视角因素

句式选择属于语用范畴,句式选择出现问题是就语言表层而言的,属于语法规则运用不当的表现,但从深层因素分析,这与语篇视角对语篇衔接的影响密切相关。"由于人的认知具有无意识性,所以认知视角大多是隐性的"[②]。但视角对于语言交际具有制约作用,且从更高层面制约语篇的衔接与连贯。语篇的构建首先需要对语篇主旨、意图等信息进行选择和组合,并统摄语篇的总体连贯,这就是语篇视角[③]。"语篇话题的选择或转换应遵循视角的移动,从已知到未知,以避免在同一语段中突然转换视角,破坏语篇衔接的一致性。在场景识解和语篇生成的过程中,首先应选择着眼点(vantage point),然后确定场景参与者之间的互动形式,最终形成行为链(action chain),而行为链中成分的顺序随着突出点的变化而变化"[④]。语言中的视角无处不在,语篇视角直接影响语篇的衔接与语义连贯:

(11)他们在工厂里向工人学习排版、印刷、装订等技术活。(这些活他们过去不但没有干过,连见也没见过)。

(12)小毛爬到床底下,偷偷躲了起来,(但最后还是让妈妈发现了),从床下拉了出来,送到幼儿园去了。

---

①杨翼《语用分析在高级汉语教学中的语用》,《世界汉语教学》,1995年第3期,第76-80页。

②唐青叶《视角与意义的构建》,《外语学刊》,2009年第3期。

③熊沐清《论语篇视点》,《外语教学与研究》,2001年第1期,第21-28页。

④唐青叶《视角与意义的构建》,《外语学刊》,2009年第3期。

例(11)、例(12)分别考察被试者对于汉语主题句及被动句的应用情况,被试者得分率分别为62.15%和58.52%,即使中级、高级被试者也未体现出明显的优势。被试者在例(11)中无法做出正确判断,主要倾向于选择同前一小句相一致的"主－谓－宾"结构,未注意"排版、印刷、装订等技术活"的特点,作为语篇的旧信息,它成为下一小句的主题,引出语篇的新信息。被试者在例(12)中出现错误的主要原因在于该选择项使用了一个宾语省略的兼语句,使"小毛"在后三句中成为被动的受事者,整个句子的主语仍是"小毛",保持陈述对象一致才能保证句意顺畅。所谓"陈述对象"就是指句子的主语,在一般情况下,保持前后句子的主语一致,即保持前后句叙述角度不变,可以避免因主语暗换而导致语脉不畅、句意混乱的现象发生,会使一组句子显得更连贯;保持内容上前后一致,即保持中心内容所突出的主体对象应前后一致,则可避免主次错位,喧宾夺主。

汉语作为第二语言教学界从语法教学角度针对外国学生词法与句法偏误现象的研究起步较早,成果颇为丰富,但对于外国学生语篇应用中较为普遍的小句句式搭配偏误现象并未引起足够重视。外国学生往往在汉语表达中对于语篇内部的小句无法做出正确选择,导致小句句式与整个语段、语篇不协调,如"把"字句、"被"字句、主题句的选择等。句式选择属于语用范畴,句式选择出现问题必然导致语篇语用衔接出现错误。

四、本节小结

本节主要对被试者的汉语语用衔接应用情况及能力指数进行了考察与分析,主要研究结论如下:

1.语法衔接内部各子项目正确使用相对频次经单因素方差检验所得 $P = 0.012 < 0.05$,主效应明显。这说明所检测的语法衔接项目之间存在显著性差异。被试者在语用衔接三个子项目中的正确使用相对频次值区分较为明显,程度不均衡。全体被试者在意合句、"把/被"形式标记句、主题句选择等语用衔接手段的正确使用相对频次值由高到底分别为:意合句(40.5)>"把/被"形式标记句(36.8)>主题句(6.3)。意合句与"把/被"形式标记句的正确使用相对频次值较为接近,主题句正确使用相对频次值偏低。

2.客观世界中的万事万物都是相互依存、彼此关联且互相制约的,人们理解客观世界中的事物、现象之间的联系或规律离不开思维的认知处理过程。语篇的构建与理解需要一定的逻辑依据和语用推理基础,从而延续命题的发展,保证语义的衔接与语篇的连贯。

认知语境及语篇视角是影响语用衔接的两大关键因素。因为语篇是一定语境下的语篇,在语篇编码或解码过程中必须结合语境上下文因素,语境的理解就是一个认知过程,语境是认知过程中不可或缺的环节之一。语篇视角制约语篇的衔接与连贯,语篇话题的选择或转换应遵循视角的移动,从已知到未知,否则便会破坏语篇衔接的一致性。

第五节　语篇衔接应用情况综合分析

一、语篇衔接正确使用相对频次综合分析

（一）各级被试者语篇衔接正确使用相对频次总值

综合表2.1、表2.3、表2.5、表2.7中语音、词汇、语法、语用各衔接子项目正确使用相对频次，分别按初级、中级、高级进行综合计算后，所得结果如下表所示：

表2.9　各级被试者正确使用相对频次总值

初级	中级	高级
326.5	374.8	454.9

被试问卷语篇应用正确使用相对频次为：高级（454.9）＞中级（374.8）＞初级（326.5），初级、中级、高级被试语篇衔接项目正确使用相对频次对比结果如下图所示：

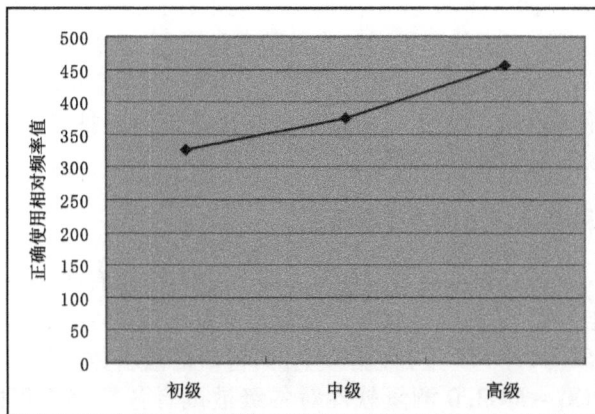

图2.9　各级被试者语篇衔接正确使用相对频次总值

上图结果显示被试者发展趋势完全一致，即由初级到高级的语篇衔接相对频率总值逐步递增，说明被试者语篇衔接总体应用能力随着学习级别的提升而有所增强，符合语言学习的一般规律。

（二）各衔接手段正确使用相对频次总值

综合表2.1、表2.3、表2.5、表2.7中语音、词汇、语法、语用各衔接项目正确使用相对频次，分项目类别进行综合计算后，所得结果如下表所示：

表2.10　各衔接手段正确使用相对频次总值

语音衔接	词汇衔接	语法衔接	语用衔接
90.3	320.2	689.8	83.6

被试者各语篇衔接项目正确使用相对频次为：语法衔接（689.8）＞词汇衔接（320.2）＞语音衔接（90.3）＞语用衔接（83.6），初级、中级、高级被试者语篇衔接项目正确使用相对频次对比结果如下图所示：

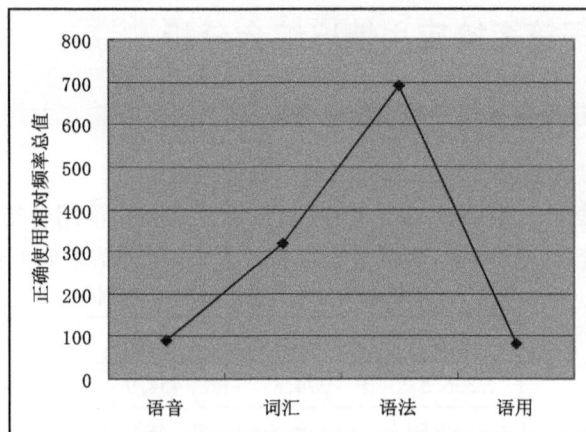

图 2.10　各衔接手段正确使用相对频次总值

上图结果显示,被试者在语篇衔接各项目的应用情况存在差异。就正确使用相对频次总值而言,由高到低次序均为:语法衔接＞词汇衔接＞语音衔接＞语用衔接。其中,语音衔接、语用衔接正确使用相对频次总值普遍偏低,且初级、中级、高级基本无差别,都处于最低区间。由此可见,被试者对于语音衔接中的音节数量均衡问题、语音韵律协调问题、语音停顿别义以及语用衔接中的汉语意合句、"把/被"形式标记句、主题句的选择等项目掌握情况均不够理想。

二、被试者语篇衔接应用能力综合分析

由于 BILOG－MG3.0 对测量数据的样本量及缺失值都有严格的限制,因此,在考量语篇衔接应用能力时,我们主要以样本量充足且缺失值较小的问卷作为数据分析来源,以问卷调查对象(共计 122 人)数据为主,而将口语语料数据作为参考值。通过基于项目理论的 BILOG－MG3.0 测量软件对各级被试者各衔接应用能力进行综合分析,所得能力指数总体上接近正态分布,说明在语篇衔接项目的调查问卷符合测试信度要求。全体被试者语篇衔接能力指数分布情况如下图所示:

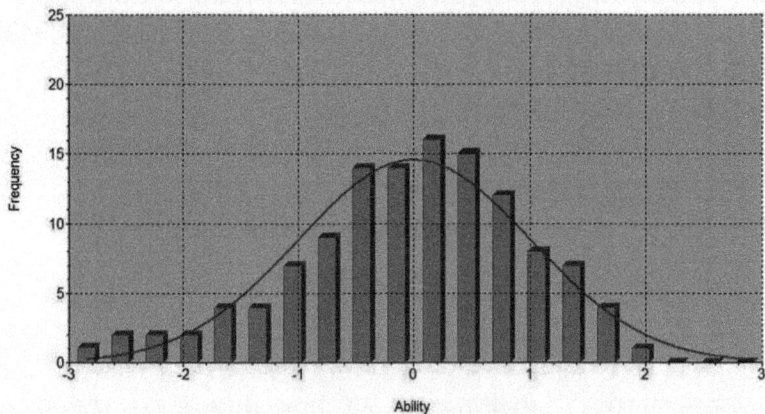

图 2.11　被试者汉语语篇衔接总体能力指数

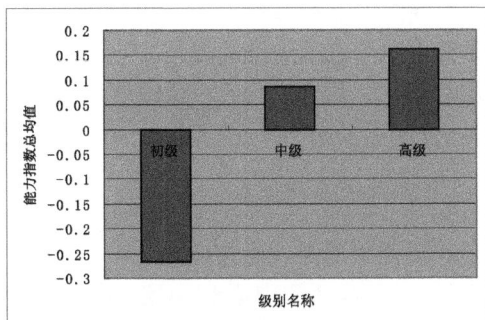

图2.12　各级被试者汉语语篇衔接总体能力指数

　　尽管随着学习级别的提高,被试者的语篇衔接总体能力呈逐步递增趋势: -0.265 (初级) <0.086(中级) <0.163(高级),但被试者语篇衔接能力总体不强,语篇衔接能力指数在临界值区间徘徊。基于项目反应理论原理,被试者汉语语篇衔接能力指数充分反映了被试者在汉语语篇衔接项目的反应和成绩与他们的潜在特质之间的特殊关系。由于被试者在汉语语篇各子项目的应用结果呈现出一定的能力差异,内部子能力的不均衡必定对整体能力指数产生影响。

三、语篇单位大小对语篇应用的影响

　　本文研究依据问卷测试的材料容量,将语篇划分为小语篇和大语篇两类,其一为小语篇,即由几个小句组合而成的小段文字材料;其二为大语篇,即有完整结构的短文材料。被试者各衔接项目在小语篇和大语篇的得分总值如下表所示:

表2.11　不同语篇单位得分总值

类	小语篇	大语篇
语音衔接	74.8	69
词汇衔接	94	90.9
语法衔接	91.9	89.5
语用衔接	79.3	76.1

得分总值柱状图如下:

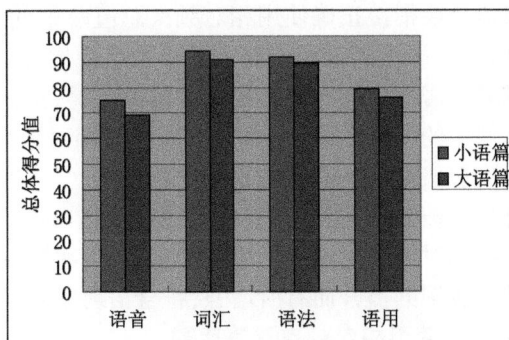

图2.13　被试者不同语篇单位的得分总值

我们将以短句形式出现的语篇和以短文形式出现的语篇分别称为小语篇和大语篇。对被试者在小语篇和大语篇应用结果的使用正确率相对频率进行单因素方差检验所得 $P = 0.001 < 0.05$，不存在差异显著性。这说明语篇单位大小对语篇衔接的使用未产生明显影响。

四、被试者问卷与口语考察结果综合比较分析

（一）各级被试者正确使用相对频次总值比较

综合表 2.1、表 2.3、表 2.5、表 2.7 中语音、词汇、语法、语用各衔接子项目正确使用相对频次，分别按初级、中级、高级进行综合计算后，所得结果如下表所示：

表 2.12　各级被试者语篇衔接正确使用相对频次总值

	初级	中级	高级
问卷	174.4	214.6	250.4
口语	152.1	181.3	204.5

被试者问卷语篇应用正确使用相对频次为：初级（174.4）＜中级（214.6）＜高级（250.4），口语语篇应用正确使用相对频次为：初级（152.1）＜中级（181.3）＜高级（204.5），两组正确使用相对频次对比结果如下图所示：

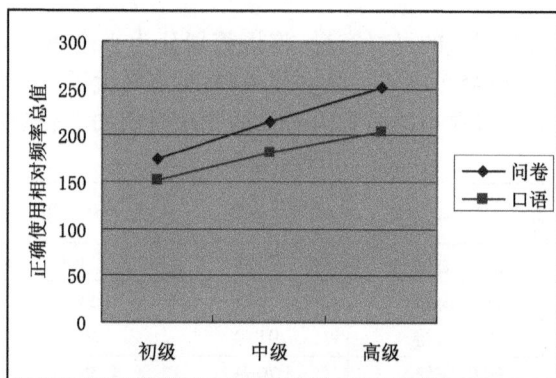

图 2.13　各级被试者语篇衔接正确使用相对频次总值

被试者问卷与口语语篇衔接正确使用相对频次总值两相对比结果显示，前者相对高于后者，这主要是由于口语语篇调查中被试者因为话题内容选择存在较大自由度，可能存在有意回避或者无需使用某些语篇衔接手段的情况，无法如实施条件控制的问卷调查那般使用语篇衔接的所有手段，因而会出现某些相对频率值的缺失，使得口语语篇正确使用相对频次总值略低于问卷的现象。

上图结果也同时显示被试者在问卷和口语语篇应用中的发展趋势完全一致，即由初级到高级的语篇衔接相对频率总值逐步递增的事实，说明被试者书面语和口语语篇衔接应用能力随着学习级别的提升而有所增强，符合语言学习的一般规律。

（二）各衔接手段正确使用相对频次总值比较

综合表 2.1、表 2.3、表 2.5、表 2.7 中语音、词汇、语法、语用各衔接子项目正确使

用相对频次,分别进行综合计算后,所得结果如下表所示:

表2.13 各衔接手段正确使用相对频次总值

	语音衔接	词汇衔接	语法衔接	语用衔接
问卷	44.7	164.1	383.2	47.4
口语	45.6	156.1	300	36.2
合计	90.3	320.2	683.2	83.6

被试者问卷语篇应用正确使用相对频次为:语法衔接(383.2)>词汇衔接(164.1)>语用衔接(47.4)>语音衔接(44.7),口语语篇应用正确使用相对频次为:语法衔接(300)>词汇衔接(156.1)>语音衔接(45.6)>语用衔接(36.2),两组正确使用相对频次对比结果如下图所示:

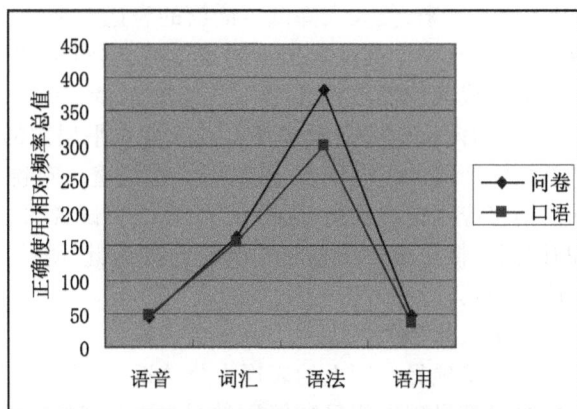

图2.14 各衔接手段正确使用相对频次总值

由图2.14可知,在问卷和口语的语音和语用衔接正确使用相对频次值的序位略有差异,但是并未影响其总体趋势的一致性。上图结果显示:被试者在问卷和口语语篇衔接各项目应用中的基本趋势完全相近,即语篇衔接各项目类别的应用情况大体一致。就正确使用相对频次总值而言,由高到低次序均为:语法衔接(683.2)>词汇衔接(320.2)>语音衔接(90.3)>语用衔接(83.6)。

其中,语音衔接、语用衔接正确使用相对频次总值普遍偏低,都处于最低区间。这说明被试者对于语音衔接中的音节数量均衡问题、语音韵律协调问题、语音停顿别义以及语用衔接中的汉语意合句、"把/被"形式标记句、主题句的选择等项目掌握情况均不够理想。

(三)问卷与口语应用情况对比分析

结合被试者问卷结果与录音转写材料分析,我们发现被试组在问卷和口语这两种不同形式考察中的结果存在以下特点:

1.语音衔接项目应用结果基本一致。

无论是书面问卷考察还是口语考察,被试者在语音衔接项目应用上的表现十分接近:无论是口语还是问卷的正确使用,相对频次值都偏低。此外,初级、中级、高级被试者的结果也基本相同,水平层次差异并不明显。这充分说明被试者对于语篇衔接的语音衔接项目应用效果不理想:在限定性的问卷中对语音衔接不能做出正确选择,在口语表达中也极少具备应用语音衔接手段来构建语篇的意识。

2. 词汇衔接手段内部子项目应用不均衡。

结合录音转写及问卷材料分析,我们发现,被试者问卷语篇考察中的词汇衔接手段内部子项目应用极不均衡,主要体现为被试者在口语语篇中词汇重复手段使用频繁,也能合理运用上下义词汇衔接手段,但在口语语篇中近义、反义词汇衔接手段的使用比较少见,被试者在口语和问卷考察中,对于词汇重复及上下义手段的应用效果,都明显好于近义、反义词汇的衔接手段。相对于采用词汇重复和上下义衔接等平面、直线式的词语组织方式而构建的语篇而言,运用近义、反义衔接等词语组织方式构成的语篇宛如一个立体网络,后者的理解难度明显大于前者,因此,被试者出于求简趋稳的心理,往往回避使用。如此一来,便大大降低了语篇的表达效果。

而在口语语篇的考察中,由于被试者出于回避策略,尽量不使用自己没把握的衔接方式,因此,词汇重复便成为他们的首选,不仅初级被试者如此,中、高级被试者也大致相似,因而在口语语篇的词汇衔接中未体现出被试者水平层次的差异;由于问卷材料综合考察了被试者词汇衔接的不同层次,被试者无法回避。问卷应用结果较为全面地反映了被试者词汇衔接应用情况的内部差别:中、高级被试者明显好于初级被试者,且中、高级被试者的词汇衔接正确使用相对频次较为接近,说明被试者在中级就已基本掌握词汇衔接的应用技巧。

3. 语法衔接应用情况大体相同。

被试者在语篇词汇衔接项目应用上的表现十分接近:无论是口语还是问卷考察中的正确使用相对频次总值都呈现出明显的级别差异:中、高级被试者的语法衔接应用效果明显好于初级被试者,且中、高级被试者效果较为接近。结合录音转写及问卷材料,我们发现,被试者在口语语篇的语法衔接应用中,指称、替代及关联词连接手段运用较为频繁,且总体正确率不低,尤其以关联词使用最为突出。

此外,被试者在关联词使用中存在一个普遍现象,即所选用的关联词主要集中在以下几类关联词上:因果类(因为……所以)、转折类(但是/可是/不过)、并列类(又……/还……),而对于表假设、让步、递进、条件类的关联词应用较为少见。

但在口语及问卷考察中,被试者省略手段的应用情况都不甚理想,名词和动词、主语和宾语的重复使用比比皆是,语篇较为累赘。

4. 语用衔接的问卷和口语考察存在明显的级别差异。

问卷调查结果显示被试者对汉语意合句的理解准确率较高,达到81.4%。但对于汉语特有的"把/被"形式标记句、以及主题句的选择应用存在较为明显的混用现象,不能根据具体的语篇语境选择相应的句式以实现语义的衔接与连贯,这说明被试者语用衔接手段应用情况不理想。而在口语语篇衔接应用中,语用衔接使用不多,被试者倾向于用最简单的句子表达信息,极少运用意合法构建语篇以表示时空、心理或事理推进逻辑关系,而倾向于采用"主-谓-宾"的常规结构,或采用表示处置意义的"把"字句或遭受意义的"被"字句。但在语篇表述中极少出现变式句或主题句,因此,口语语篇衔接手段缺少变化,语篇表达效果不佳。

第六节　本章小结

一、总体研究结果表明,被试者在不同形式的语篇衔接应用考察中的总体趋势较为一致,语篇衔接各项目的应用情况存在差异,其正确使用相对频次总值由高到低次序均为:语法衔接(683.2) > 词汇衔接(320.2) > 语音衔接(90.3) > 语用衔接(83.6)。其中,语音衔接、语用衔接正确使用相对频次总值普遍偏低,都处于最低区间,这说明学习者对于语音衔接中的音节数量均衡、语音韵律协调、语音停顿别义以及语用衔接中的意合句、"把/被"形式标记句、主题句的选择等项目掌握情况均不够理想。其中,汉字形－音－义认知通路和语境因素是语音衔接应用最为关键的影响因素,而语篇视角与认知语境因素则对学习者语用衔接应用能力产生重要影响。

二、在具体的衔接项目应用中,被试者问卷与口语语篇考察结果也揭示了一个较为一致的现象:在词汇重复、指示指称、人称指称、名词性替代、动词性替代以及关联词衔接等方面正确使用相对频次较高,应用情况普遍较好,而在语音音节数量、韵律协调、名词性省略、句式选择等方面的衔接正确使用相对频次普遍偏低,效果不佳。这说明语篇衔接形式较为明显的衔接手段较容易被掌握,而衔接形式不明显,需要调动语境认知策略加以确认,因而隐性衔接手段,如意合法、语篇构建中的句式选择等衔接方式掌握难度相对更大,这是导致内部子项目应用情况存在差异的直接因素。

而口语考察的具体情况则从另一个侧面印证了这一现象。被试者在口语表述中倾向于大量采用词汇重复、指称、替代、关联词等有形的显性衔接手段,倾向于使用"主－谓－宾"的常规句式结构,对于语音衔接、词汇中的近义、反义、上下义衔接以及意合句、主题句等较为隐性的衔接手段应用较少,或者出于回避策略,甚至完全不用。这一倾向导致被试者语篇表达呈现趋低、趋同的现象,即衔接较为明显地集中于一些简单的手段上,语篇结构单调、表达效果不佳,且无法客观体现初级、中级、高级被试者在衔接应用水平层次上的差异性。

三、被试者小语篇和大语篇的正确使用相对频次总值的方差检验结果表明二者不存在差异显著性,说明语篇单位大小对语篇衔接的使用并未曾产生明显影响。根据语篇的本质属性,由于语篇是一个语义完整的语言单位,那么也就意味着组成语篇的句子之间具有紧密的逻辑语义关系,也正是由于其紧密的逻辑语义关系,一个常规的"语篇"在意义上具有相对的独立性与完整性,无论语篇单位大小程度如何,当它被从某一整体文本语流中切分出来后,仍能保持自身作为语义句法单位的基本特征。因此,被试者语篇衔接考察受语篇单位大小的影响并不显著。这也再次验证了韩礼德的结论:语篇与句子和小句的关系不在于篇幅的长短,而在于衔接。

第三章 语篇衔接的习得特征分析与语篇能力标准的修订

第一节 语篇衔接习得偏误类型及数量分布

一、语篇衔接偏误类型分析

根据问卷调查语料及口语调查录音转写材料,我们对于被试者的语篇衔接偏误做如下归类[①]:

(一)音节失衡:指语篇内前后小句句末的音节数量不对称,或者说音节不均衡而导致语篇连贯性受到影响的现象。如:

＊(1)一日一苹果,医生远离我们。

＊(2)明白过去不容易,才知今日幸福。他忘不了以前艰难的日子,所以更珍惜现在的生活。

(二)韵律失调:指语篇内前后小句句末音节缺乏协调性,造成韵律不和谐,从而导致语篇整体连贯性不强的问题。如:

＊(3)一日一苹果,医生远离你。

＊(4)珍视上天对你的每一种恩赐,即使是困难。珍惜人生路上每一次相逢,哪怕是不多。

(三)停顿不当:指语篇由于语音停顿不正确而对语篇的结构关系造成破坏,导致语篇整体意义失去连贯的现象。如:

＊(5)这个老太太想我,就是不喜欢吃辣的。

＊(6)只有大学毕业证是不够的,我们不但要读/好书,还要做/好人。

(四)指称混用:指在语篇中将某类指称形式混同于另一指称形式,由于指称意义与用法上彼此干扰甚至混用而导致语篇衔接不当的现象。指称混用主要包括人称指称代词"你"、"我"、"他"的混用以及指示指称中"这"与"那"的混用。如:

＊(7)不是,我是卖瓜子,他问我为什么这样问我?

[①]文中带＊的句子均为偏误句,本文偏误的分类主要参照周小兵、李海鸥《对外汉语教学入门》中的分类方法,结合被试语篇衔接偏误的实际应用情况略有调整。

*（8）我对他很感谢,我很感谢你啊。这是我最难忘的一件事。

*（9）老鼠对猫说,他的大姐快要生孩子了,让我去看她。猫说,路上小心狗。

*（10）从那个时候,每次看到老鼠,猫都是很快地赶着去捉老鼠,从这以后,猫和老鼠完全不住在一起。

（11）二十年前,他去过桂林。那时桂林还只是个小城市,但这儿的美景让他念念不忘。

（五）关联词遗漏:指语篇中缺乏必要的关联词成分,造成语篇内部结构残缺,影响语篇语义的整体连贯性的现象。如:

*（12）猫说,你去,快些回来吧。老鼠答应了往外走。

*（13）有人怕累怕苦,不坚持锻炼,有事他不能过去。

*（14）过去,内地和沿海的差距很大。很多内地商品不是质量比沿海的差,价格比内地高。现在这类不良现象已经基本消失了。

（六）反义词衔接不当:反义词衔接不当在语篇衔接中主要表现为对"反义词"语法形式的曲解,以"不"作为构成反义词的简便手段,尽管对语义连贯上没造成明显的影响,但不符合语篇中词汇衔接的基本要求。如:

*（15）你看,他现在怎么又哭又笑的,到底是为这事感到高兴,还是感到不高兴啊?

*（16）"爱"这个字最简单、最通俗、最高雅,同时这个字也不简单、不通俗、不高雅。

（七）名词性省略泛化:指在语篇中片面扩大了省略手段的适用范围,名词省略运用过度而造成语义对象指称不明,破坏语篇衔接,导致语义连贯不顺畅的现象。如:

*（17）猫走在前面,老鼠跟在后面,到了那个藏桶猪油的地方,一看就地上满的都是老鼠的脚印啊。

*（18）表情在反映一个人的情绪时占有很重要的地位,也就是说,是显示一个人的主要标志。虽然一个人生气时可以控制,但其他部位,如身体动作,在无意中很可能泄露他背后的真实。

（八）连接词冗余:即在语篇中错误复加连接词的现象,主要表现为语篇中关联词语的不当叠加使用。如:

*（19）但是可是一打开那桶猪油,所以就那桶猪油见底了。

*（20）本品用银花、连翘等中药配制而成,并且具有祛寒退热的功能。

（九）连接词错序:指发生在语法衔接中的连接词位置顺序不当的现象。即由于

连接词位置处理不当,影响语篇内部结构或语义关系的衔接一致性。如:

　　*(21)猪油放在家里……就我一看到会很想吃,还是我们把它放到远一点的地方去吧。

　　*(22)不但赵州桥坚固美丽,而且表现了中国人民的勤劳和智慧,是我国的宝贵遗产。

(十)"把"字标记句泛化:即违背了"把"字标记句特定的语法限制条件,而将使用条件过度扩大,破坏语篇的语义整体性或造成语篇视角转换不当的问题。如:

　　*(23)这是最把我在心上很想她,很难忘一个朋友。

　　*(24)一阵风过去了,街上的小摊儿,行人,风好像把他们都卷走了,全不见了,只剩下树枝随着风狂舞。

(十一)其他:在语篇应用中某些偏误现象较为少见,且规律性不强,无法做出独立归类,归并为"其他"类。主要有以下几种情况:

1.句式杂糅,如:

　　*(25)去年我们家盖了一座房子,房子被盖在东面,房子现在已经盖好了,我们还买齐了家具和电器。

　　*(26)小毛爬到床底下,偷偷躲了起来,使妈妈找了好久,终于把他找到,从床底下拉了出来,送到幼儿园去了。

2.指称手段连用不当,如:

　　*(27)他全部都明白了。很生气,大声说,是这老鼠你吃完了!

　　*(28)有一个老人来,想买辣椒,就问他那些他们辣椒辣不辣。

3.关联词不符合语篇语境,如:

　　*(29)小明非常喜欢玩电脑。他因为有时间就上网,常常连饭都忘记吃,是个十足的"网虫"。

　　*(30)他不知道和平商场在哪儿,也不会挑选礼物,最好别叫他去买。今天你和我都不忙,不然的话我们自己去吧。

4.回避,如:

　　*(31)因为我同屋有一个奇怪的爱好,吃饭的时候他放钱包在桌子上。

　　*(32)他求主是帮他变那个十字架小一点,他抬得比较轻松一下,不要太累。

以上语篇衔接偏误类型主要表现为语内偏误。所谓语内偏误是指习得过程中并非因为学习者母语负迁移所产生的学习干扰,而是由于学习者目的语相关知识的缺乏或者由于目的语规则内部的干扰所产生的偏误。

以上语篇衔接偏误类型中,母语与目的语的干扰并不明显,而由于目的语内部干扰或因目的语规则掌握不充分等因素导致的偏误现象较为突出:

目的语内部的干扰,如(四)指称混用、(七)名词性省略泛化同一般省略形式混淆;目的语规则掌握不充分,如(一)音节失衡、(二)韵律失调、(三)停顿不当、(五)关联词遗漏、(六)反义词衔接不当、(八)连接词冗余、(九)连接词错序、(十)"把"字标记句泛化以及(十一)其他类中的句式杂糅、指称手段连用不当、关联词不符合语篇语境等等。

除了语内偏误外,某些衔接偏误类型是学习者在语言使用中采用简化或者回避等处理方式所导致,这在一定程度上反映了学习者的认知偏误,即与学习者的学习策略或交际策略相关的偏误问题:

简化策略,如(七)名词性省略泛化;回避策略,如(十一)其他类中"把"字标记句的回避现象等等。

认知偏误同目的语的标记性、语言的自然度以及人们趋简避繁的认知特点有关。学习者受其第二语言知识的限制,趋向于应用标记性弱,自然度高的语言形式,同时当语言形式使用条件限制较为多样化时,较容易出现求易倾向,力求避免使用自身把握性不强的语言形式,而倾向于选择标记性相对较弱的语言形式。如不少初级被试者在应当采用"把"字标记句的语篇中选择了标记性不强的"主-谓-宾"结构形式。而名词性省略泛化偏误的在中级乃至高级被试者中的居高不下现象,更充分说明了人们趋简避繁的认知特点,这并非代表学习者没有掌握汉语语篇名词省略知识,相反,正是由于他们对于名词省略形式的充分掌握,且在"求简"的认知策略驱动下对名词省略形式运用过度而导致偏误的大量产生。

以上情况从语篇衔接习得角度再次印证了第二语言习得偏误理论中所指出的一个普遍性规律:语际偏误与语内偏误之间并不存在十分严格的界限,但随着学习者学习时间的推移,来自母语负迁移的语际偏误影响并不突出,而目的语规则的语内干扰则成为最为关键的影响因素。同时,语言学习者的认知策略不当也是导致偏误产生的另一个不可忽视的因素,认知偏误同语言偏误一样,都对学习者的最终习得结果产生影响。

二、语篇衔接偏误类型数量分析

表3.1　各级各类语篇衔接偏误类型频次及比例(%)

语料类型 偏误类型 水平阶段	问卷语料			口语语料			合计	所占比例（%）
	初级	中级	高级	初级	中级	高级		
1 音节失衡	131	173	120	5	3	2	434	9.56

续表

2 韵律失调	129	165	116	7	3	3	423	9.32
3 停顿不当	125	164	107	2			397	8.75
4 指称混用	129	166	124	1	1		421	9.28
5 关联词遗漏	127	171	117	2	1	1	419	9.23
6 反义词衔接不当	122	164	119	1	1		407	8.98
7 名词性省略泛化	95	175	146	3	5	9	433	9.54
8 连接词冗余	139	185	112	2	1	1	440	9.70
9 连接词错序	143	162	92	3	1	1	402	8.87
10 "把"字标记句泛化	131	177	115	3	1	1	428	9.43
11 其他	96	143	92	1	2		334	7.36
偏误总频次	1367	1845①	1260	29	19	18	4538	
衔接总频次	5472	7600	5472	43	69	85		

表3.2 各级各类语篇衔接偏误的相对频次与总频次(%)

语料类型 偏误类型 水平阶段	问卷语料			口语语料			总频次(合计)
	初级	中级	高级	初级	中级	高级	
1 音节失衡	2.39	2.28	2.19	5.95	2.36	1.53	16.70
2 韵律失调	2.36	2.17	2.12	8.33	2.36	2.29	17.46
3 停顿不当	2.26	2.16	1.96	1.19			7.59
4 指称混用	2.36	2.18	2.27	1.19	0.79		8.79
5 关联词遗漏	2.32	2.25	2.14	2.38	0.79	0.77	10.64
6 反义词衔接不当	2.23	2.16	2.18	1.19	0.79		8.54
7 名词性省略泛化	1.74	2.30	2.67	3.57	3.94	6.87	20.11
8 连接词冗余	2.54	2.43	2.05	2.38	0.79	0.76	10.95
9 连接词错序	2.61	2.13	1.68	3.57	0.79	0.76	11.55
10 "把"字标记句泛化	2.39	2.33	2.10	3.57	0.79	0.76	11.95
11 其他	1.75	1.88	1.68	1.19	1.58		8.08
相对频次总和	24.98	24.28	23.03	34.52	14.96	7.56	

---

①由于中级被试者人数为50,初级和高级被试者分别为36人,因此,中级被试者产生的偏误总频次最高。

（相对频次 = 各阶段某类语料中衔接频次/各阶段某类语料衔接总频次；总偏误频次 = 某类衔接偏误在所有各阶段语料中的总频次/全部阶段所有语料中衔接总频次）

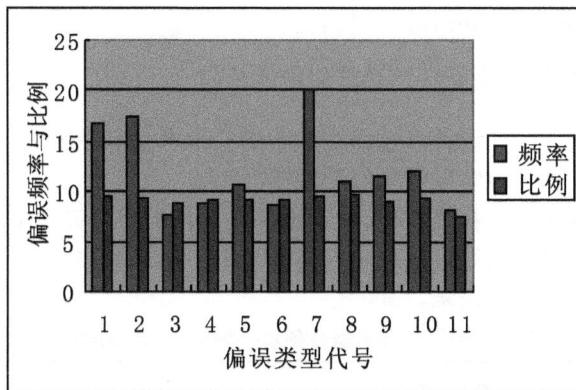

图3.1　各类语篇衔接偏误类型总频次及所占比例

根据表3.1，语篇衔接偏误类型频次比例由高到低排序为：

连接词冗余（9.7）>音节失衡（9.56）>名词性省略泛化（9.54）>"把"字标记句泛化（9.43）>韵律失调（9.32）>指称混用（9.28）>关联词遗漏（9.23）>反义词衔接不当（8.98）>连接词错序（8.87）>停顿不当（8.75）>其他偏误（7.36）。

根据表3.2，语篇衔接总频率由高到低排序为：

名词性省略泛化（20.11）>韵律失调（17.46）>音节失衡（16.70）>"把"字标记句泛化（11.95）>连接词错序（11.55）>连接词冗余（10.95）>关联词遗漏（10.64）>指称混用（8.79）>反义词衔接不当（8.54）>其他偏误（8.08）>停顿不当（7.59）。

综合以上结果，我们发现，语篇衔接中的名词性省略泛化、韵律失调、音节失衡、"把"字标记句泛化这几类偏误是总体偏误类型中相对较为突出的项目。此外，由于被试在口语考察中或出于语篇内容的限制或出于回避策略原因，部分偏误类型出现了缺失值，但这并不代表该项目的口语考察情况好于问卷。

根据表3.1与表3.2，我们可以看出语篇衔接各偏误类型数量分布呈以下特点：

（一）语篇衔接偏误率较高，衔接应用效果不甚理想。根据表3.1数据显示，问卷与口语录音这两类语料衔接总频次为18886（问卷为18544，口语录音为342），偏误总频次为4538（问卷为4472，口语录音为66），累计总偏误率为24.03%，偏误率接近总值的1/4。

（二）初级、中级、高级被试者语篇衔接各偏误类型比例较为接近，级别差异不大。根据表3.1数据显示，除"其他"类型外，各衔接偏误类型的比例均处于8.75%到9.70%之间，偏误类型的内部层次差异不明显，说明初级、中级、高级被试者对这些衔接类型的掌握程度较为接近。

（三）衔接偏误类型涉及层面广，分布跨度大。被试者衔接偏误类型涉及到语音衔接、词汇衔接、语法衔接、语用衔接等各个层面，衔接偏误在初级、中级、高级被试者语料中均不乏以上类型。

被试者语篇衔接偏误类型的基本特征显示偏误分布及延续周期与项目的难易程

度成正比。偏误的分布越广、延续周期越长,相关项目的习得难度越高,反之亦然。正如周小兵所言,高级阶段的偏误一般是难度高的项目,但初级阶段的偏误不一定是容易的项目,关键视偏误延续时长而定[①]。

三、语篇衔接偏误类型在各水平等级中的分布

我们将各语篇衔接偏误类型按照被试者的汉语水平等级组进行归类,计算各个语篇衔接偏误类型在各学习阶段的相对使用频次。

本数据统计所涉及的初级水平、中级水平以及高级水平等级组的语料均来源于被试者调查问卷以及口头语篇表达的录音转写材料。各语篇衔接偏误类型在各学习阶段的相对使用频次如下表所示:

表 3.3　各语篇衔接偏误类型在各水平等级中的相对使用频次(%)

水平等级 ＼ 偏误类型	初级	中级	高级	合计
1 音节失衡	2.47	2.29	2.20	6.96
2 韵律失调	2.47	2.19	2.14	6.80
3 停顿不当	2.28	2.14	1.93	6.35
4 指称混用	2.36	2.38	2.23	6.97
5 关联词遗漏	2.34	2.24	2.12	6.70
6 反义词衔接不当	2.23	2.15	2.14	6.52
7 名词性省略泛化	1.78	2.35	2.79	6.92
8 连接词冗余	2.56	2.43	2.03	7.02
9 连接词错序	2.65	2.13	1.67	6.45
10 "把"字标记句泛化	2.43	2.32	2.09	6.84
11 其他	1.76	1.89	1.66	5.31
相对使用频次总和	25.33	24.51	23.00	

(偏误相对频次 = 某类衔接偏误在某水平层次组中的偏误频次之和/该水平层次组衔接偏误总频次)

根据上表数据,被试者语篇衔接偏误延续期由长到短递减的基本序列如下:

连接词冗余(7.02)>指称混用(6.97)>音节失衡(6.96)>名词性省略泛化(6.92)>"把"字标记句泛化(6.84)>韵律失调(6.80)>关联词遗漏(6.70)> 反义词衔接不当(6.52)>连接词错序(6.45)>停顿不当(6.35)>其他偏误(5.31)。

根据上表,被试者语篇衔接各偏误类型在各水平层次的分布具有以下特征:

---

① 周小兵《学习难度的测定与考察》,《世界汉语教学》,2004 年第 4 期。

（一）语篇衔接各偏误类型在各水平层次的使用相对频次总体较为接近，但从初级到高级水平层次被试者的偏误类型相对频次呈明显递减趋势：初级（25.33）＞中级（24.51）＞高级（23.00）。这说明随着学习水平的提高，偏误程度逐步减弱，符合习得的一般规律。

（二）语篇衔接各偏误类型在各水平层次中的相对频次虽然存在一定差别，但频次值较为接近，初级、中级、高级被试组之间的水平差距并不显著。这说明被试者在以上语篇衔接中都存在程度较为接近的偏误，习得效果并不理想。

（三）语篇衔接各偏误类型在初级、中级、高级水平层次被试组中都有所体现，且持续时间长，偏误跨越了各个水平层次；分布面广，涉及到了语音衔接、词汇衔接、语法衔接和语用衔接的各个层面。

（四）在衔接偏误类型中出现了两种异于总体趋势的现象：

1."名词性省略泛化"这一偏误类型由初级到高级发展，偏误相对频次反而呈递增趋势：初级（1.78）＜中级（2.35）＜高级（2.79），高级阶段的偏误相对频次值尤为突出，在名词性省略方面出现了"化石化"的倾向。

名词性省略的衔接手段符合人们普遍具有的以"简化"为基本特征的认知习惯。从这一角度分析，被试者并非没掌握名词性省略的衔接手段，而是过于习惯于运用符合"简化"认知特征的省略手段，甚至于忽略了语篇整体意义的连贯性，名词性省略使用过度导致语篇衔接偏误的产生。

2."指称混用"偏误与"其他"偏误类型由初级到高级发展，偏误相对频次出现了中级偏误相对频次大于初级的现象。由于"其他"偏误类型涉及的偏误现象比较繁杂，不能一概而论，在此我们重点讨论"指称混用"。

指称混用的偏误相对频次为：高级（2.23）＜初级（2.36）＜中级（2.38），呈现"U"型走向，违反由初级到中级再到高级偏误程度逐渐减弱的发展常态。

学习者在习得某些语言项目的时候可能经历"U"型走向的三个阶段，这与大脑的遗忘规律与新知识掌握之间的冲突有关：由于遗忘规律的客观性以及新知识对大脑带来的新负担的影响，大多数人在学习某一知识一年左右会有一定程度的退步，出现了中级阶段偏误反而高于初级阶段的现象，进入学习的低谷期。而后经历更长时间的学习，随着原有知识的不断复现与应用，知识整合更为优化，学习效果会更为理想，进入提升阶段[①]。

四、各语篇衔接偏误类型在不同语体材料中的分布

我们根据语料来源的获取方式作为划分语体材料类型的依据。将问卷材料归入书面语篇语料，将口头语篇表达的录音转写材料归入口语语篇语料，并将各语篇衔接偏误类型在各类语体材料中的相对使用频次进行计算，结果如下表：

表3.4　**各语篇衔接偏误类型在不同语体材料中的相对使用频次（%）**

[①]Freeman，D. L. and long，M. H. An Intruduction to Second Language Acquisition Research，1991.《第二语言习得研究概况》，外语教学与研究出版社，2000 年，第106 页。

偏误类型 水平等级	问卷语料	口语语料
1 音节失衡	2.29	5.08
2 韵律失调	2.21	6.60
3 停顿不当	2.14	0.51
4 指称混用	2.26	1.02
5 关联词遗漏	2.24	2.03
6 反义词衔接不当	2.18	1.02
7 名词性省略泛化	2.24	8.63
8 连接词冗余	2.35	2.03
9 连接词错序	2.14	2.54
10 "把"字标记句泛化	2.28	2.54
11 其他	1.78	1.52
相对使用频次总和	24.11	33.52

（偏误频次＝某类衔接偏误在某类语体材料中的总频次/该语体材料中语篇衔接总频次）

根据上表数据可知,各语篇衔接类型在不同语体中的分布特征具有以下特征:

（一）总体而言,口语语料中各语篇衔接偏误频次总和明显大于书面语料:书面语篇材料(24.11)＜口语语篇材料(33.52)。相对于口语语篇而言,书面语篇的可计划性更强,实施语言监控的程度更高,因此,书面语篇材料的偏误频次总和小于口语语篇材料。

（二）口语语料内部的差异相对书面语料而言更为明显:问卷语料中各语篇衔接偏误的频次值相对均衡,介于2.35与1.78之间。而口语语料中各语篇衔接偏误的频次值差异较大,最大值为8.63,最小值仅为0.51。

（三）口语语料中偏误频次明显偏高的类型是:音节失衡、韵律失调以及名词性省略泛化。这与口语语篇表达中说话人更倾向于关注交际内容与意义,而非语言形式,即偏误与口头会话中由于时间、场合的限制,无法进行事先计划等因素有密切相关[1]。

相对口语语篇内部各偏误类型纵向比较以及问卷书面语料各偏误类型横向比较而言,口语语料中的停顿不当、指称混用以及反义词衔接不当等偏误类型的频次值都处于较低的水平。这是由于在这些衔接项目使用中,因交际内容限制,无需采用该衔接手段或者被试者出于交际策略回避使用该衔接手段,因此中、高级阶段出现了部分缺失值,从而使相应衔接项目的相对频次值趋低。口语语料中的这类情况带有一定偶

---

[1]Ellis, R. Interkanguage variability in native discourse: style shifting in the use of the past tense, Studies Second Language Acquisition, Vol. 9, 1987.

然性,为避免片面性,应结合书面语料进行综合分析。

第二节　语篇衔接习得顺序分析

一、基于问卷语料结果的习得顺序分析

(一)基于正确使用相对频次法的习得先后顺序分析

将问卷调查语料中各语篇衔接项目在各阶段的正确使用相对频次进行统计,通过衔接项目之间正确使用相对频次由高到低的顺序作为确定各语篇衔接项目习得先后顺序的参照指标。

表3.5　问卷考察各衔接项目正确使用相对频次表　　（%）

项目	4	9	7	11	10	8	19	22	3	18	12	5	21	17	6	16	14	20	2	23	24	13	15	1
初级	20.3	21.5	18.4	17.3	13.3	10.4	6.5	9.7	7.4	7.6	6.2	6.4	5.2	5.5	4.1	1.6	3.7	1.8	1.4	1.1	0.9	1.6	1.7	0.8
中级	26.7	20.4	19.7	15.9	18.1	15.3	13	11.4	9.7	8.9	8.7	7.7	7.1	5.9	5.3	3.8	3.4	2.6	2.7	1.9	1.3	1.9	1.9	1.3
高级	19.2	22.9	19.9	18.4	19.4	19.1	15.3	13.6	14.9	9.5	8.9	9.6	8.9	7.4	6.8	9.6	3.6	5.2	3.8	3.4	4.1	2.3	1.9	2.7
合计	66.2	64.3	58	51.6	50.8	44.8	34.8	34.7	32	26	23.8	23.7	21.2	18.8	16.2	15	10.7	9.6	7.9	6.4	6.3	5.8	5.5	4.8
顺序	1	2	3	4	5	6	7	8	9	10	11	12	13	14	15	16	17	18	19	20	21	22	23	24

根据正确使用相对频次法,问卷考察结果显示,被试者的语篇衔接习得先后顺序为:

X4 > X9 > X7 > X11 > X10 > X8 > X19 > X22 > X3 > X18 > X12 > X5 > X21 > X17 > X6 > X16 > X14 > X20 > X2 > X23 > X24 > X13 > X15 > X1——简称顺序A1。

即 X4 词汇重复 > X9 指示指称 > X7 上下义 > X11 名词性替代 > X10 比较指称 > X8 人称指称 > X19 连接用词 > X22 意合句 > X3 停顿 > X18 小句性省略 > X12 动词性替代 > X5 近义 > X21 连接词数量 > X17 动词性省略 > X6 反义 > X16 名词性省略 > X14 小句性条件替代 > X20 连接词位置 > X2 韵律 > X23"把/被"形式标记句 > X24 主题句 > X13 小句性引语替代 > X15 小句性情态替代 > X1 音节。

我们对表3.5 中各衔接项目之间的差异进行单因素方差分析,所得结果为 P = 0.043 < 0.05,说明各项目间存在差异显著性。

(二)基于准确度蕴涵量表法的习得难度顺序分析

采用蕴涵量表法,可以求出各语篇衔接项目之间的难易顺序,并能显示出各级被试者之间的水平等级差异。

具体的计算办法是:首先将被试者语篇衔接项目的准确率按照80%准确率的标准进行二分变量转换。准确率大于等于80%便视为已习得,转换为变量1,否则,若准确率小于80%则被视为未习得,转换为变量0。根据最终结果列矩阵,由横轴体现语篇衔接项目的难易顺序,纵轴体现被试者的水平等级。

表3.6　问卷考察各衔接项目准确度蕴涵量表

易→难

阶段 项目	4	9	7	11	10	8	19	22	3	12	18	5	16	15	21	17	6	14	20	2	23	24	13	1
初级	1	1	1	1	0	0	0	0	0	0	0	0	0	0	0	0	0	0	0	0	0	0	0	0
中级	1	1	1	1	1	1	1	1	1	1	1	0	0	0	0	0	0	0	0	0	0	0	0	0
高级	1	1	1	1	1	1	1	1	1	1	1	1	1	0	0	0	0	0	0	0	0	0	0	0
正确	3	3	3	3	2	2	2	2	2	2	2	1	1	0	0	0	0	0	0	0	0	0	0	0
错误	0	0	0	0	1	1	1	1	1	1	1	2	2	3	3	3	3	3	3	3	3	3	2	3

结合上表数据，根据准确度蕴涵量表法所得出的问卷考查结果，语篇衔接项目习得难度顺序为：

X4 > X9 > X7 > X11 > X10 > X8 > X19 > X22 > X3 > X12 > X18 > X5 > X16 > X15 > X21 > X17 > X6 > X14 > X20 > X2 > X23 > X24 > X13 > X1——简称顺序 B1。

即 X4 词汇重复 > X9 指示指称 > X7 上下义 > X11 名词性替代 > X10 比较指称 > X8 人称指称 > X19 连接用词 > X22 意合句 > X3 停顿 > X12 动词性替代 > X18 小句性省略 > X5 近义 > X16 名词性省略 > X15 小句性情态替代 > X21 连接词数量 > X17 动词性省略 > X6 反义 > X14 小句性条件替代 > X20 连接词位置 > X2 韵律 > X23 "把/被"形式标记句 > X24 主题句 > X13 小句性引语替代 > X1 音节。

问卷语料的两种分析结果显示，除 X15（小句性情态替代）的顺序变动相对明显外，其余 23 个项目的顺序差异不明显。这充分说明采用上述两种方法所得出的习得先后顺序是颇为一致的。

二、基于口语语料结果的习得顺序分析

（一）基于正确使用相对频次法的习得先后顺序分析

将口语调查语料中各语篇衔接项目在各阶段的正确使用相对频次进行统计，通过衔接项目之间正确使用相对频次由高到低的顺序作为确定各语篇衔接项目习得先后顺序的参照指标。

表 3.7　口语考察各衔接项目正确使用相对频次表　　（%）

项目	11	10	4	9	19	7	8	6	23	1	5	16	2	20	21	22	12	3	18	17	13	14	24	15
初级	21.2	19.7	18.7	12.4	12.3	12.4	11.2	9.7	7.5	6.3	6.7	3.7	4.5	3.2	2.6	0	0	0	0	0	0	0	0	0
中级	20.7	22	20.3	14.6	16.2	14.7	13.7	11.2	10.7	9.4	8.5	5.5	6.7	5.7	4.7	2.4	0.9	0	0	0	0	0	0	0
高级	21.6	21.3	18.9	16.1	14.4	14.3	14.5	12.6	12.2	11.5	8.1	11.4	7.2	8.1	7.3	3.4	1.6	0	0	0	0	0	0	0
合计	63.5	63	57.9	43.1	42.9	41.4	39.4	33.5	30.4	27.2	23.3	20.6	18.4	17	14.6	5.8	2.5	0	0	0	0	0	0	0
顺序	1	2	3	4	5	6	7	8	9	10	11	12	13	14	15	16	17	18	19	20	21	22	23	24

根据上表数据，采用正确使用相对频次法，问卷考察结果所显示的各语篇衔接项目习得先后顺序为：

X11 > X10 > X4 > X9 > X19 > X7 > X8 > X6 > X23 > X1 > X5 > X16 > X2 > X20 > X21 > X22 > X12 > X3 > X18 > X17 > X13 > X14 > X24 > X15——简称顺序 A2。

即 X11 名词性替代 > X10 比较指称 > X4 词汇重复 > X9 指示指称 > > X19 连接用词 > X7 上下义 > X8 人称指称 > X6 反义 > X23"把/被"形式标记句 > X1 音节 > X5 近义 > X16 名词性省略 > X2 韵律 > X20 连接词位置 > X21 连接词数量 > X22 意合句 > X12 动词性替代 > X3 停顿 > X18 小句性省略 > X17 动词性省略 > X13 小句性引语替代 > X14 小句性条件替代 > X24 主题句 > X15 小句性情态替代。

（二）基于准确度蕴涵量表法的习得难度顺序分析

采用准确度蕴涵量表法，得出各语篇衔接项目之间的难易度蕴涵量表，结果如下：

表 3.8　口语考察各衔接项目准确度蕴涵量表

易→难

阶段 项目	11	10	4	9	7	8	19	6	23	1	2	5	16	15	21	22	12	3	18	17	13	14	24	15
初级	1	1	1	1	1	1	0	0	1	0	0	0	0	0	0	0	0	0	0	0	0	0	0	0
中级	1	1	1	1	1	1	1	1	0	1	0	0	0	0	0	0	0	0	0	0	0	0	0	0
高级	1	1	1	1	1	1	1	1	1	1	1	1	1	0	0	0	0	0	0	0	0	0	0	0
正确	3	3	3	3	3	3	2	2	2	2	1	1	1	0	0	0	0	0	0	0	0	0	1	0
错误	0	0	0	0	0	0	1	1	1	1	2	2	2	3	3	3	3	3	3	3	3	3	2	3

结合上表数据，根据准确度蕴涵量表法所得出的问卷考查结果，语篇衔接项目习得难度顺序为：

X11 > X10 > X4 > X9 > X7 > X8 > X19 > X6 > X23 > X1 > X2 > X5 > X16 > X20 > X21 > X22 > X12 > X3 > X18 > X17 > X13 > X14 > X24 > X15——简称顺序 B2。

即 X11 名词性替代 > X10 比较指称 > X4 词汇重复 > X9 指示指称 > X7 上下义 > X8 人称指称 > X19 连接用词 > X6 反义 > X23"把/被"形式标记句 > X1 音节 > X2 韵律 > X5 近义 > X16 名词性省略 > X20 连接词位置 > X21 连接词数量 > X22 意合句 > X12 动词性替代 > X3 停顿 > X18 小句性省略 > X17 动词性省略 > X13 小句性引语替代 > X14 小句性条件替代 > X24 主题句 > X15 小句性情态替代。

三、语篇衔接总体习得顺序分析

根据问卷和口语调查两种方法得出的四个量表派生出了四种相应顺序中的语篇衔接项目序位之和来确定 24 个语篇衔接项目的最终习得顺序。习得顺序结果如下表所示：

表 3.9　24 个语篇衔接项目总体习得先后顺序

项目	11	9	10	7	4	8	19	5	22	6	3	16	12	21	23	18	2	20	1	17	14	15	13	24
序位和	10	12	14	17	23	25	26	47	48	48	54	54	55	58	59	59	63	65	68	70	79	85	87	89
顺序	1	2	3	4	5	6	7	8	9	10	11	12	13	14	15	16	17	18	19	20	21			

口语调查的非可控性因素以及研究方法的差异所带来的轻微影响可忽略不计,24个语篇衔接项目的总体习得顺序为:

X11、X9 、X10 、X7→

即名词性替代、指示指称、比较指称、上下义词衔接。

X4、X8 、X19、X5 、X22、X6 、X3 、X16、X12、X21 、X23、X18 →

即词汇重复、人称指称、连接用词、近义词、意合句、反义词、停顿、名词性省略、动词性替代、连接词数量、"把/被"形式标记句、小句性省略衔接。

X2 、X20、X1、X17、X14 、X15、X13、X24→

即韵律、连接词位置、音节 、动词性省略、小句性条件替代、小句性情态替代、小句性引语替代、主题句衔接。

前4项为习得程度较高的先习得项目,中间的12项为习得程度居中的习得项目,后8项为习得程度较低的后习得项目。不同习得区间的习得项目前后区别较为明显,但在同一习得区间的习得先后顺序会因为被试者个体因素的差异而有局部细微差异。

以上分析结果显示,越南汉语学习者在汉语语篇衔接项目习得中的确存在一定的习得顺序;不同的调查方式所获得的语料分析数据体现出大致相同的习得顺序,不同的研究手段所得出的结论也反映出大体一致的习得顺序,与先前假设较为吻合。

不同的研究方法突出不同的习得侧面:"正确使用相对频次法"以使用频率的高低突出习得顺序的先后,"蕴涵量表法"以准确率高低凸显习得难易程度,因而个别项目的顺序略有差异,但是在总体的习得顺序上大致相近。

在问卷语料中,基于正确使用相对频率法和准确度蕴涵量表法所得出的顺序中只有X15(小句性情态替代)的序位稍有变化:X15(小句性情态替代)使用频率较低,因此在正确使用相对频率的顺序中靠后,处于第23位,但其使用的准确度却并非是最低的,因此,在蕴涵量表法中的准确度序位相对靠前,处于第14位。而在口语语料中,基于正确使用相对频率法和准确度蕴涵量表法所得出的顺序差异并不明显,各衔接项目出现的序位大体一致:出现序位靠前的项目,其正确使用相对频率值较高,蕴涵量表法中的准确度也较高,而出现序位靠后的项目,其正确使用相对频率值较低,蕴涵量表法中的准确度也较低。

问卷调查结果反映了学习者在有意识使用语言的高监控下的语篇衔接使用情况,口语调查结果反映了学习者在相对无意识使用语言的低监控下的语篇衔接使用情况,二者内部数据分析结果显示的基本顺序基本趋于一致,充分说明,被试者在高监控和低监控前提下汉语语篇衔接的习得先后顺序基本一致。

第三节　语篇衔接习得程度分析

根据各语篇衔接项目正确使用相对频次的数值大小,作为确定习得程度高低的依据。根据问卷调查和口语录音转写语料结果中各语篇衔接项目正确使用相对频次值,按照10%和2%为界限,划分习得程度的高低,其中大于或等于10%的为低难度习得区,处于10%与2%之间的为中难度习得区,小于或等于2%的为高难度习得区。

一、基于语料数据处理结果的习得程度分析

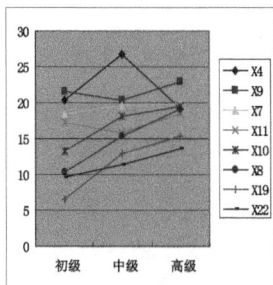

图 3.2 A1 区:低难度区　　　图 3.3 B1 区:中难度区　　　图 3.4 C1 区:高难度区

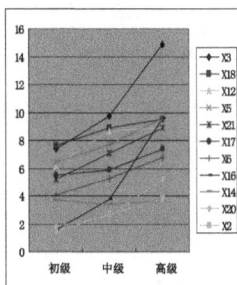

根据以上折线图,我们可以清晰分辨出问卷调查各语篇衔接项目相应的习得区间,如下表所示:

表 3.10　基于问卷语料结果的习得区间分析

习得区间	语篇衔接项目数量	各语篇衔接项目折线走势情况
A1 区:低难度区 (≥10%)	X4 X7 X8 X9 X10 X11 X19 X22 共 8 种	X4 X7 X8 X9 X10 X11 X22 始终处于此区间,X19 在中级阶段后方进入此区间。
B1 区:中难度区 (10% - 2%)	X2 X3 X5 X6 X12 X14 X16 X17 X18 X20 X21 共 11 种	X3 X5 X6 X12 X14 X17 X18 X21 始终处于此区间,X2 X16 X20 在中级阶段后方进入此区间。高级被试者的 X3 在此阶段进入了 A1 区:低难度区。
C1 区:高难度区 (≤2%)	X1 X13 X15 X23 X24 共 5 种	X1 X13 X15 X23 X24 在初级和中级阶段均处于此区间,但到高级阶段后逐步退出此区间,X1 X13 X23 X24 进入 B1 区:中难度区。

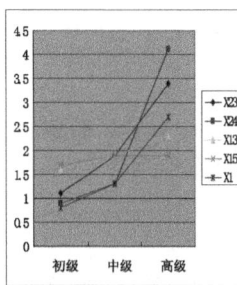

根据各语篇衔接项目正确使用相对频次的数值大小,作为确定习得程度高低的依据。根据口语调查语料结果中各语篇衔接项目正确使用相对频次值,按照10%和2%为界限,划分习得程度的高低。

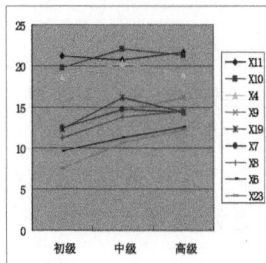

图 3.5 A2 区:低难度区　　　图 3.6 B2 区:中难度区　　　图 3.7 C2 区:高难度区

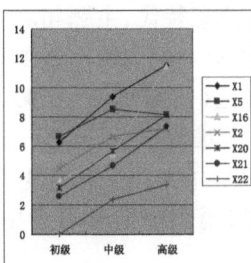

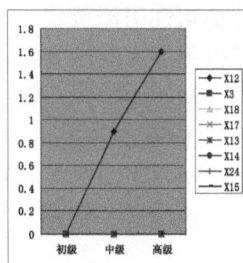

根据以上折线图,我们可以清晰分辨出口语调查各语篇各衔接项目相应的习得区间,如下表所示:

表 3.11　基于口语语料结果的习得区间分析

习得区间	语篇衔接项目数量	各语篇衔接项目折线走势情况
A2 区:低难度区 (≥10%)	X4 X6 X7 X8 X9 X10 X11 X19 X23 共 9 种	X4 X7 X8 X9 X10 X11 X19 始终处于此区间,X6 X23 在中级阶段后方进入此区间。
B2 区:中难度区 (10% −2%)	X1 X2 X5 X16 X20 X21 X22 共 7 种	X2 X5 X16 X20 X21 始终处于此区间,X22 在中级阶段后方进入此区间。高级被试者的 X1 X16 在此阶段进入了 A2 区:低难度区。
C2 区:高难度区 (≤2%)	X3 X12 X13 X14 X15 X17 X18 X24 共 8 种	X12 始终处于此区间。由于被试出于回避或口语表述中不需要采用 X3 X13 X14 X15 X17 X18 X24 等衔接手段,以上衔接手段出现出现语料缺失现象。

二、基于习得区间法的结果分析

问卷调查结果与口语录音转写材料分析结果显示,二者共有 15 种语篇衔接项目的习得程度完全一致。从习得区间分布情况分析,结果如下:

习得程度较高的衔接项目是:

X4、X7、X8、X9、X10、X11、X19

即词汇重复、上下义、人称指称、指示指称、比较指称、名词性替代、连接用词;

习得程度居中的衔接项目是:

X2、X5、X16、X20、X21

即韵律、近义、名词性省略、连接词位置、连接词数量;

习得程度较低的衔接项目是:

X13、X15、X24

即小句性引语替代、小句性情态替代、主题句。

习得程度高的区间在两种语料中相同的衔接项目较多,较为显著的现象是:

X1(音节)由问卷调查的 C 区(高难度区)下降至口语调查的 B 区(中难度区);X6(反义)由问卷调查的 B 区(中难度区)下降至口语调查的 A 区(低难度区);X23("把/被"形式标记句)由问卷调查的 C 区(高难度区)下降至口语调查的 A 区(低难度区),这说明以上衔接项目在口语调查的学习者中使用更为频繁,应用与习得效果更好。

而 X22(意合句)由问卷调查的 A 区(低难度区)上升至口语调查的 B 区(中难度

区),这说明在问卷调查的学习者中汉语意合句的理解效果明显好于口语语篇表达效果。

同时,由于被试者在口语调查中处于自由表述状态,因其表述主题与内容的多样性与变化性,无法对他们的语篇衔接项目选择采取人工控制或干预,因此,X3(停顿)、X12(动词性替代)、X14(小句性条件替代)、X17(动词性省略)、X18(小句性省略)等问卷调查中处于中等习得区间的衔接项目语料在口语调查中缺失,导致蕴涵量表记为0,判定未习得,这与调查的偶然性因素有关,但并不影响总体结果的客观性。

根据前文语篇衔接项目的正确使用相对频次及表3.9中24个衔接项目习得先后顺序的的综合分析,我们得出被试者语篇衔接总体习得程度如下:

总体习得程度较高的衔接项目是:

X4、X7、X8、X9、X10、X11、X19

即词汇重复、上下义、人称指称、指示指称、比较指称、名词性替代、连接用词;

总体习得程度居中的衔接项目是:

X2、X3、X6、X12、X16、X18、X20、X21、X22、X23

即韵律、停顿、反义、动词性替代、名词性省略、小句性省略、连接词位置、连接词数量、意合句、"把/被"形式标记句;

总体习得程度较低的衔接项目是:

X1、X5、X13、X14、X15、X17、X24

即音节、近义、小句性引语替代、小句条件性替代、小句性情态替代、动词性省略、主题句。

第四节　语篇衔接能力要素分析及语篇能力标准的修定

一、《欧洲语言共同参考框架:学习、教学、评估》[1]蕴涵的语篇衔接能力

《欧洲语言共同参考框架》是欧洲理事会制定的关于语言学习、教学及评估的整体指导方针与行动纲领,是对几十年以来欧洲语言教学理论与实践的系统总结。《欧洲语言共同参考框架》经欧洲41国语言学家历时10年研制完成,对欧洲现代语言教学做出了历史性贡献。《欧洲语言共同参考框架》主要涉及语言教学、学习与测试,对使用语言所要求的不同类型知识和能力进行详尽的分级描述。

《欧洲语言共同参考框架》是专门针对语言教学与研究而研制的纲领性框架,对教师培训、课程与考试设计、教材与教辅编写极具参考价值。新型的语言政策和标准体现了欧洲现代语言教学及学习的新理念,对"共同参考框架"进行探讨有助于把握21世纪语言教育的新方向,对我们制订汉语作为第二语言或外语教学的标准有很好的借鉴作用。

《欧洲语言共同参考框架》针对第二语言学习对象的语言能力做出明确描述,指

---

①《欧洲语言共同参考框架:学习、教学、评估》,外语教学与研究出版社,2008年。为行文方便,以下简称《欧洲语言共同参考框架》。

出学习者应具备以下能力：

（一）语法能力，是指学习者对于语法范畴、语法成分、语法结构以及语法变化运用的能力。

（二）语义能力，是指学习者建构语义的意识和掌控能力。其结构是：词与语境的关系，其中包括词的所指对象，词的内涵以及上下文关系；词的内在关系，如近义/反义、上下义词、词语搭配、翻译中的语义等值问题等等。

（三）语用能力，指的是学习者认知和掌握指代、假设、因果等逻辑关系的基本能力。

语用能力首推话语能力，话语能力是语言学习者和使用者有机组织连贯的句子，表达完整意义的能力，即懂得组织、构建和改编话语语篇信息。具体包括[①]：

1. 了解句子的结构及其成份。

2. 把握句子及其成份的能力，亦即把握句子的：

2.1 主题和述位；

2.2 旧信息和新信息；

2.3 自然连贯，如时间上的连贯性；

2.4 因果关系。

3. 处置和构建话语篇章的能力。其中包括：

3.1 组织主题；

3.2 通篇话语的协调性；

3.3 符合逻辑；

3.4 风格鲜明和语体得当；

3.5 修辞效果。

由此，我们可以清晰地看到，《欧洲语言共同参考框架》所指的"语义能力"和"语用能力"中涉及到了语篇衔接的关键问题：其中，词汇衔接的基本要素以及语音停顿别义的衔接方式与"语义能力"的阐释基本一致：即语义能力需要关注"词与语境的关系，其中包括词的所指对象，词的内涵以及上下文关系；词的内在关系，如近义/反义、上下义词关系"等，语音停顿主要根据具体语境选择停顿的位置，从而实现语义的区别。而在"处置和构建话语篇章"这一条目中，语篇语法衔接中的指称与连接等内容同"认知和掌握指代、假设、因果等逻辑关系的能力"相一致；语用衔接中的句式选择以及符合逻辑要求的意合句选择是保证语篇协调一致，实现语篇连贯的基本前提之一，这符合"通篇话语的协调性"的这一能力要求；汉语主题句正是基于人类认知的信息论基础而产生的句子，主题通常为交际双方均知晓的旧信息，由这一旧信息引发出后续的信息元素，语用衔接能力与关于"旧信息和新信息"这一处置和构建话语篇章的能力的基本要求完全相对应；而语音衔接中的音节对称与韵律协调则与处置和构建话语篇章能力的"修辞效果"不谋而合。

---

① 《欧洲语言共同参考框架：学习、教学、评估》，外语教学与研究出版社，2008 年，第 117 页。

据此,我们可以将语篇衔接能力与相应的语篇衔接类型相对应,即语篇衔接能力主要为:语音衔接能力、词汇衔接能力、语法衔接能力以及语用衔接能力四个大类。

二、对《国际汉语教学通用课程大纲》语篇能力标准的修订

Hymes(1972)将交际能力定义为:基本语法规则同语言在特定社会场合发挥实际交际功能是以话语交际功能在一定原则指导下的综合。交际能力主要包括两方面内容:一为语法性(grammaticality),即合乎语法规则;二为可接受性(acceptability),即情境的得体性和实现性、以及在文化上的可行性[①]。

Canale 和 Swain (1980)提出了交际能力理论的构建模式,该模式指出交际能力由四个子能力组成[②]:

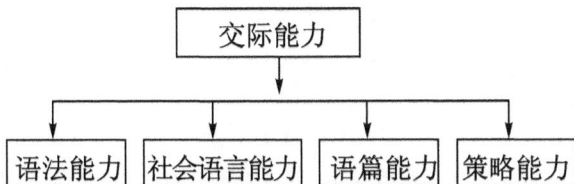

```
              ┌──────────┐
              │  交际能力  │
              └──────────┘
                   │
     ┌────────┬────┴─────┬─────────┐
┌────────┐┌──────────┐┌────────┐┌────────┐
│ 语法能力 ││ 社会语言能力 ││ 语篇能力 ││ 策略能力 │
└────────┘└──────────┘└────────┘└────────┘
```

图3.8　交际能力理论的构建模式

(一)语法能力是指语言本身的知识,主要包括语音、词汇、构词规则、句法等方面。语法能力主要涉及正确理解和表达话语的字面意义的知识,也就是句平面上遣词造句的能力。

(二)社会语言能力是指在不同的社会语境中恰当理解和表达话语的基本能力。语境因素包括话题、交际双方的社会地位和交际目的。所谓"恰当",是指话语在形式和语义两方面都是适当、可以接受的。

(三)语篇能力是指将语法形式与语法意义融合为一体,用口头或书面形式加以连贯表达所形成的不同种类语篇的能力。一个完整的语篇主要通过语言形式的衔接和语言语义的连贯来实现。在此,语篇能力即为超单句层面上组织语段的能力。

(四)策略能力是指为了加强交际效果或弥补因交际能力缺乏等因素所引起的交际中断而采用的补偿性策略。简而言之,策略能力即为在交际过程中灵活应变的能力。

"语法能力包括语音、词法、句法、词汇等语言知识,它所涉及和注重的是正确理解和表达语段和句子字面意义所需的知识。社会语言能力所涉及的是语言使用的社会规则,这种规则指在人际交际中正确理解和使用话语的方式。语篇能力考虑的是话语规则和在话语中组织句子和话段时所需的知识和技能。语言策略能力包括言语和非言语两方面的交际能力,它主要用来补救交际中因缺乏应有的能力等所导致的交际

---

①Hymes, D. On ommunicative Competence,J. B. Pride and J. Holmes. Sociolinguistic,Hamondsworth:Pengain,1972.

②Canale,M. and Swain,M. Theoretical Bases of Communicative Approaches to Second Language Teaching and Testing. Applied Linguistics,1980.

中断"①。这四种能力综合构成了严格意义上的交际能力,交际能力是这四种能力相互作用、综合升华的最终结果。

根据理论语言学或者描写语言学的观点,语言是一个极其复杂的象征系统。语言形式,是指那些可以用来制作和表达正确且有意义的信息的语音、词汇和语法单位。语言能力被定义为对语言形式的认知和应用,即对语言形式的认知和掌握。我们认为,将语言能力和语言应用能力相区分是完全符合客观实际的。前者是无意识的能力,后者属于交际能力的一部分。因此,语言能力的分析与研究要从语篇的角度来讨论人们使用语言的能力,这种能力即为语篇能力。

语篇能力指在说写或听读过程中保持条理的协调和文字的通顺的能力。这种"调理协调"和"文字通顺"的能力是语篇能力的直观体现,也是一种动态运用语言的实际能力。在 Canale 和 Swain 的交际能力理论模式中,语篇能力上升到了具有交际价值的语篇层次,包含了融合语言形式上衔接,语义上连贯,且可为交际双方所接受的口头和书面内容的能力。

交际能力离不开语篇能力,语篇能力为交际能力服务,语篇能力是从句子层次的语言能力向言语交际能力转化的重要转折,语篇能力是获得言语交际能力的重要前提,是语言知识能力向言语交际能力转化的一个飞跃。从言语交际的角度分析,语篇能力由于具有交际因素而成为交际能力的一个重要组成部分,因而也是语言习得的最高层次。

任何口头或书面语篇单位都离不开"衔接"与"连贯"这两个必要条件,否则就不能成为具有交际价值的语篇。衔接体现在语篇的表层结构上,主要由词汇衔接手段和语法衔接手段体现:词汇手段主要通过词语复现、近义、反义、上下义衔接关系实现语篇语义的连贯。语法手段则通过指称、省略、替代等多种衔接手段起到连句成篇的作用。衔接手段是语篇构建的主要方式,也是语篇的有形网络,可使语篇的形式与意义得以恰当配合。

然而,由于学习者语篇能力的不足,在语言实践中经常出现影响交际的种种问题。比如,口头语篇表达缺少连贯性和逻辑性,有时甚至出现语无伦次的现象;书面语篇写作条理不清晰,结构松散,缺乏整体性;单句理解与应用较为顺利,但过于侧重逐词逐句地处理语言,语篇衔接意识不强,导致语篇不连贯。此外,由于缺乏语篇整体概念,阅读中对主题句不敏感,阅读理解速度与效度都成问题。不可否认,这一系列问题与语言能力密切相关,同时也足以说明语篇能力是隐含其中的关键要素之一。

汉语作为第二语言教学领域充分认识到了语篇能力是交际能力的重要组成部分,因此,对于语篇能力给予了充分的重视,并将其列入专门的课程大纲中。《国际汉语教学通用课程大纲》针对汉语作为第二语言的教学设定了五级能力标准,分为"目标"、"语言知识"、"语言技能"、"策略"以及"文化意识"等五个方面。其中,"语言技

---

①Canale,M. and Swain,M. Theoretical Bases of Communicative Approaches to Second Language Teaching and Testing. Applied Linguistics,1980.

能"明确提出了对于"语篇能力"的要求,具体如下表①所示:

表3.12　《国际汉语教学通用课程大纲》语篇能力标准

级别	语篇知识目标要求
一级	在教师的指导下: 1.初步了解在语境中恰当使用句子进行成段表达的方法,了解汉语语篇的行文思路; 2.学会抓主干,并尝试通过修饰和限定成分,理解简单句子的基本内涵; 3.初步感知汉语和母语语篇行文思路的差异和共性; 4.初步感知简单的中文修辞方法; 5.初步理解或领会口语和书面语语篇所表达的简单的思想感情。
二级	在教师的指导下: 1.初步了解在语境中恰当使用句子进行成段表达的方法; 2.在抓主干的同时,初步通过修饰、限定成分,理解句子的基本内涵; 3.感知中文和母语语篇行文思路的差异和共性; 4.感知较简单的修辞方法,如夸张、排比等; 5.初步理解或领会口语和书面语语篇所表达的一般思想感情。
三级	1.接触汉语和母语语篇行文思路的差异和共性; 2.在教师的指导下,在抓句子主干的同时,初步通过修饰、限定成分,理解句子的内涵; 3.尝试运用简单的中文修辞方法,感知比较复杂的中文修辞方法; 4.根据比较简单的修辞方法的特征和功能,初步学习口语和书面语语篇所表达的思想感情。
四级	1.体验中文和母语语篇行文思路的差异和共性; 2.在抓主干的同时,掌握通过修饰、限定成分,理解句子内涵的方法; 3.尝试运用简单和比较复杂的中文修辞方法,感知复杂的中文修辞方法; 4.根据比较复杂的修辞方法的特征和功能,理解口语和书面语语篇所表达的思想感情。
五级	1.体验中文和母语语篇行文思路的差异和共性; 2.在抓主干的同时,通过修饰、限定成分,理解句子的内涵; 3.掌握简单、比较复杂和复杂的修辞方法,感知更为复杂的中文修辞方法; 4.根据汉语普通修辞方法的特征和功能,基本理解口语和书面语语篇所表达的思想感情。

①国家汉办/孔子学院总部《国际汉语教学通用课程大纲》,外语教学与研究出版社,2009年,第3–31页。

　　语篇是一个意义完整的语义单位,也是语言交际的主要载体。语篇作为一个完整的语义单位,衔接是使语篇具备语篇性最为关键的要素。语篇衔接程度直接决定语篇连贯的程度,决定了语篇是否具备语篇性这一特征,因此,衔接是语篇属性中最为核心的要素。语篇衔接手段的正确运用使得语言表达和话语交际的信息节点之间的结合更为紧密,语篇衔接能力是使语言表达更为顺畅的语言能力,同词汇、语法能力相比,语篇衔接能力是一种综合性更强、更高级的语言能力。语篇能力,就其内在特征而言,主要体现为语篇衔接能力的高低,语篇衔接能力是语篇能力最为直接而现实的反映。要定位语篇能力,就应以语篇衔接能力为核心指标。因此,《国际汉语教学通用课程大纲》对语篇能力指标的描述存在有待商榷之处。

　　《国际汉语教学通用课程大纲》对于汉语"语篇能力"的要求指出了对外汉语语篇教学的基本方向,但教学能力大纲的制定切忌一般化的笼统概述,而应尽可能详细地提出具体化的能力等级标准指标,唯有如此,才真正具有可操作性,才能对具体的教学活动产生实际的意义。《国际汉语教学通用课程大纲》指标的描述较为抽象,更多倾向于修辞表达的要求,没有突出语篇的本质特征,更没有客观体现对语篇衔接手段的应用要求,对语篇能力的定位较为模糊,具体可操作性不强。

　　根据各衔接项目的正确使用相对频次表、总体习得先后顺序以及基于习得区间法的结果分析,我们对《国际汉语教学通用课程大纲》所制定的语篇能力标准修订结果如下:

表3.13　《国际汉语教学通用课程大纲》语篇能力标准(修订)

级别	语篇知识目标要求
一级	在教师的指导下: 1.初步了解在语境中恰当使用句子进行成段表达的方法,了解汉语语篇的行文思路; 2.学会抓主干,并尝试通过修饰和限定成分,理解简单句子的基本内涵; 3.初步感知汉语和母语语篇行文思路的差异和共性; 4.熟练掌握词汇重复、人称指称、指示指称、词汇上下义以及名词性替代等常用衔接方法,并能在口语和书面语语篇中正确使用; 5.初步感知简单的中文修辞方法,并能理解或领会口语和书面语语篇所表达的简单的思想感情。
二级	在教师的指导下: 1.初步了解在语境中恰当使用句子进行成段表达的方法; 2.在抓主干的同时,初步通过修饰、限定成分,理解句子的基本内涵; 3.感知中文和母语语篇行文思路的差异和共性; 4.在一级能力基础上,进一步掌握近义词、反义词以及表示因果、转折、并列关系的简单关联词等常用衔接方法,并能在口语和书面语语篇中正确使用; 5.能够运用较简单的修辞方法,如夸张、排比等,并初步理解或领会口语和书面语语篇所表达的一般思想感情。

续表

三级	1. 接触汉语和母语语篇行文思路的差异和共性； 2. 在教师的指导下，在抓句子主干的同时，初步通过修饰、限定成分，理解句子的内涵； 3. 在二级能力基础上，进一步掌握名词性省略以及音节衔接的方式，对关联词组合的数量关系的理解与运用基本无误，并能结合语境信息，在语篇中正确选用"把/被"形式标记句式，并能在口语和书面语语篇中正确使用； 4. 能熟练运用简单的中文修辞方法，感知比较复杂的中文修辞方法，根据比较简单的修辞方法的特征和功能，初步学习口语和书面语语篇所表达的思想感情。
四级	1. 体验中文和母语语篇行文思路的差异和共性； 2. 在抓主干的同时，掌握通过修饰、限定成分，理解句子内涵的方法； 3. 在三级能力基础上，基本掌握韵律、停顿、动词性省略、小句性省略等衔接手段，对关联词在句中的位置能做出准确判断，并能在口语和书面语语篇中正确使用。同时，对于汉语意合句式能正确理解，且对汉语主题句的语用特征有所了解； 4. 能用比较复杂的中文修辞方法进行表达，根据比较复杂的修辞方法的特征和功能，理解口语和书面语语篇所表达的思想感情。
五级	1. 体验中文和母语语篇行文思路的差异和共性； 2. 在抓主干的同时，通过修饰、限定成分，理解句子的内涵； 3. 在四级能力基础上，基本掌握小句性引语替代、小句性条件替代、小句性情态替代等衔接方式，并能在口语和书面语语篇中正确使用。同时，能够熟练运用意合法生成句子，并能根据语用条件正确选择主题句； 4. 能熟练运用一些比较复杂的中文修辞表达方法，根据汉语普通修辞方法的特征和功能，基本理解口语和书面语语篇所表达的思想感情。

本文研究中基于汉语语篇衔接偏误分析的结果显示，母语迁移作用的影响因素并不明显，而汉语语篇衔接项目的内部特征、语境与上下文因素、学习者的认知策略因素等，是导致汉语语篇衔接偏误产生的主要原因。因此，尽管本文研究的数据来源于越南汉语学习者，但是本文的研究结论具有一定的普适性，根据研究结果所修订的《国际汉语教学通用课程大纲》语篇能力标准可适用于不同国别的汉语学习者。

第五节　本章小结

一、被试者的汉语语篇衔接偏误类型涉及层面广，分布跨度大。被试者衔接偏误类型涉及到语音衔接、词汇衔接、语法衔接、语用衔接等各个层面,衔接偏误在初级、中级、高级被试者语料中均不乏以上类型。被试者语篇衔接偏误类型的基本特征显示偏误分布及延续周期与项目的难易程度成正比。偏误的分布越广、延续周期越长,相关项目的习得难度越高,反之亦然。

二、被试者的汉语语篇衔接项目习得存在一定的顺序。其中,习得顺序靠前的是:名词性替代、指示指称、比较指称、上下义词衔接;习得顺序居中的是:词汇重复、人称指称、连接用词、近义词、意合句、反义词、停顿、名词性省略、动词性替代、连接词数量、"把/被"形式标记句、小句性省略衔接;习得顺序靠后的是:韵律、连接词位置、音节、动词性省略、小句性条件替代、小句性情态替代、小句性引语替代、主题句衔接。从以上分析所得出的习得顺序不难看出,通常自然度越高的语言项目越容易习得,自然度高主要受到以下因素的影响:如组织自然语言普遍方式的因素,如结构或语义的复杂度、特征的显著度等,这充分证明语言认知难度或自然度主要基于人类普遍的认知难度因素。

三、习得难度与语篇的语体情景相关。习得难度所表现出来的偏误率高低与语体情景相关的计划程度密切相关:书面语相对口语语篇而言,可计划程度较高,偏误率相对较低,口语语篇随意性较大,可计划程度不高,因此偏误出现率较高。

四、偏误率与被试者的交际策略密切相关。如初级学习者对"把"字标记句减省处理的策略。如:"我把书放在教室里。"简化成"我放书在教室里。"又如中、高级阶段学习者只注意交际内容而发生省略衔接的过度泛化,导致语篇前后语句不连贯或语义不明确。出现偏误并非由于学习者没掌握某一语言结构,究其原因主要在于其采用了简化策略而导致偏误的产生。简化策略首先体现为语义产出的简化,或者往往缘于人们的普遍认知习惯,往往是以"简化"为基本特征的认知策略。

第四章 综合讨论

第一节 对汉语作为第二语言的中介语理论研究的新思考

学习者在第二语言习得过程中,往往会结合自身现有的语言知识和认知策略建立规则,创造新的语言系统。在此过程中,学习者在自身认知程度的基础上有意识地使用目的语,形成一个自己的语言假设,并通过书面或口头的方式不断进行输入及输出,以检验其先前的假设,从中发现偏误,再进行修正,如此循环反复,使其原有的语言假设不断靠近目的语的正确形式。第二语言学习者在此过程中所创造的新的语言系统,既不同于其母语,也不同于所要掌握的目的语,这一新的语言系统具有自己的一套规则,这就是中介语。中介语是第二语言习得过程中学习者所特有的一种语言知识表征。中介语是第二语言学习者创造的一个独立的语言系统,它产生于学习者努力掌握第二语言的学习过程之中[①]。作为第二语言学习过程中学习者自行创造的独立的语言系统,中介语具有可变性、系统性、动态性、渐进性、石化性等特征[②]。

尽管 Selinker 所提出的中介语理论关注到了第二语言习得过程中学习者自身所独有的语言系统,但却未能科学阐释学习者所创造的中介语系统的发展变化趋势如何,仅从语言偏误的角度考察学习者母语迁移与目的语的泛化现象,并据此进行对比分析和偏误分析,对于学习者的认知策略以及目的语规则语内干扰因素缺乏研究。仅从对比分析或偏误分析的角度对中介语加以成因探求,研究结论只能停留在表层静态的分析,无法客观揭示学习者的中介语全貌。

中介语既反映了学习者第二语言习得的阶段性特点,也体现了学习者动态发展的语言习得过程,因此,可以将中介语研究作为第二语言习得研究的突破口[③]。

然而,我国汉语作为第二语言教学的中介语研究成果大多集中于对语言要素,如语音、词汇、语法层面的中介语研究,对语篇和语用层面的中介语鲜有研究。此外,目前学界对中介语产生原因的分析,主要是依照 Lado 的语言对比分析理论,将偏误成因主要归结为母语规则的迁移或目的语规则的泛化,分析深度不足,不能客观反映中介语产生的内在原因,结论可信度不足。

---

① Selinker, L. Interlanguage. International Review of Applied Linguistics, 1972(10), P209.

② Ellis, Rod. Understanding Second Language Acqu isition. 上海外语教育出版社, 1994, P47.

③ 吕必松《对外汉语教学的理论研究问题刍议》,《语言文字应用》,1992 年第 1 期。

本文结合问卷与口语调查数据统计的结果,对越南汉语学习者语篇衔接的中介语系统首次进行了细致而全面的描述与分析,主要以语篇衔接的习得顺序、习得特征、习得程度以及习得区间的动态变化过程为主要研究视角,对学习者产生的语篇衔接中介语系统的内部层次差异、发展变化趋势等进行了具体而微的刻画,所进行的中介语系统研究将研究视角扩展到了语篇层面,切实拓展了汉语中介语研究的广度。克服了单纯从对比分析或偏误分析角度静态描述语言偏误的弊端,所得出的研究结论较为客观,对汉语做为第二语言教学的研究具有一定的参考价值。

根据对学习者语篇衔接中介语的规律性特征的分析,我们对于中介语产生的原因也具有进一步的发现,我们认为,中介语产生的根源不仅限于 Selinker 所归纳的语言迁移、目的语规则泛化、训练迁移、学习策略和交际策略等五个方面,目的语本身的难度特征以及语言认知因素也是中介语产生的重要因素之一,并且是更为深层次的原因。

就汉语语篇衔接中介语系统的研究结果来分析,我们发现导致学习者汉语语篇衔接中介语现象产生的较为普遍且显著的因素主要如下:一是汉语特有的意合特征及语义取向的衔接方式。作为语义突出型的语言,汉语语义的弹性与模糊性并存,这是语篇衔接中介语系统中某些衔接手段(如语音衔接与语用衔接)偏误涉及面广,层次跨度大,出现化石化倾向的一大重要原因;二是认知因素,即语言使用者对语境及语用要素的认知程度。通常,认知程度越高,认知策略越显著,产生偏误的可能性也就越小。此外,中介语的产生也与语言的语体情景相关,即与语言计划程度密切相关:相对书面语而言,口语的可计划程度较低,随意性较大,更容易导致偏误的产生。

中介语系统是第二语言学习者独有的语言系统。中介语既可指第二语言学习者学习过程某一特定阶段中认知目的语的方式和结果的特征系统,"也可指反映所有学习者在第二语言习得整个过程中认知发生和发展的特征性系统"[1]。前者是一种特定、具体的中介语言语,后者则是一种普遍、抽象的中介语语言体系[2]。

目的语的类型学特征以及语言认知因素则是更为深层次的重要原因,与母语迁移、目的语规则泛化、训练迁移、学习策略和交际策略相比,这一原因更容易导致中介语出现石化的倾向。因此,在中介语研究中我们不可忽视目的语内在特性以及学习者的认知因素。

第二节 对基于"本位"论的汉语作为第二语言教学理论的反思

本文对于衔接的研究结果表明,汉语作为第二语言的学习者在语篇衔接的应用与习得中所体现出来的问题,并非传统意义上的语言要素方面的问题,牵涉到对于语篇中具有跨句特征的构建单位的衔接与连贯,这充分说明了一个客观事实:在汉语作为第二语言教学中,语篇衔接要素同语音、词汇、语法、文字等基本要素一样,都是不可忽视的重要问题,后者在更高的层面上决定着语言表达的合理性与交际的有效性。据

---

①刘瑞琴《中介语僵化现象的认知分析》,《山东外语教学》,2007 年第 3 期。

②Selinker, L. Interlanguage. International Review of Applied Lingustics, 1972(10).

此,我们应对汉语作为第二语言教学中的几种"本位"教学理论加以重新审视。

"本位"顾名思义,指的是"基本单位",指的是事物的根本,意即最为核心的、纲领性的要素,"本位"取向决定了事物最终的性质与归属。就语言研究而言,"本位"论决定了语言研究的基本立足点,是语言研究角度与定位的关键所在。

20世纪末以来,我国的语言研究不仅出现了对"印欧眼光"的重新思考,而且还形成了关注"汉语特色"研究的学术共识,不少学者有意识地以"本位"为纲,积极创建新的理论流派。如徐通锵(1994)、潘文国(1997)、李宇明(1997)、陆俭明、郭锐(1999)、金立鑫、白水振(2003)[1]等学者纷纷撰文探讨"本位观"的历史发展与研究思路。

学者们的研究成果显示,汉语"本位"研究大致可以分为"词类本位"(以马建忠为代表),"句本位"(以黎锦熙为代表)、"语素本位"(朱德熙前期)、"词组本位"(朱德熙后期)、"小句本位"(以邢福义为代表)、"字本位"(以徐通锵、潘文国等为代表)、"无本位"(以邵敬敏为代表)等阶段。以上"本位"均以"语法研究的最重要的单位"为前提或标准加以定义。以"本位"为基础,我国汉语作为第二语言教学领域也出现了门类众多的汉语教学理论的"本位"论,如"词本位教学"、"句本位教学"、"字本位教学"等等。近十年来,随着汉语作为第二语言研究从语音、词汇、语法层面向语篇层面的延伸,"语篇本位教学"理念开始产生,并出现了"语段或篇章本位"教学理论的萌芽。但对汉语作为第二语言教学而言,目前影响最大的主要是"词本位"、"句本位"与"字本位"教学理论。

一、汉语作为第二语言教学的"词本位"教学论。

自《马氏文通》问世以来,中国语言学界普遍采用印欧语的理论和方法来解析汉语。在这一客观现实的影响下,"词本位"的理论得以形成,主要根据印欧语"word"(词)这一概念来对汉语语言规律进行分析。作为现代汉语语言教学的一部分,在汉语作为第二语言教学的初起之时根据"词本位"思路进行汉语教学本顺理成章,无可厚非,因为在实际教学中,我们主要根据教材的生词表内容进行语言要素,即字、词、句、语法单位的逐级整合。但是,在"词本位"理论框架下,汉语作为第二语言教学在初级阶段就开始采取"语文一体"或"语文同步"的教学思路和方法。在"词本位"驱动下的这一教学理念极大地削弱了大部分非汉字文化圈学习者的信心,因为对汉语初学者而言,汉字是一个十分现实的障碍:汉字的书写方式、汉字音形义的内在特点、以及汉语中大量形近字与同音字都使其不堪负累。"词本位"套用印欧语"词"的概念来分析汉语单位,无视汉语独有的"汉字性"规律,其所带来的后果便是导致汉语作为第二语言教学的总体效率不高,致使学习者口语与书面语能力失衡,读写能力明显落后于听写能力,最终造成了大批汉语文盲的出现。基于"词本位"的语言教学理念将目光限定在"词"这一单位层面,未能客观体现汉语作为第二语言教学的"汉字性"特征,同时,对于词语单位之间的如何组合扩展,对于由词到句,由句到篇的内在衔接规律缺乏关注。事实上,语言学习并非以仅仅掌握一定数量的词语及其组合方法为最终目标,而是以词为单位构建意义连贯、结构完备的语篇单位,以交际功能的实现为最终

① 王骏《字本位与认知语法的对外汉语教学》,华东师范大学博士论文,2006年。

追求。

二、汉语作为第二语言教学的"句本位"教学论。

在《新著国语文法》中，黎锦熙先生指出"句本位"的理念，并将其做为汉语语法研究的核心所在。就语言教学而言，以句子为本位了解汉语语法有助于了解句子各部分之间的主从关系、以及彼此的衔接①，有助于厘清复句层面的语法关系，还可以作为学习或翻译其他语言的辅助手段，因为不同语言之间在言语表达的逻辑上是相通的。黎锦熙先生所阐述的这些观点与第二语言教学关系密切。在教学理论层面，以"句本位"的汉语作为第二语言教学充分汲取了行为主义心理学、结构主义语言学等理论的精华，借鉴了国外直接法、功能法等教学流派的理念，比较符合"结构—功能—文化"相结合的教学体系的原则，是汉语作为第二语言教学的初级阶段乃至中级阶段的重要教学措施。但"句本位"论的语言教学主要局限于单个句子，其核心的教学理念是以基于一个个句型的教学与操练达到使学习者掌握交际功能的目的。"句本位"论的教学以孤立的句子为教学单位，句子各自封闭，形成彼此分割的疆界，对于句子之间衔接关系、语义逻辑的连贯性、尤其是具有汉语特色的隐性语用衔接方式缺乏关注。

三、汉语作为第二语言教学的"字本位"教学论。

在中国文化观念中，"字"兼有书面语和口语基本单位的双重性特征是根深蒂固的观念：汉语的"字"是一个音义结合体。"从语音角度看，汉语音节不像西方语言的音素或音节，仅仅是一个'word'的待拼单位；从文字角度看，汉语的字符不像表音文字的字母，仅仅是一个语音记录符号；从语义角度看，汉语的字符绝不像字母那样没有语义性。"②"字本位"理论认为，"字"就是汉语的最基本的语言单位，汉语的一个"字"就是一个音节，同时也是一个表达意义的单位，这是汉语构造的基本特征。汉字性是汉语最为突出的特点，"字本位"能紧扣汉字的内在规律，能从汉语微观层面体现汉语的本质特征所在，对汉语组合规律做出科学而合理的解释。"字本位"是汉语学者力图摆脱印欧语眼光，探索汉语自身特色的一种尝试。从第二语言教学的角度而言，"字本位"教学将"形、音、义"三者合一的"字"作为语言结构彼此衔接的核心所在，以"字"作为起点，逐步扩展为词、句、段的教学，"字本位"理论对汉语教学领域产生了较大的影响。然而，汉语的研究必须是动态的研究；汉语的研究不能以句子为终点，"字本位"主要关注汉语微观层面的问题，将脱离上下文的语境和交际场景的句子作为研究对象，而忽略了语篇产生与理解的动态因素，对于超出句子以上的语言单位之间的语义关系与衔接规律明显缺乏解释力。

从宏观上看，以上几种以汉语基础语法理论为借鉴的"本位"论在汉语作为第二语言教学的理论借鉴与教学应用中，从不同层面诠释了教学方法论的合理性，但是这并不能彻底解决汉语语篇层面衔接与连贯方式的一系列问题。作为语言交际的基本

---

①黎锦熙《新著国语文法》，商务印书馆，1956年。

②李葆嘉《"字"本位观和语义句法论（下）》，北大中文论坛，汉语语言学，2011年4月21日。http://www.pkucn.com/viewthread.php? tid＝186929。

单位,以句子为中心的语法研究一直是语言研究的核心与焦点。在教学法方面,过去我们通常在句子的层面上解释汉字、词语、语法的意义与用法,在许多情况下,这种做法是可行的,但是不少词语,尤其是语法方面的问题,仅局限于句子范围内无法讲解得十分清楚而到位。而在交际实际的实践中,意义相关的句子组合系列是更为常见的语言形式,语音、词汇以及语法知识只是判断语言交际能力高下的前提条件之一,而能否结合一定的题旨情境,得体地运用语言知识进行交际,才是判断语言能力的最终标尺。尤其是对于中、高级学习阶段的学习者而言,是否具备基本的语篇能力,能否运用形式衔接、语义连贯、逻辑合理的语篇以完成语言交际任务,是判断学习者语言能力高低的重要指标所在。因为语篇的衔接与连贯是语言学习,尤其是第二语言学习过程中不可回避的现象,毕竟语言的输入与输出,不只是一个个词语或单句的问题,而是语言单位之间的联系与综合的产物,而理解汉语不仅仅要理解一个个词语、一句句话、而且要理解句与句、段与段之间的衔接与联系。

因此,陆俭明先生指出,我们需要在更为宏观的语言层面,如语段或者语篇层次重新思考教学法的问题,"今后应该提倡'语段或者篇章本位'的讲法",因而在今后的汉语作为第二语言的教学中必须加强语篇分析意识[①]。

在"语素－词－短语－单句"层次上的教学可以由立足于"词本位"、"字本位"以及"句本位"的语言教学理论来加以阐释,但是上述本位教学理论对于汉语复句和语篇层次上的问题却无法奏效。反之,纯粹以宏观语义联系为核心的"语篇本位"教学论并不能很好地体现汉语"汉字性"的基本特点,对于"语素－词－短语－单句"各层次的微观教学也会力不从心。因此,"语篇本位"教学论的提法只能视为对外汉语视为第二语言教学法理论的一个新视角,与以往的"本位"教学论互为补充,并不能成为统领教学全局的唯一教学法理念。

"'本位'学说不但是一种理论、方法,也是一种对语法控制系统的假说。这些本位的思路都是把所有的结构问题都归结到一个项目上,用这个项目去解释、控制所有的结构项目。"[②]因此,汉语作为第二语言教学中那些由"本位"论所衍生"词本位"、"句本位"、"字本位"、"语篇本位"教学理论实际上就是几个对汉语教学理论的主观性控制系统。我们认为,一个系统化的理论或者研究体系,其内部必须趋于和谐一致,但这并非意味着要达到这一目标有且只有一种可能。事实上,可供选择的前提或方式是多种多样的。语言教学是一个系统工程,这一工程庞大且复杂,其中的参与要素也是多种多样的,因此,语言教学需要的并非仅为某一个单一模式或者一种理论,而需要一个有几个模式并存的更为宏大的框架,并需要决定其中的各种模式运用于什么层次之上,而不能把一种具体的微观研究领域夸大到语言教学的全部层次之中,因为第二语言教学并非单独局限于某一个语言层次或某一种语言能力的培养,而是要关注语言教学与语言能力培养的整个系统。

因此,在汉语做为第二语言的教学理论研究中,我们必须兼顾微观与宏观、静态与

---

①陆俭明《对外汉语教学是汉语本体研究的试金石》,《对外汉语教学回眸与思考》,外语教学与研究出版社,2000年,第22页。

②史有为《本位梳疑》,《语言科学》,2009年第4期,第373－386页。

动态的结合,在语言能力的培养方法上,还应充分注重兼收并蓄,充分利用不同"本位"理论的合理之处科学安排汉语教学。在保持汉语本质特色的基本前提下,还应合理吸收现代语言学研究中的成果,在不同教学阶段处理不同教学内容以及教材编写中采取相应的"本位"理念:对于初级对象,我们以"字本位"为主,兼顾"语篇本位"意识的培养,在中、高级阶段我们则应将"句本位"和"语篇本位"充分结合;在语言要素的教学中,以"字本位"为基础,结合"词本位"教授字词要素,以"句本位"为前提,兼顾"语篇本位"教授语法与语用要素。

第三节　对汉语作为第二语言教学实践的启示

自从二十世纪七十年代以来,语用学以及语篇语言学中的语篇分析就曾针对语言特征进行了系统而全面的描述,以探讨语言在自然语境中的使用情况。基于语用与语篇分析的研究关注自然语境中使用的语言,与以往脱离语境的语音、词汇、语法的描述存在本质上的差异。与此相对应的基于传统描述法的教学模式主要以句子语法为基础。然而"传统的基于句子语法的语言描写不能反映语言使用的实际情况,所以传统的基于句子语法的语言教学模式也不可能真正培养学习者的语言运用能力。"[1]语用学的基本观点认为,交际行为体现为一定的语言形式与思想内容的合理结合,即语言形式与语言意义相组合方能完成某种言语行为。语篇由一定形式的语言单位组合而成,且内部各组成部分在逻辑与意义上彼此相关,因此,语篇是人类交际活动中实际应用的语言单位,是完成言语行为的基本语言单位。该单位内部各成分之间以形式衔接,语义连贯为基本前提。就语言功能而言,语篇即为交际行为的载体。就此意义而言,语言教学中所指的语篇是交际过程中由一系列彼此衔接的语言单位所构成的意义整体,语言教学就是将这一交际过程中的意义整体单位——语篇作为教学内容。

与以词汇和句子为中心的教学不同,语篇教学立足于语篇结构与意义的完整性,更为注重段落语篇之间的衔接与逻辑意义的关联性与连贯性。语篇教学有利于培养学习者宏观把握语言结构的能力,是第二语言教学中不可忽视的一个重要环节。汉语作为第二语言教学的传统教学理念比较倾向于语言要素知识的讲授,在教学实践中,将语音、词语、语法等作为汉语教学的核心内容所在。从语言形式的角度分析,语言要素知识是语言的基本结构单位,也是培养语言能力所必需的基本前提。语言要素知识传授与语言能力的培养是语言教学中两大有机组成部分,语言要素知识是静态的语言组合单位,而语言能力是动态的语言交际技能,因此,我们不能简单将二者直接划等号。语言能力需在语言实际应用中加以体现:在交际过程中,主要体现为语篇信息的交流与互动。

因此,汉语作为第二语言教学应遵循语言使用的客观现实,关注学习者语言能力的培养,在传统的语音、词汇、语法等语言要素的教学基础之上构建基于语篇的语言教学,从教师知识结构与能力、大纲理念与教材设计、教学模式与教学方法等方面对汉语作为第二语言的教学进行重新审视。

---

①程晓堂《基于语篇的语言教学途径》,《国外外语教学》,2005年第1期,第9页。

一、教师知识结构与能力

毋庸置疑，任何形式的教学活动都离不开教师的引导作用。教师是教学活动的设计者、引导者，教学质量的优劣及教学效果的好坏都与教师的知识素养与教学方法密切相关。目前，国内外的第二语言教学的研究中心逐渐由"教"转向"学"，越来越强调以"学生为中心，教师为主导"的基本教学原则，对教师的教学能力提出了更高的要求，要求语言教师更为关注学生的主观能动性和语言交际创造能力的培养。

语篇是最为常见的语言事实，这是不可否定或回避的客观事实。语篇语言学中的语篇分析法以实际运用中的自然语言作为研究对象，这为观察和了解语言现象提供了一个全新的视角，更丰富了传统语言研究中纯粹以语言形式为导向的研究层次。语篇语言学的研究成果在语言教学、信息处理、社会语言问题等领域均具有积极的应用价值[①]。与传统的语言学研究不同，语篇语言学打破了仅局限于句子层面以下的局限，将语言学研究范围提升到了高于句子的层面，且用于交际的语言单位——语篇，实现了由句子到语篇的转移。Z. Harris 曾明确指出，"语言不是存在于零散的词或句中，而是存在于连接着的语篇中"，英国著名的应用语言学家 Widdowson 也强调："正常的语言行为不在于产生出不相连的句子，而在于使用句子创造出语篇。"[②]

因此，语篇与孤立的词句最为本质的区别在于语篇具有交际价值，语篇的交际价值最终体现为语篇性，而实现语篇性的主要途径就是衔接。

传统的语言教学理念以语言要素教学为核心，而语篇教学通常从语篇的形式与意义入手，结合具体的语境来对语篇进行解读，有助于解构语篇的布局谋篇规律，分析语篇的结构与类型，并能结合语篇传授目的语的文化知识。这种以语篇为导向的教学理念有利于全面培养学习者的语言知识能力，更有助于进一步发展学习者的言语交际能力。

语篇语言学理论为第二语言教学提供了丰富的理论依据。根据语篇语言学理论，语篇是一个意义完整的语言单位，是在一定语境下使用的自然语言。语篇可长可短，它既包括书面语形式，也包括口语形式，既可以是对话，也可以是独白。第二语言教学的最终目的是能使学习者运用目的语得体地进行信息交换以及思想交流，而信息交换以及思想交流都必须以一定的语境为前提，即整个过程表现为语篇信息的交流与互动。

在一个具体的语篇单位中，语言形式与逻辑语义方面的关联关系是彼此交错的：逻辑语义上彼此相关的语言单位连词组句，连句组段、连段成篇必须由一定的语言形式加以实现：词汇、句子等语言形式构建语篇，通常是由核心关键词语的重复出现，近义词、反义词或上下义词的合理使用，以及采用语法衔接或语用衔接手段而使句子彼此衔接，最终连句成段，连段成篇，在各种连接手段的使用中充分启承转合，实现语篇的构建。这是作为语言教师必备的语篇教学常识和基础内容之一。

在语言教学实践中，具备语篇语言学知识能使教师的专业知识结构更趋完善，有

---

①廖秋忠《篇章与语用和句法研究》，《语言教学与研究》，1991 年第 4 期。

②Widdowson, H. G. Teaching Language as Communication, Oxford University Press, 1978, P22.

助于教师的语言教学有章可循,更为科学有效。而要真正实现语篇教学的基本目标,这也对语言教师的专业知识体系及教学能力提出了更高的要求:

首先,教师必须对语篇及语篇能力在语言教学中的地位具有科学而正确的认识。唯有正确认识语篇教学的重要性,才能在具体的教学实践中有意识地进行语篇教学,才能真正实现提高教学质量与教学效果的最终目标。

其次,要求教师除了熟练掌握语音、词汇、语法等语言要素知识外,还应具备较为系统化的语篇基础知识,特别要求教师具备语篇构建与解读方面的知识与能力,明确语篇教学的重点和难点,将语篇知识内化于教师自身的教学意念与教学技能之中。

再次,要求教师要具备进行语篇宏观设计的教学能力,以完备而系统的语篇教学理念贯穿语言教学的整个过程,将语篇教学的核心理念渗透于教学的每一个具体环节之中,包括教学设计、课堂教学、练习与测试等环节。因此,教师必须有意识地指导学习者建立以语篇为导向的整体化学习观念,并在实践过程中逐步改变过去片面局限于语音、词汇、语法要素等传统的学习模式与思维习惯。如在以语篇为基本教学单位的词汇教学中,教师除了让学习者注意词汇学习中的词语结构及与语法意义以外,还应引导学习者关注词汇重复、近义词、反义词、上下义词的衔接应用与语篇构建的关系,通过语篇进一步扩大词汇量,并能切实掌握语篇构建与语篇解读的基本规律。

最后,教师还应从专业研究的高度加强基于学习者汉语语料库的语篇能力的多维度研究。语篇包含书面语和口语语篇两个部分,因此语料库中也应包括学习者书面语语篇和口语语篇材料,通过语料库中的语篇材料,针对学习者对汉语语篇标记、语篇衔接手段、语篇衔接方式以及语篇结构类型的应用情况进行定性和定量的分析,探寻学习者语篇习得的客观规律,预测防止语篇偏误产生的措施,编制切实可行的语篇教学大纲,并创建或改进适宜于语篇教学的具体模式等。通过全面提高教师进行语篇教学的综合能力,真正实现有效的汉语语篇教学。

总之,知识传授不是语言教学的唯一目标,实现学习者语言能力的培养才是语言教学的最终追求。语言教师必须客观正视语言教学的实际,在语言教学中不仅要传授陈述性知识——"是什么",还要实现学习者程序性知识的内化——"怎么做",即如何将语言知识转化为最终的言语交际能力。而就语言功能而言,语篇即为交际行为的载体。因此,语言教师除了具备传统意义上的语言学基础知识以外,还必须掌握系统的语篇语言学基础知识;在语言教学中彻底打破以往局限于语音、词汇、语法等语言要素的传统教学思路与教学模式,树立客观而科学的语篇教学理念,同时应加强自身语篇教学的能力,能将语篇教学的基本理念充分体现于教学实践的每一个环节中,有效驾驭语篇教学的各个层次,切实提高学习者的语言能力。

二、大纲理念与教材设计

(一)大纲理念

传统的语言教学仅仅习惯于把语篇逐步进行分解:首先分解为一个个单独的句子,其次是分解为一个个单独的词语,最后是一个个单独的语素,极少关注或分析语篇的交际功能。然而,仅凭字、词、句和语法的讲授并不能从根本上实现学习者语篇能力培养的最终目的,我们应该尊重语言教学的客观实际,在教学理念和大纲设计中充分体现语篇教学的重要地位。

　　早在上世纪 90 年代,鲁健骥等学者就提出了从语篇或语段的层次上重视汉语偏误研究以及培养学习者运用语言进行交际的能力的观点。然而,从这一观点的提出到正式列入教学大纲却经历了较长的时间:我国 1995 年出版的《中、高级对外汉语教学等级大纲(词汇、语法)》①分别包含了 9 个词汇以及语法大纲,但并未涉及语篇教学的内容。随后,1996 经修订出版的《汉语水平等级标准和语法等级大纲》在语法等级大纲部分对"复句"进行了增补,加入了"多重复句",并且增补了"句群"这一项目②。尽管在提法上仍以"语法"为核心,但客观体现了初步具备语篇教学的意识。此后,2008 年《国际汉语教学通用课程大纲》③针对汉语作为第二语言的教学设定了五级能力标准,并在"语言技能"中明确提出了各个等级掌握语段这一"语篇能力"的基本要求。由于语段、复句或者句群都包含了彼此有语义逻辑联系的小句,小句之间在结构上具备一定的衔接形式与语法关系,因此语段、复句或者句群均属于语篇范畴。这充分说明,我国汉语做为第二语言教学界已经在教学理念与大纲设计上具备了一定的语篇的意识。

　　但是,从当前的教学大纲来看,"复句"与"语段"教学虽然已经被列为汉语教学的一个部分,但大纲所确定的教学重点主要是有形式标记的连接词语或者没有形式标记的逻辑语义连接手段,对于语音衔接手段如音节均衡、韵律和谐,词汇衔接手段如词语重复、近义、反义、上下义词的应用,语法衔接手段如省略、指称、替代的应用以及语用衔接中的句式选择问题等,均未列入语段或语篇教学内容之中。

　　根据语篇能力的基本含义,人们交际中所应用的基本语言单位是语义完整的语篇单位,在一个交际事件中起作用的因素不是单个的词语或者句子,而是语篇。因此,理解与生成语篇的能力是交际能力的重要组成部分。语篇作为人类交际活动中的实际应用单位,其内部各成分之间以形式衔接,语义连贯为基本前提。就语言功能而言,语篇即为交际行为的载体,语言教学就是将这一交际过程中的意义整体单位——语篇作为教学内容。因此,我们在汉语作为第二语言教学中必须重视语篇教学,而要切实将语篇理念贯彻到语言教学中,首先应在教学大纲上充分体现语篇教学的重要地位。

　　我们应当以"语言即语篇"的基本理念为前提设计教学大纲,这一理念客观体现了在语言教学中发展学习者语篇能力的基本要求。就此意义而言,在语篇以下层次设计的语言教学大纲在一定程度上忽视了语言要素教学与语言交际能力培养的内在关系,在此基础上设计的教学大纲缺乏科学性与整体性,因为此类教学大纲只涉及到了语篇内部各个孤立的组成部分,而未能充分关注作为交际载体的语篇本身④。

　　依照"语言即语篇"的教学理念,无论是语音、词汇、语法、语用或者交际功能,都是语篇内容的有机组成部分之一。人们使用语言的过程即为产生或理解语篇的过程,这一过程并非简单使用某些语音要素、词汇结构、语法结构或者句式结构的过程,更不

①孙瑞珍《中、高级汉语教学语法等级大纲的研制与思考》,《语言教学与研究》,1995 年第 2 期。

②刘英林《汉语水平等级标准与语法等级大纲》,高等教育出版社,1996 年。

③国家汉办/孔子学院总部《国际汉语教学通用课程大纲》,外语教学与研究出版社,2009 年,第 3 - 31 页。

④Widdowson,H. G. The Significance of Simplicifation,Studies in Second Language Acquisition,1972,P248.

是简单完成某一言语行为的过程。

教学大纲设计不可回避的两大焦点问题是：分析与分类的问题。因此大纲的设计必须根据某种标准对所教授的语言系统进行细致而客观的分析与归纳，并在此基础上制定相应的教学目标，给出具体的内容要求。语篇能力是语言能力不可或缺的重要组成部分，我们应遵循学习者的认知规律，切实将语篇语言学的基本理念纳入汉语作为第二语言教学的大纲中。

因此，我们在教学大纲设计中应充分体现"语言即语篇"的基本理念，并进一步突出"语篇策略"的教学思想——注重培养学习者在产生语篇的各个阶段所做的语言形式的选择，具体表现为在语篇构建与理解中对于语音、词汇、语法、语用、社会－文化准则等各个方面所做出的策略性选择。从某种意义上而言，使用语篇是学习者理解与掌握语篇策略的唯一重要途径。

教学大纲中贯彻"语言即语篇"的基本理念，与第二语言教学中的"任务型教学"思想主旨基本吻合："任务型教学"的核心理念是使学习者在完成各种言语交际任务的过程中使用语言，从而达到掌握语言的最终目的。"语言即语篇"的基本理念十分注重学习者"语篇策略"的训练，将传统语言教学理念中"字－词－句"要素的学习充分融合于语言交际能力的培养之中，学习者在语篇的构建与理解过程中对于语言要素的各方面所做出的策略性选择最终都是围绕完成语言交际任务而展开的。"语言即语篇"的基本理念使静态的语言要素与动态的言语交际过程相结合，客观体现了第二语言"任务型教学"的科学规律。

（二）教材设计

在语言教学中，教材具有相当重要的作用。教材直接体现了语言教学最根本的两个问题，即"教什么"和"怎么教"。教材设计的理念不仅反映了教学理论与教学法研究的深度与广度，而且在很大程度上决定了教与学的最终效果[①]。

当前，我们的汉语教材设计缺乏语篇意识，内容设计未能体现语言交际中的语篇策略，缺少语篇基础技能的训练环节。此外，有的教材内容在语篇表述中甚至存在明显的问题，如：

（1）我是……国留学生。我的名字叫……。我是北京语言学院的学生，我学习汉语[②]。

（2）我叫玛丽，我是留学生。这是马文英，她不是留学习生，她是中国学习生。我们是朋友。马文英学习英文，王老师教他们。我不学习英文，我学习汉语，白老师教我们[③]。

以上例子均来自于我们现有的汉语教材，孤立地考察以上例子中的单句并不存在问题，但是从语篇单位整体角度考察，我们不难发现，语篇缺乏衔接手段恰当的运用，表达显得啰嗦单调，水平低下，并不能反映汉语语篇表达的真实面貌。

---

① 刘珣《对外汉语教育学引论》，北京语言大学出版社，2005年，第312页。

② 李德津《现代汉语教程（读写课本）》，北京语言大学出版社，1999年。

③ 杨寄洲《汉语教程》，北京语言大学出版社，1999年。

教材是语言教学中最为重要的工具性资源,是语言规则的系统化成果的体现,是学习者以之为典范的直观学习和模仿的素材。教材内容的设计是否科学合理,直接决定了教学效果的好坏,更决定了学习者语言能力的高下。因此,要在汉语教材中体现"语言即语篇"的基本理念,切实培养学习者的语篇能力,我们应从以下方面进行努力:

首先,应加强语篇理论方面的借鉴与研究。

要在教材设计中科学体现语篇教学的基本理念,切实提高学习者的汉语语篇交际能力,我们必须充分结合汉语语篇研究和汉外语篇对比的基础研究,进一步深化汉语语篇衔接的本体研究,使汉语语篇衔接手段的研究更为科学、深入、系统,并使该研究成果更好地反馈于汉语教学这一应用语言学领域。

语篇语言学理论为语篇教学提供了理论基础来源,使语篇教学得以有章可循。尽管目前汉语作为第二语言教学研究界现有的语篇教学研究成果大多较为零散,且流于现象描述,但对于语篇问题已经给予了充分的重视,并在不断借鉴语篇本体研究理论的基础之上结合第二语言习得的研究方法,围绕汉语教学实践进行积极探索。

其中,针对外国汉语学习者语篇衔接偏误现象分析是汉语教学研究中不可或缺的重要组成部分,语篇偏误分析的结果有助于汉语教师洞悉学习者在使用语篇衔接手段时的种种偏误现象,更有助于观测学习者汉语语篇习得的基本规律,找准语篇教学与研究的重点与难点问题,从而探寻汉语语篇教学与习得研究的设计方案与教学策略。因此,我们需要加强语篇教学方面的理论研究,通过理论研究的成果来指导语篇教学的实践,以更好地为语言教学服务。

教学研究的成果最终必须体现在教材设计中,并运用于教学实践,用以指导教师与学生共享的教学过程。汉语作为第二语言教学的教材编写由以往的"纯结构"模式到"结构与功能"相结合模式,发展到当前的"结构－功能－文化"相结合模式,充分证明培养学习者运用语言进行交际的能力是语言教学的最终目标,这与语篇功能的"交际取向"这一本质不谋而合。因此,在汉语做为第二语言的教材设计中,应该在"结构－功能－文化"相结合的教学模式前提下,以交际话题为纲,遵循"循序渐进,螺旋式提高"的基本原则,在教材内容设计上除了有意识地体现语篇材料词汇衔接的重复、近义词、反义词、上下义词衔接方式,语法衔接中的指称、省略、替代以及连接手段等具有普遍性的衔接手段在语言交际实践中的应用规律与方法之外,更应从汉语语篇衔接的独特规律出发,将语音衔接中的音节、韵律、停顿,语用衔接中的意合句以及汉语特色句式的选择等独具汉语特色的语篇衔接方式编入教材之中,并在单元总结中进行系统的归纳与提炼,总结汉语语篇衔接的内在规律,设计相应的语篇衔接练习,有针对性地帮助学习者进行语篇交际技能的训练与培养。

其次,应该科学运用语篇分析理论结合语言教学实际情况,在教学大纲设计和教材语料的选择中应全面体现汉语语篇衔接的普遍性与特殊性。

教材中除了要包含体现常规衔接方式的语篇材料之外,还应充分考虑语篇的语体特征的差异性以及汉语特色的衔接方式。

在教材语料的选取中,应重新审视日常口语语篇与文学书面语篇之间的关系,转变目前教学大纲与教材常将二者全然相对立的情形。由于语境的需要,有些语篇类型有明显的界限,有些语篇类型则没有截然的界限,语言材料有时更接近独白,有时则更接近对话,而独白式的语言材料和对话式的语言材料之间的界限也不十分明显:口语可能有书面语的特征,书面语有时也有口语的特征,各种语体的语篇并非完全可以截然分开。因此,在教材设计中应适当展示汉语书面语语篇与口语语篇语料,帮助学习者正确理解汉语语篇的语体差异,并学习如何结合具体的交际语境选择相应的语体形式。同时,必须注意培养学习者对语篇语体的正确认识,在教材语料设计与选取中应根据学习阶段的差异,切实体现语篇语体学习层次的过渡性,初级阶段教材的语料可以以口语体为主,中级阶段教材的语料应体现由口语体向中性语体的过渡,高级阶段教材的语料则可以兼顾中性与书面语体的结合,使学习者在语篇理解与运用中有一个科学的层次递进,而不能一味片面强调"中性语体"的折衷化处理方式,最后导致学习者语体意识薄弱,语篇处理能力低下。

在教材语料的选取中,还应充分体现汉语语篇衔接的主要特色因素。其中最值得关注的便是语音衔接与语用衔接方式所体现的汉语特色。音节与节奏不仅使语言抑扬顿挫,也是句子组织的重要原则,有助于语义表达和语势强化,是汉语语篇衔接的重要手段,也是逻辑事理的必要补充,更是一种极富汉语特色的语言现象,在教材语料选取中应包含这一方面的设计内容。

此外,由于语篇总是在一定语境下所产生的意义整体单位,语境上下文因素是语篇理解和运用中不可忽视的重要因素。因此,教材内容设计中对于语篇材料的选择应当包含一些创造性使用语言的例句,体现某些违反语法常规的超常组配却为社会所广泛应用的情况,如汉语语篇衔接的意合句。同时,还应在教材设计中体现句式选择与语篇衔接的内在隐含联系,展示汉语句式与汉语语篇衔接的语义及语境制约因素,帮助学习者正确认知与掌握语用衔接的基本规律,提高其语篇交际能力。

就教学实践而言,教材本身就是一个个语篇单位的集合体,教师"教"的最终结果是帮助学习者"懂",而在教师指导下的"练"能使学习者真正达到"会"的层次。学习者要最终完成从"懂"到"会"的升华,关键在于练习[1]。就这一意义而言,教材练习具有十分重要的地位。因此,教材练习设计不仅反映了编写者对语言学习材料的理解与把握,同时也反映了编写者的教学经验与教学能力,更关系到教材的科学性与可行性,决定着教材的总体质量[2],对学习者的技能训练与能力培养起着十分关键的作用。

因此,教材练习设计中可以根据课文内容,针对语篇衔接的基本规律设计科学合理且形式多样的练习方式。在教材语篇衔接练习设计中,我们应当充分利用课文内容进行语篇衔接的巩固练习。可以考虑从以下几个方面进行语篇衔接练习设计:

1. 添加衔接手段

(3)我和父母离开故乡已经快七年了。我都要回去看看爷爷和奶奶,看小时候的伙伴们,看以前的老邻居们。

(4)旅途很长,光宇看到大伙儿都没精打采,就给我们讲笑话,大家听他

---

①杨惠元《论＜速成汉语初级教程＞的练习设计》,《语言教学与研究》,1997年第3期。

②董明、桂弘《谈谈好教材的标准》,《语言文字应用》,2005年增刊(S1)。

讲笑话就忘记了疲劳,很到就到达了目的地。他自己也很累的。

(5)上个星期五,我和同屋一起去吃重庆麻辣烫。麻辣烫真的很好吃,我吃了很多很多菜,喝了不少饮料。第二天,喉咙很疼,说不出话来。我以后不敢再吃麻辣烫了。

以上例句中的各个单句之间存在一定的逻辑语义联系,但是缺乏必要的衔接手段,需要学习者根据语篇内部的逻辑关系添加合适的衔接手段。添加衔接手段的练习不仅训练了学习者运用衔接手段的实际能力,也能更好地锻炼其对语篇连贯的整体把握,理解实现语义连贯的基本要求所在。

2.修改衔接错误

(6)老师经常鼓励我们,只要努力学,认真思考,大胆地练说话,汉语就一定会进步大。

(7)一个国家良好的社会风气的形成,虽然需要法律和条约规定,而且需要国家把全体公民进行社会道德的教育。

(8)人们都是追求美的,看到美丽的姑娘,心里会很高兴,看到美丽的风景,心里会很高兴,看到美丽的高楼大厦,心里也很高兴,看到美丽的艺术作品,心里当然也很高兴[①]。

上文例句直接向学习者展示了衔接不当的语篇,其中包含了音节失衡、关联词使用错误、句式选择不当以及词语重复过度等衔接偏误现象,涉及到语篇中语音衔接、语用衔接、语法衔接、词汇衔接不当的问题。这类练习首先考察了学习者对语篇衔接手段应用的判断能力,即直接辨别衔接错误的技能。通过此类练习,不但能够考察学习者对于语篇衔接手段的鉴别能力,培养学习者语篇衔接的语感,更有助于学习者在实践中应用衔接理论知识,迅速提高衔接手段的应用能力。

3.衔接手段填空

(9)假如你到别人家去做客,千万不要随便占据上席,到了之后最好选择最不起眼的座位。(这时)主人也许会过来跟你说:"您是我们最尊贵的客人,请您坐到上席去。"(这样)你就获得了荣誉和尊敬。(反之),假如您一到别人家就坐到上席去,这时又来了一位客人,主人也许会过来说:"对不起,请你坐到那边去,这个位置是我的另一位客人的。"在这样的情况下,你得到的就不是荣誉,(反而)是耻辱。

(10)据调查,大多数北京人上班,要么是坐公共汽车,(要么)是骑自行车,近几年来,自己开车上班的人也逐渐增多了。我在北京住了好几年了,到学校上课一般都是骑自行车。(虽然)公共汽车票价很便宜,可是由于北京市区经常出现堵车现象,有时坐车不但不比骑车快,(反而)比骑车慢。(因此/所以),我觉得,如果路程不算远的话,(与其)坐公共汽车,不如骑自行

---

①岑玉珍《发展汉语——高级汉语写作》,北京语言大学出版社,2006年,第63页。略有改动。

车。骑自行车有很多好处,(不但/不仅)能使自己主动控制时间,(而且/也)是很好的锻炼。我是个环保主义者,我认为自己应当尽能力保护环境。所以,(即使/哪怕)路再远,我也尽量骑自行车上学①。

语篇衔接填空练习是格式塔心理学理论的直接应用。在填空练习中,不但考察了学习者对语篇语义的整体理解能力,也考察了学习者正确应用衔接手段的基本能力,能很好地锻炼学习者组句成章的基本技能,并有助于提高其语言使用简洁度,使语言表达精炼,逻辑清晰。

4.句式选择

(11)祖父三年前种了一棵葡萄树,现在(　　　),六月还开了许多小花,暑假也许我们就能吃上自己家的葡萄了。

  A.已经被种活了

  B.这棵葡萄树已经活了

  C.祖父种活了这棵葡萄树

  D.祖父把这棵葡萄树种活了

(12)(　　　),今天的讨论我就不去了,因为去了也不知道该说什么。

  A.我没参加昨天的会议

  B.昨天的会议没被我参加

  C.昨天的会议我没参加

  D.我没把昨天的会议参加

句式选择牵涉到逻辑语义、语篇视角以及语篇语境等方面知识的应用,难度相对较大。但是对于基本掌握汉语句式的中、高级学习者而言,进行这类练习的意义十分重大:句子层面的语法学习是语言要素知识的积累,但是在具体的语言交际中需要在语篇层面选择恰当的句式,这不仅仅是语言形式选择的问题,是语篇衔接与语义连贯的基本需求,更是判断学习者是否真正掌握汉语句式的最终标准:语言知识内化为语言能力才能称其为"掌握",否则只能算是"了解"。

5.排序成篇

(13)①云南出产的水果品种很多

  ②这种石榴色彩诱人,个大皮薄

  ③其中最受人们欢迎的要数蒙自石榴

  ④而且鲜甜多汁,营养价值极高

  ⑤不愧为果中上品

(14)①在科技发达的今天,机器可以替代人做很多事情

  ②但是我给朋友们写信还保留着手写的习惯,我之所以这样做

  ③无论科技如何进步,这种意义是机器无法替代的

---

①岑玉珍《发展汉语—高级汉语写作》,北京语言大学出版社,2006 年,第63 页。略有改动。

④是因为我认为手写,亲手做能表达真心的关怀和友谊
⑤也更能表达自己尊重、重视之情
⑥写信就是机器能够代劳的工作
⑦不是因为我认为自己手写的字更漂亮①

句子排序练习主要考察了学习者语言逻辑顺序的理解能力,较为集中地体现了对语篇语法衔接手段的实际应用能力。逻辑顺序就其本质而言,直观体现了语篇衔接的内在规律,不仅有宏观意义上的时间、空间、位移、发展等线索的衔接,更有语篇内部微观成分——各小句之间的形式衔接与语义连贯,展现了语篇转承启合的基本规律。

6.模仿造句

(15)青少年处于追星的年龄阶段,<u>可是</u>,她并不是一个追星族成员,<u>相反</u>,她常常对一些演艺界明星们的表演提出批评。<u>尽管这样</u>,她和很多人一样,<u>还是</u>会有自己喜欢的明星,<u>比如</u>她就很喜欢美国的奥黛丽·赫本。

(16)一提起拉萨,总有朋友告诉我,那里是他们心中的圣地,<u>因此</u>,一定要好好保留着,然后在一个最值得纪念的日子到达拉萨。<u>但</u>我坚持认为,西藏是越年轻去越好,不要等到生活定型了之后。<u>因为</u>一旦生活定型了就很难再改变。<u>其实</u>并不仅仅是西藏,去任何一个地方都是<u>如此</u>。

模仿造句练习较为适合初中级水平层次的学习者。此类练习根据语篇推进的基本线索,给学习者以明确的语篇衔接范例以及具体的衔接应用项目,有助于学习者将机械模仿与自主创造相结合。通过应用指定的某些衔接手段,尝试构建语义连贯的语篇单位,能帮助学习者培养语篇衔接的基本意识,在语篇范例所规定的基本框架下训练正确应用衔接手段构建语篇的能力,在一定程度上具有举一反三的实际效果。

总之,在教材练习设计中采用科学化、系统化、多样化的设计形式,不仅要培养学习者具有语篇结构合理性的基本意识,更重要的是要训练学习者实现语篇语义一致性和连贯性的基本能力,使学习者学会正确运用语篇衔接手段,以保证语篇形式与意义的衔接及连贯。

三、教学模式与教学方法

(一)构建语篇教学的基本模式

作为现代外语教学的分支系统,汉语作为第二语言教学应该建立全方位、立体化的教学模式。以往的语言教学理论仅仅将语言视为一个独立的符号系统来处理,较为关注语言符号的形式、语言符号组合的规则以及结构,因此,片面注重对于语言符号形式的操练,对于语言符号组合后在言语交际过程中的语义和语用要求考虑不足。

基于这一教学理论的传统教学模式主要以句子分析为核心,教学重点局限于语法、词汇和句子的理解和分析上。尽管教材中的课文属于一个个语篇单位,但是在教学实践中,往往被视为某些词汇或语法点的媒介载体,课文讲授中,作为语篇的课文常

---

① 岑玉珍《发展汉语—高级汉语写作》,北京语言大学出版社,2006年,第62页。略有改动。

常被肢解为孤立的句子,将句子作为单位进行词语意义和语法结构的剖析,并将脱离上下文语境的句型和词汇操练作为语言训练的主要形式。尽管在此过程中,做到了词不离句,但对于语篇的总体布局、词法和句法的表意功能、语篇的衔接与连贯机制缺乏关注,挖掘不足,这在一定程度上制约了学习者言语交际能力的发展:

在听力理解中,以听懂听力材料中的词语为前提,根据词语意义推测句子意义,而不注重语篇的整体衔接机制,不能充分利用语篇衔接的语义功能抓关键词语或进行前后句子语义的衔接推理;在口语表达中,尽管能按照语法规则遣词造句,能使单句话语语法正确,但不注意口语表达中前后语句之间的衔接关系,输出的口头语篇前后不连贯,语义联系不紧密,整个语篇结构松散,逻辑及层次关系不清晰;在阅读理解中,局限于句子层面的理解,将语篇肢解为孤立的句子,在孤立的句子中理解词语的意义,不能从语篇衔接的角度对语篇进行综合分析,更不能清楚分辨语篇的布局谋篇规律,无法从宏观上把握阅读材料的主题推进线索;在书面语写作中,尽管在词汇和语法规则上能随着学习程度的提高而有所进步,但由于缺乏语篇衔接与连贯的整体观念,在行文的布局谋篇中不可避免出现语句先后脱节,词汇关联不足,以及行文方式单一的问题,甚至出现转承启合不当,语篇层次和逻辑不清的弊病。

以往的汉语教学与研究局限于句子以及句子内部各组成部分,对于句子与句子之间的衔接规律及衔接关系,对于句子在整个语篇结构中的地位与作用缺乏基本的认识,这一局限于句内层次的教学弊端对语言教学效果以及学习者语言能力的提高产生了明显的负面影响。Widdowson 曾提出,语言教学应将重点从单一的句子特征转移到句子的组合——语篇上来,即构建以语篇为核心的教学模式[1]。与以往的句本位教学不同,以语篇为核心的教学模式以语篇为基本单位,对语篇的宏观整体进行阐释和分析。语篇教学模式不仅需要立足语篇进行词汇的分析,也要分析语篇遣词造句以及布局谋篇的基本手段。语篇教学不仅关注语言形式,更关注语言功能,在提高学习者言语交际能力方面的优势是以往各类本位教学无法达到的,在很大程度上弥补了以往各类"本位"教学理论的不足之处。

因此,我们应尊重语言教学的客观规律,构建以语篇为基本单位的教学模式,从而帮助学习者系统、正确地认识汉语语篇衔接手段的内在规律,在构建汉语语篇时能自觉地避免母语相关规则的负迁移影响,选取正确的衔接手段与方法,提高语言表达效果。

建立以语篇为基本单位的教学模式,我们应该从以下几方面入手:

首先应引入语篇语言学相关基础理论,建立语篇与基础语法知识的接口。

基础语法主要包括主语、谓语、宾语、定语、状语、补语等一系列语法层面的概念与基本理论,但这些基础语法概念和理论对于语段、语篇的衔接与连贯等问题的解释无能为力,因而导致大多学习者对语篇的理解和分析仅停留于一个个孤立的句子层面之上,而对句子之间实现衔接与连贯的内在规律和机制认识不足。

作为意义完整的语篇,语篇性是语篇得以实现的首要条件。而语篇性得以保证的基本前提是"衔接",而一个个孤立句子的拼凑堆砌无法构成语篇,更无助于实现语篇

---

[1]Widdowson, H. G. Aspects of Language Teaching. OUP, 1991.

衔接与语义连贯。因此，以单句分析和句型操练为核心的句本位教学理念尽管对于语言要素的教学功不可没，但是无法适应语言交际教学的实际需求。必须重视语篇教学，在句子层面的语言技能训练基础之上，加强学习者的语篇运用能力，切实提高学习者的语言交际能力。

我们认为，建立语篇教学模式首先就应在传统基础语法与语篇语言学知识之间建立接口。从教学客观实际而言，建立基础语法同语篇语言学相关理论在教学模式中的接口，这也是在教学程序上实现微观与宏观教学相互衔接的客观需求。与学习者在初级阶段所掌握的句法成分完备的句子不同，在自然语篇中存在大量语义不足，甚至句法成分不完备的句子，如汉语的意合句。这一问题是传统基础语法所不能解决的，因为传统基础语法主要关注"语素－词—词组—单句—复句"这一语言内部微观层次。而语篇并非某些单句或复句的简单叠加，而必须经过必要的语义整合才能得以构建。"复句—语段—语篇"这一句子外部宏观层次的教学必须也只能由语篇语言学的相关理论加以阐释。因此，我们应加强语篇层面上的相关语言要素的教学，构建语篇教学的基本模式。

在语言教学中，我们不仅应充分关注传统语言学的基础语法知识，更应系统介绍语篇知识的基本体系。如语音衔接中的音节、韵律、停顿衔接，词汇衔接中的重复、近义、反义、上下义衔接，语法衔接中的指称、替代、省略等基本概念，以及它们在语篇构建中的重要作用，此后再进一步介绍主述位的推进等衔接手段。语篇教学模式强调教学中必须加强学习者在语篇层面上对语音衔接、词汇衔接关系、指称、省略、替代等语法衔接手段的应用、句式搭配、小句之间的主位－述位推进、句子连贯的逻辑推理判断等语言应用现象的了解与学习。

基于语篇模式的语言教学实现了微观语言教学与宏观语言教学手段的科学互补，能进一步提高语言教学的效率。例如，在基于语篇模式的词汇教学中，根据话题内容将语篇教学与词汇教学加以结合，可以帮助学习者实现词汇储存的有序储存与提取，增强词汇认知与查寻的时效性。

其次，根据教学阶段科学区分语篇教学的基本层次。

传统的语言教学模式认为语言具有多个层次，分别为：语音层次、词汇层次、语法层次、语篇层次。传统的基于句子语法的教学模式通常局限于句子以下的层次，不能真正培养学习者的语言运用能力。语音、词汇、语法在组织语篇结构上都发挥着重要作用，但它们并非是与语篇并列存在的语言层次，而是语篇内在的有机组成部分。语言教学不应当停留在语音、词汇、句子等层次之上，而应当上升到语篇的层次，树立基于语篇的语言观，语言教学改革并非仅在传统模式基础之上增加语篇层次的教学，而应将语言当作语篇来进行教学，帮助学习者明确了解语音、词汇、语法等语言要素之间相互关联、共同组织构建语篇的基本规律。

语篇由一个个单句衔接组合而成，无论学习者处于哪一个学习阶段，都不可避免接触到语篇现象，即使是初级阶段的学习者，他们所接触到的语篇尽管结构简单，篇幅简短，但那些语篇中必然具备语篇性，具有完整的意义信息，也必定包含了一定的语篇衔接手段。同时，语篇衔接可以通过语音手段、词汇手段、语法手段和语用手段加以实现，其中词汇和语法手段都具有较为明显的标志，体现了语篇意义连贯的显性衔接方式,在教学实践中可操作性较强,因此可作为汉语初级语篇教学的起点,逐步实现从有形的显性衔接到无形的隐性衔接方式的学习与应用,帮助学习者系统地掌握汉语语篇衔接的基本手段与方法,并进一步内化为交际能力的一部分。

语言教学应遵循循序渐进的客观规律,为了更好地培养学习者的语篇交际能力,我们应该从初级教学阶段起便注重学习者语篇知识的传授与技能训练。初级阶段就应结合字词句的教学展开语篇衔接的基础训练,在教学实践中结合教材语篇因素有意识地对学习者进行字、词、句的综合训练与教学,这样安排不仅不会影响字词句的基础知识教学,反而有利于充分发挥语篇的衔接功能,真正实现语言知识与语言能力训练的协调并进,因为单纯的字、词、句教学不仅枯燥乏味,也无法满足学习者的现实交际需求。而结合教材语篇所进行的教学活动更为注重语言知识与交际技能的复合式训练,将收到事半功倍的成果①。

根据初级阶段学习者的汉语实际水平,以简单的口头或书面语篇为基本单位,从易于把握的显性衔接层次入手,以词汇衔接的重复、近义、反义、上下义衔接方式,语法衔接的指称、替代以及部分简单连接词衔接方式的教学与训练为主,同时结合句子的排列组合为语篇的基础训练,使学习者在初级阶段便具备语篇衔接的基本意识,帮助学习者了解和掌握以词汇衔接和语法衔接手段为主的相对简单的语篇构建方法,为学习者后续阶段的语篇学习奠定良好的基础。

根据汉语的特点,语序和虚词是表达语法意义的重要手段,因此,在中、高级阶段除了指导学习者继续巩固词汇衔接与语法衔接的基本用法之外,首先需要使学习者全面掌握如何正确安排语篇内部组成部分的衔接次序,使语篇中的各个小句按照合理的逻辑关系进行组合。如:正确安排语序,准确地运用连接词来表明句子间的逻辑关系,使语段中的句子相互衔接以及运用等等。

此外,进入中、高级阶段后的学习者已具备较为系统的语言要素知识,我们应在具体的教学实践中针对汉语篇层面上的词语、连接词以及句子等语言要素教学的基础之上进一步强化学习者语篇应用技能的训练,有意识加大语篇衔接练习难度。尤其应充分关注汉语语篇衔接的特殊规律,帮助学习者正确掌握语音衔接中的音节均衡、韵律和谐等衔接方式;语法衔接中的省略手段、语义复杂度更高的关联词语,以及意合衔接手段,句式选择等衔接方式,使学习者正确了解以上衔接手段对于汉语语篇语义衔接连贯、话题推进中的影响与作用。对于语篇衔接的训练要求不仅仅停留于单个句子的正确使用,而进一步要求连接词语的使用正确,段落之间的衔接合理,整体语篇层次衔接合理,条理清晰。此外,还要帮助学习者培养语篇背景知识和语境意识,能根据具体的语篇语境,准确选择相应的句式以体现语义和语用的协调一致性,使学习者具备更为全面的语篇交际能力,从而使其汉语水平达到一个更高的层次。

总之,在语言教学的各个阶段都应以语篇为中心,尤其注意"衔接"这一保证语篇性得以实现的重要因素。在教学实践中,应利用语言材料,帮助学习者在熟练掌握汉字、词语、语法基本知识的基础之上,围绕语篇这一中心进行语音、词汇、语法等语言要素知识的学习。正确处理好语言要素的宏观与微观教学方式的关系:微观指的是语言

---

①彭小川《关于对外汉语语篇教学的新思考》,《汉语学习》,2004 年第 4 期,第 50—54 页。

形式的处理,宏观则是从语篇整体出发,结合上下文语境分析具体的语言形式,如语音、词汇、语法要素等。

最后,应注意不同课型的纵横配套。

目前,汉语做为第二语言教学研究对于语篇这一课题已给予了一定的关注,培养学习者成段表达的"语篇能力"也已经得到了普遍的重视,不少教材编写在内容设计上也充分考虑了语篇习得的自然顺序,结合教学实践的客观阶段由字、词、句向语段、语篇层层推进。

从教学课型的角度区分,汉语做为第二语言教学的课程可分为分技能课和综合技能课两大类,前者分别以"听"、"说"、"读"、"写"等言语技能训练为主要内容,后者则将"听、说、读、写"融合为一体。各课型中的每一项言语技能既存在本质性的区别,彼此之间也存在较为密切的联系。尤其是在语篇这一基本交际语言单位的前提之下,体现语篇性的衔接应用能力训练是各类课型进行言语技能训练所不可忽视的重要因素。

然而,长期以来段落或语篇教学被认为是综合课和写作课的核心任务,其它课型,如听力课、口语课、阅读课等与语篇教学之间并无实质性联系。事实上,言语交际必须以一定的语境为前提,语境决定了语篇的语义信息,而语篇衔接方式渗透于听、说、读、写四项基本言语技能之中,同各种课型存在着密不可分的天然联系,因此,武断地将语篇衔接知识的教学限定为某一类课型的专门任务,这是十分错误的观点。

就具体课型来说,听力课主要以培养学习者"听"的能力为核心。听力材料自身即为一个语义完整的语篇单位,体现了语篇组织的基本规则,材料中的各组成部分之间存在一定的衔接方式,也体现着语篇衔接的基本特征。因此,对语篇衔接判断技能的训练是听力课不可回避的内容。能否在听辨过程中准确地抓住具有衔接功能的"标志词"(如关联词),能否根据上下文的近义、反义或上下义词汇信息对语篇主题加以提炼等,都离不开语篇衔接知识与语感。因此,提高听力水平也就意味着必须重视语篇衔接与连贯能力的培养,这是理解语篇所必需具备的基本能力。

口语课以口头信息输出为教学核心,也就是通常所说的口语表达。口语表达固然要以语音或词句的正确度为基本前提,但口语表达不是零乱无章的音节输出,而是语篇层次上的口头表达。口语课必然不可忽视口头信息输出的整体性,这就包含了对语篇的衔接与连贯特征的基本要求。因此,对学习者口语能力的培养自然包含了对学习者语篇衔接能力的培养,如口语表达中不仅应注意语音的音节均衡与韵律协调,还要注意词语使用过程中的动态变化性,避免词汇的单调重复,要不断采用词汇衔接中的近义、反义、上下义等手段来丰富口语表达的内容,更要注意语言使用的简练与明确性,以及对语法衔接中的指称、替代、省略以及连接词的合理运用等等,这些都应作为口语课训练口头表达能力常用的方式,也体现了语篇衔接手段在口语语篇中的实际应用。因此,提高口语能力必定需要提高语篇衔接能力,口语课所进行的技能训练包含了语篇衔接要素。

阅读课以训练和培养学习者的阅读能力为目标。由于阅读的材料本身就是一个意义独立而完整的语篇单位,提高学习者的阅读效率,培养阅读能力也就自然包含了对语篇衔接能力的考察。同一语篇中前后词语之间具有一定的词义关系,如:"猜词"离不开对词汇近义、反义、上下义关系衔接手段的理解;阅读中"抓标志词"的"标志词"大多是语篇中起衔接作用的连接词,尤其是表示逻辑关系的关联词,如表示增补关系的"此外"、"同时";表总结关系的"终于"、"总之";表时序先后关系的"第一"、"第二"、"最后"……这些都直接体现了语篇衔接手段的理解及应用,都是阅读课中训练阅读速度和阅读能力所必须关注的重点内容。因此,阅读课的教学离不开语篇衔接认知能力的训练,阅读能力的培养体现了对语篇衔接的基本规律的学习,语篇衔接能力的训练是提高阅读能力的基本前提之一。

写作课以培养学习者成段表达的能力为基本内容。写作,即把文字符号组合成书面语篇,是一个布局谋篇的过程。与听力、口语、阅读能力相比,写作能力是书面语篇表达能力最为直接的体现,写作离不开对句子的组合应用,写作的这一特性决定了语篇衔接与连贯手段的合理使用是写作训练的重要内容之一:连词成句,连句成段,连段成篇,这是超越语言要素层次的,更为高层次的语言能力的体现。因此。写作训练是是培养语篇能力的重要手段,"写"的能力不仅体现了语言要素的综合应用能力,更体现了语篇衔接手段的得体运用能力。语言知识与语言能力是否匹配,可以从写作能力上得到直观体现。

综合课也称之为精读课,该课型融听、说、读、写四项基本言语技能于一体,被视为第二语言教学中的重点课型。由于综合课包含了听、说、读、写技能的综合训练,根据上文的分析,该课程的各个主要教学环节都包含了语篇衔接能力的训练。因此,如果汉语综合课注重学习者听、说、读、写四项基本言语技能的综合训练,就其本质而言,也就从语篇输入的听与读,语篇输出的说和写等角度全面培养学习者的语篇交际能力。

语篇是人类交际活动中实际应用的语言单位,是完成言语行为的基本语言单位。语篇内部各成分之间以形式衔接,逻辑相关,语义连贯为基本前提。就语言功能而言,语篇即为交际行为的载体。因此,培养学习者的语篇交际能力,实际上就包含了通常所说的对学习者听、说、读、写四项基本言语技能的培养。培养学习者的语篇交际能力,必然不可忽视语篇衔接技能的训练。因此,段落或语篇衔接的技能训练适用于各种不同的课型,如:综合课、听力课、口语课、阅读课、写作课等各类课型,同时也适用于学习者的不同学习阶段,如初级、中级、高级阶段等。因此,无论具体课型是分技能课,还是综合技能课,都必须重视语篇衔接知识的教学,应在汉语教学的每一个阶段实现各种课型的纵横配套教学。通过这种横向和纵向的彼此配合,可以更好地培养和强化学习者语篇衔接手段的应用能力。各类课型之间相互配合,可以从言语技能训练的不同层面出发培养学习者汉语语篇衔接的语感,有助于进一步综合提高学习者语篇交际能力,切实提高其汉语整体水平。

（二）教学方法

汉语作为第二语言的教学采用语篇语言学理论构建教学模式,不仅超越了古典翻译法,超越了以句子为中心的直接法,超越了以结构为基础的认知法,更超越了以功能意念为纲的功能法[①]。在具体的教学实践中,我们可采取以下几种方法进行教学:

1.通过衔接现象揭示衔接规律,兼顾语篇衔接共性与个性的整体把握。

语篇衔接在形式上表现为一个个独特的现象,但是在纷繁复杂的现象背后往往体

---

① 曹廷军《篇章教学法的实践与思考》,《牡丹江师范学院学报》,1992 年第 2 期,第 89 页。

现了一定的规律与机制。因此,在语篇教学中,我们不仅要介绍衔接的种种现象,更要引导学习者从现象中探寻内在的规律。只传授语篇衔接现象而不传授语篇衔接规律无助于学习者语篇能力的提高,而仅传授语篇衔接规律而不结合衔接现象进行介绍则会增加学习者的理解难度,必须将二者合理加以结合。

语篇衔接的原则既涉及语篇内部成分的衔接,也涉及语篇与语境的衔接。教师应结合教学内容与教学阶段的具体情况,确定学习对象当前需要掌握的衔接手段类别,以大量语篇材料为基础,分类提取所需的语篇衔接实例,在不同的课型中以听、说、读、写等语言表现形式为依托,对该阶段需要掌握的语篇衔接手段有步骤地进行大批量的展示,充分保证语篇衔接手段的信息刺激量达到一定强度,使学习者对此有充分的感性认识。在此基础上,启发学习者观察分析所展示的语篇衔接现象背后所体现的基本特点,注意归纳总结内在规律。此后,根据学习者的认知特点与习得规律,进行相关练习,训练学习者熟练运用该语篇衔接手段的能力。

同时,还需要以对比语言学为基础,帮助学习者了解母语和目的语的衔接机制差异,尽量消除母语的干扰作用,并对目的语特有的语篇衔接规律予以充分重视,唯有如此,才能使学习者真正摆脱母语的负迁移影响,掌握目的语语篇得体的表达方式。总之,成年人学习第二语言,不从掌握规律和理解语言本质出发,是不可能真正掌握一种语言的[1]。语篇衔接的教学应当把握汉语语篇衔接的基本规律,结合相关的现象进行内在规律的阐释与归纳。

汉语与印欧语在语篇构建上存在各自独有的规律,但是也在一定程度上具有共同特征,在语篇衔接规律上也是如此。因此,在语篇教学实践中,我们除了注意由现象到本质对语篇衔接规律进行阐释以外,还要进一步帮助学习者对汉语语篇衔接的共性与个性特征进行全面的把握。

从语篇衔接的共性特征出发,我们在教学中应该帮助学习者正确认知词汇衔接中语义因素是构成近义衔接、反义衔接以及上下义衔接的基本前提,同时语义范畴的一致性、语言结构与色彩意义的一致性也是词汇衔接关系成立的重要制约因素;语法衔接中的名词指称、代词指称与省略衔接手段是比较容易混淆的两类衔接手段,我们应该结合认知语法的可及性理论揭示其内在规律的区别:一般连续性最强时,采用省略指称,连续性较弱时,采用代词指称,连续性最弱时,则用名词指称[2]。从可及性程度上分析,即名词指称 < 代词指称 < 省略衔接;语篇中句式的选择或转换应遵循语篇视角从已知到未知的移动规则,否则便会破坏语篇衔接的一致性。语篇视角制约着语篇的衔接与连贯,因此,语用衔接中的句式选择必须考虑语篇视角因素。

我们在教学实践中除关注汉语语篇衔接的一般共性之外,还应充分注意汉语语篇衔接的个性特征的介绍。就汉语语篇而言,汉语具有具象型和语义型的特点,它不仅是一种语言现象,也是汉语社团成员思维方式的具体体现。在汉语作为第二语言教学过程中,分析汉语语言现象时应当将汉语社团成员的思维特征揭示出来,这样才会有效地培养和提高学习者的汉语思维能力。汉语语音衔接中的音节均衡与韵律协调、语

---

①李宝贵《对外汉语教学及汉语本体研究》,北京大学出版社,2005 年,第 11 页。

②肖奚强《外国学生照应偏误分析——偏误论丛之三》,《汉语学习》,2001 年第 2 期,第 50 - 54 页。

用衔接中的意合法及汉语特殊句式选择等,都体现了汉民族语言社团的思维特点。另外,汉语更倾向于应用词汇重复衔接、名词性省略、替代、意合法等衔接方式,这也是汉语语篇衔接方式的应用特色。在教学实践中,努力帮助学习者正确认识到以上汉语语篇衔接的重要规律,并在教学中予以强调,在练习中加以强化训练。

2. 重视语境因素,注重培养语篇衔接认知策略。

作为具备完整意义的语篇,无论其单位大小及信息量程度如何,语篇都是基于一定语境条件下的语篇,语境对于语篇衔接具有十分重要的意义,在语篇衔接的各个层次都显示出了十分明显的影响作用。

本文第二章的分析结果充分说明语境因素对语篇衔接理解的重要性:在语音衔接方面,语篇语境信息的强弱对语音衔接判断的正确率有着相当明显的制约,相对于音节和韵律衔接而言,语境因素对于语义倾向的停顿衔接的影响更为明显,且语境信息越强,学习者习得策略的启动效应越明显。在词汇衔接方面,如果不考虑上下文语境因素,词汇衔接便会脱离语篇整体而失去语义的关联,最终造成语篇衔接失败。在语法衔接方面,由于语境机制的作用是灵活的,它会随着语境条件的变化而变化,语篇内部所隐含的逻辑语义关系会因为语境的强弱而呈现出相应的变化。在语用衔接方面,认知语境既有静态性,又有动态性,语境信息的强弱对于语篇语用衔接的应用效果具有明显影响,在信息突出的语篇中,被试者对语义衔接的理解效果更好。总之,任何语篇都是基于某一具体语境的语义单位,因此要实现语篇的正确理解或衔接应用,必须结合语境上下文因素。

语言的使用过程实质上是一个语言形式不断选择的过程,人们对语言形式的选择一般都带有自身明显的意图性。"通过衔接手段的分析可以明确了解语篇思路的发展趋势以及语义流动的基本走势。就此意义而言,衔接手段从本质上为理解语篇起到了认知向导的重要作用"①。对语篇的理解与构建是将其语境化的过程,是语篇信息与在此基础上建构的相关语境互相作用的结果。然而,"语境不是预先设定的,而是由人们在整个认知语境中选定的,并将随着信息处理的过程而呈现动态变化的趋势"②。因此,语境是动态的,是随着对语篇理解而不断变化的,在整个动态变化中,人始终是认知的主体。由于"认知语境涉及到情景知识(具体场合)、语言上下文知识(工作记忆)和背景知识(知识结构)这三个语用范畴,它们反映了个人的心理认知状态。"③因此,可以说,语篇理解实际上就是一个"认知 - 推理"的动态过程,语境的存在是为语言服务的。

根据以上分析,语篇的理解过程离不开语境,而语境的理解即为一个认知过程,因而语境也是认知过程中不可或缺的环节之一。因此,我们应充分利用语境与认知的内在关联,正确培养学习者语篇衔接的认知策略。

语篇衔接不仅表示语篇命题之间的内在关系,也表示语篇的非言语行为之间的关系。语篇衔接与连贯与语篇情景和语篇运用紧密联系在一起,衔接体现了语篇的具体

---

① 王寅《语篇连贯的认知世界分析法》,《外语学刊》,2005 年第 4 期,第 22 页。
② 熊学亮《认知语用学概论》,上海外语教育出版社,1999 年,第 115 页。
③ 熊学亮《语用学和认知语境》,《外语学刊》,1996 年第 3 期,第 2 页。

语义联系,而连贯则体现了语篇整体的一致性。因此,我们不能再按照以往的"本位"理论,将孤立的词语或者句子作为语言理解的核心要素,而应当以语篇为基本单位,根据语篇意义衔接的整体作为语篇理解的基本前提,培养学习者的语篇认知策略,充分利用语篇语境所提供的信息线索,积极调动人脑对客观事物的基本认知常识,有效执行"认知－推理"的动态分析。

3. 在交际应用中培养学习者的语篇衔接能力。

语篇与孤立的词句最为本质的区别在于语篇具有交际价值。语篇的交际价值最终体现为语篇性的实现,而实现语篇性的主要途径就是衔接,毕竟"正常的语言行为不在于产生出不相连的句子,而在于使用句子创造出语篇。"[1]

与以语言要素教学为核心内容的传统语言教学不同,以语篇为基本前提的教学理念主要从语篇形式与意义入手,结合具体语境对语篇进行解读或构建,这种以语篇为导向的教学理念有助于解构语篇的布局谋篇规律,分析语篇的结构与类型,有利于全面培养学习者的语言知识能力,更有助于进一步发展学习者的言语交际能力。根据"语言即语篇"的语基本理念,培养学习者的语言能力就是培养其语篇能力,而语篇得以实现的条件在于语篇性,衔接是实现语篇性的基本前提,因此,我们应充分重视对学习者语篇衔接能力的培养。

语篇是一定语境中动态使用的语言单位,是言语交际的出发点与最终归宿,言语交际一般表现为语篇信息的交换。因此,介绍语篇衔接规律仅仅属于语篇知识的理论展示,而要使语篇知识转化为语篇能力,就必须在语篇的实际应用中才能得以实现。

在语篇的实际应用中,我们应注重训练学习者对语篇衔接的敏感度。根据汉语语篇衔接的基本层次,如语音衔接中的音节均衡、韵律协调、停顿别义;词汇衔接中的重复、近义、反义以及上下义衔接;语法衔接中的指称、替代、省略、连接等衔接方式;语用衔接中的意合法以及句式选择衔接等,在教学过程中引导学习者结合具体语篇的语境及内容选取恰当的衔接方式以构建语篇,按照"由易到难,螺旋式提高"的基本原则,逐步由初级阶段的显性衔接手段向中、高级阶段的隐性衔接手段过渡,在实际应用中不断熟悉和掌握汉语语篇衔接手段的基本规律,并结合一定强度的训练,提高学习者语篇衔接的敏感度。

总之,我们应该通过层次丰富,形式多样的练习方式,对学习者进行语篇衔接的基础性训练,在语言的实际应用过程中帮助学习者实现由语篇知识向语篇能力过渡,由强制训练向自主运用过渡,帮助学习者在汉语语篇衔接应用中由缺乏应用意识逐渐上升到具备应用意识的层次,最后升华到下意识应用语篇衔接手段的境界,实现语篇能力在交际应用中的无形内化,以真正达到提高学习者语篇能力的最终目标。

---

[1]Widdowson, H. G. Teaching Language as Communication, Oxford University Press, 1978, P22.

结　语

本文以语篇分析理论与第二语言习得理论为基础,采用问卷与口语调查相结合、定性分析与定量统计相结合的方法,首次对越南汉语学习者语音衔接、词汇衔接、语法衔接、语用衔接等项目的应用情况及习得特征进行了较为细致而系统的考察与研究。本文研究主要关注语篇衔接的微观层面,研究内容上从语音、词汇、语法、语用衔接层面对汉语学习者的相关应用能力进行考察,并对语篇衔接层次进行了较为系统的分析,而不仅仅局限于某一个衔接层面的考察。在研究方法上采取了横向调查研究的方式,结合了学习者书面语输入理解与口语输出表达两方面的研究,样本丰富且语料充实,采用测量方法对结果进行统计和分析,以实证的方法探讨汉语语篇衔接的应用与习得特征,研究角度较为客观,避免了经验式的主观描述。

对于语篇衔接偏误,既采取了传统研究对偏误现象的描述与分析,更有对于偏误来源的定量分类与阐释,同时还结合问卷与口语调查的数据进行静态与动态的研究组合,对学习者的习得过程、习得难度及习得顺序进行了细致的分析,并从语言迁移、认知心理、学习策略等方面进行剖析。多层次的挖掘与多角度的分析相结合,克服了当今习得研究中仅凭中介语与学习者母语与及目的语对比,便给习得研究贴标签的通病[1],在语篇衔接的中介语研究中切实做到了描写与解释相结合。同时,根据习得顺序及习得难度的研究结果,针对汉语作为第二语言习得的语篇衔接能力标准提出了具体评判细则,研究结论较为客观,对汉语作为第二语言的语篇衔接的教学与研究具有积极的应用价值。

一、主要研究结论

(一)语篇衔接应用的基本情况

1. 被试者语篇衔接能力总体不强。

尽管随着学习级别的提高,被试者的语篇衔接总体能力呈逐步递增趋势:初级(−0.265)<中级(0.086)<高级(0.163),但被试者语篇衔接能力总体不强,语篇衔接能力指数在临界值区间徘徊。基于项目反应理论原理,被试者汉语语篇衔接能力指数充分反映了被试者在汉语语篇衔接项目的反应和成绩与他们的潜在特质之间的特殊关系。由于被试者汉语语篇各子项目的应用能力的不均衡必定对整体能力指数产生影响。

2. 被试者语篇衔接各项目的应用情况存在差异:显性衔接方式掌握程度较好,隐

---

[1]王建勤《关于中介语研究方法的思考》,《汉语学习》,2000 年第 3 期。

性衔接、尤其是大部分汉语特有的衔接方式掌握程度不够理想。

被试者语篇衔接各项目的正确使用相对频次总值由高到低次序均为:语法衔接(683.2)＞词汇衔接(320.2)＞语音衔接(90.3)＞语用衔接(83.6)。其中,语音衔接、语用衔接正确使用相对频次总值普遍偏低,且初级、中级、高级基本无差别,都处于最低区间,这说明学习者对于语音衔接中的音节数量均衡、语音韵律协调、语音停顿别义以及语用衔接中的意合句、"把/被"形式标记句、主题句的选择等项目掌握情况均不够理想。

被试者问卷与口语语篇应用考察结果揭示了一个较为一致的现象:在词汇重复、指示指称、人称指称、名词性替代、动词性替代以及关联词衔接等较为明显的衔接手段正确使用相对频次较高,应用情况普遍较好,而在语音音节数量、韵律协调、名词性省略、句式选择等相对隐蔽的衔接手段的正确使用相对频次普遍偏低,效果不佳。总体而言,显性衔接手段较容易被掌握,而隐性衔接形式不明显,需要调动语境认知策略加以确认,因而此类衔接手段的掌握难度相对更大,这是导致内部子项目应用情况存在差异的直接因素。

3. 在口语语篇表述中,被试者倾向于大量采用词汇重复、指称、替代、关联词等有形的显性衔接手段,倾向于使用"主－谓－宾"的常规句式结构,对于语音衔接、词汇中的近义、反义、上下义衔接以及意合句、主题句选择等较为隐性的衔接手段应用较少,或者出于回避策略完全不用。这一倾向导致被试者语篇表达呈现趋低、趋同现象,即衔接较为明显地集中于一些简单的手段上,语篇结构单调、缺乏丰富多样性、表达效果不佳。

(二) 语篇衔接习得的基本特征

1. 被试者的汉语语篇衔接偏误类型涉及层面广,分布跨度大。被试者衔接偏误类型涉及到语音衔接、词汇衔接、语法衔接、语用衔接等各个层面,衔接偏误在初级、中级、高级被试语料中均不乏以上类型。被试者语篇衔接偏类型的基本特征显示偏误分布及延续周期与项目的难易程度成正比:偏误的分布越广、延续周期越长,相关项目的习得难度越高,反之亦然。

2. 被试者汉语语篇衔接项目存在明显的习得程度差异。

习得程度较高的衔接项目是:词汇重复、指示指称、上下义、名词性替代、比较指称、人称指称、连接用词;习得程度居中的衔接项目是:连接词数量、名词性省略、连接词位置、韵律、停顿、反义、"把/被"形式标记句、动词性替代、小句性省略;习得程度较低的衔接项目是:主题句、小句性情态替代、音节、近义、动词性省略、小句引语性替代、小句条件性替代。

3. 被试者汉语语篇衔接项目体现出一定的习得顺序。

其中,总体习得程度较高,且习得顺序靠前的语篇衔接项目是:词汇重复、上下义、人称指称、指示指称、比较指称、名词性替代、连接用词;总体习得程度与习得顺序居中的语篇衔接项目是:韵律、停顿、反义、动词性替代、名词性省略、小句性省略、连接词位置、连接词数量、意合句、"把/被"形式标记句;总体习得程度较低,且习得顺序靠后的语篇衔接项目是:音节、近义、小句性引语替代、小句条件性替代、小句性情态替代、动词性省略、主题句。

（三）影响语篇衔接习得的主要因素

第二语言习得研究主要以描写和解释为主要目的。前者以描写第二语言学习者的整体语言能力以及各项语言技能的习得与发展过程为主；后者以解释学习者习得第二语言的程度以及影响习得的因素为主。

第二语言习得是一个非线性的动态发展过程，也是一个极其复杂的过程，受到诸多相互作用的因素，如生物学、生理学、心理学、社会学、语言学以及语言学习行为因素的影响。其中，最为关键的影响因素便是语言因素及学习者因素。语言因素主要包括语言标记性、语境因素、输入语的种类、数量及反馈互动；学习者因素主要包括学习策略、认知风格、语言潜能、动机态度以及学习者的个体特征等等。

就语篇衔接习得而言，影响语篇衔接习得的语言因素主要体现为汉语语篇所蕴涵的语言类型学特征以及语境因素，而影响语篇衔接习得的学习者因素主要表现为学习者认知策略的影响。

1.语言因素。

语言类型学根据不同语言特征将语言划分为不同类型的描述性研究，通过对具体语言现象的比较，探寻人类语言的联系与普遍性特征。语言类型因素是第二语言习得研究中不可忽视的因素之一，可以针对一些特殊的语言现象对习得的影响做出更为深刻的阐释。

在第二语言习得研究框架中，最值得关注的是语言类型中的标记性问题。"在语言类型学中，标记被认为是一种相对的概念，蕴涵普遍性即预设为某种标记关系"[1]。基于语言类型学的第二语言习得研究探讨的重要方面就是语言标记对于习得的影响。

汉语是语义型语言，汉语类型特征与意合特性相关的便是主题突出型语言特征以及与主题结构密切相关的、汉语特有的"把"字标记句式的广泛运用。"把"字标记句以及主题句是语言类型学标记特征在汉语语篇中的直接体现，而从第二语言习得角度分析，被试者在语篇衔接项目应用中，与句式选择有关的语用衔接正确使用相对频次处于较低水平；在习得特征分析中，"把"字标记句泛化是一个普遍的偏误现象，"把"字标记句以及主题句选择的习得程度处于较高难度的习得区间，而习得顺序则处于相对靠后的位置。这充分说明，就语言类型的形式标记而言，目的语的语言项目与母语不同，且比母语更有标记性，则学习难度更大[2]。

除语言类型中的标记性问题外，同时影响语篇衔接习得的语言因素还有语境因素。

语境是指与语言变量相临近的各种语言形式。语境对二语习得效果具有显著的影响：强语境对于习得具有"促进"作用，使得学习者的语言接近目的语的概率增大，而弱语境或者语境缺失对于习得具有"阻碍"作用，使得语言学习者的语言背离目的语的正确形式。任何语篇都是基于某一具体语境的语义单位，因此要实现语篇的正确理解或衔接应用，必须结合语境的上下文因素。语境的存在是为语言服务的，对语言的理解离不开语境。

---

[1]尹洪山《山东外语教学》，2004 年第 1 期。

[2]Eckman，F. Markesness and the Contrastive Analysis Hypothesis. Language Learning，1989，P315.

作为具备完整意义的语篇,无论其单位或信息量大小如何,都是基于一定语境条件下的语篇,语境对于语篇衔接具有十分重要的意义。在语篇理解中,交际者需要根据语篇信息构建认知语境,进行信息码的重组和组织逻辑推理。如果认知语境中信息缺失,就无法构建恰当的认知语境,从而影响语篇信息的正确理解,导致语言交际失败。

如在语音衔接方面,相对于音节和韵律衔接而言,语境因素对于语义倾向的停顿衔接的影响更为明显,并且语境信息越强,学习者习得策略的启动效应越明显。在词汇衔接方面,如果不考虑上下文语境因素,词汇衔接便会脱离语篇整体而失去语义关联,最终造成语篇衔接失败。在语法衔接方面,当启动词与目标词有较强的语义联结时,语境效应主要来源于词与词之间的联结启动;当启动词与目标词之间的语义联结较弱时,随着语境干扰强度的增加,目标词的词汇通达难度也随之增加[1]。在语用衔接方面,在信息突出的语篇中,被试者对语义衔接的理解效果更好。总之,要实现语篇的正确理解或衔接应用,离不开语境上下文因素。

此外,语篇习得难度与语篇的语体情景相关。习得难度所表现出来的偏误率高低与语体情景相关的计划程度密切相关:书面语相对口语语篇而言,可计划程度较高,即监控程度较高,因此偏误率相对较低;口语语篇随意性较大,即监控程度较低,因此偏误出现率较高。这说明语言监控度对于语言习得的效果具有不可忽视的影响。

而语篇单位大小对语篇衔接的使用不会产生明显影响。根据语篇的本质属性,语篇在意义上具有相对的独立性与完整性,无论语篇单位大小程度如何,当它被从其整体文本的语流中切分出来后,仍能保持自身作为语义-句法单位的基本特征。因此,被试者语篇衔接考察受语篇单位大小影响不显著。这也再次验证了 Halliday 的结论:语篇与句子和小句的关系不在于篇幅的长短,而在于衔接。

2. 学习者的认知策略。

Rubin 认为,学习者的认知策略是指在学习过程中为解决某些特定问题而试图采用的某些方法,是学习者获取、提取或处理语言信息的特定方法或步骤。就语言学习而言,主要包括学习策略和交际策略两大类。

人的语言能力包括了语篇能力,语篇能力在本质上则直接体现接了语篇材料与语篇应用者之间的互动。同时,语言能力是认知能力的有机组成部分,语言习得是一种心理和智力的活动过程。第二语言习得的发展并非是杂乱无章,完全随机的过程,而是学习者运用认知策略进行认知加工的推论过程,这一过程受到语言加工能力的制约,呈现出一定的规律性特点。

学习者的认知策略主要表现为信息加工及推论过程,在此过程中包含了语境因素影响,由于语境的理解就是一个认知过程,因而语境也是认知过程中不可或缺的环节之一。通常情况下,运用认知策略并结合语境因素进行加工推论,有助于获得良好的习得效果,但是加工过度反而适得其反:如初级学习者运用认知策略对"把"字句的简化。将"麻烦你把它再砍短一下,我实在扛不动了。"简化成"麻烦你再砍短一下它,我实在扛不动了。"导致偏误产生;又如中、高级阶段学习者片面追求语言简洁,普遍出

---

① 鲁忠义《汉语句子阅读理解中的语境效应》,《心理学报》,2003 年第 6 期。

现名词省略的过度泛化问题,导致语篇前后语句不连贯或语义不明。

以上所列举的偏误现象均与认知策略中的简化手段有关。在此,简化首先体现为语义简化,这主要由于人的普遍认知习惯往往以"简化"为基本特征,而并非由于学习者没掌握某一语言结构或用法,究其原因主要在于学习者认知策略运用不当而导致偏误的产生。

此外,研究结果表明:学习者母语的负迁移因素也存在一定影响,但并非最显著的因素。

二、创新之处与研究价值

(一)客观借鉴语篇语言学的基础理论,结合汉语语篇衔接的特色,摆脱以往研究的窠臼,避免了对印欧语语篇衔接分类标准的生搬硬套、削足适履,不仅关注词汇衔接、语法衔接,更关注独具汉语特色的语音衔接与语用衔接现象;充分关注汉语作为第二语言教学领域语篇衔接的实际应用情况,避免了以往研究中单纯以某一类衔接手段为主的零散研究。本文初步构建了较为系统的微观语篇衔接研究体系,尽管在研究深度与广度上存在不足之处,但却是汉语作为第二语言教学研究领域对语篇衔接研究的一次有意义的尝试,对汉语教学与研究具有一定的应用价值。

(二)研究语料语体类型全面,分析角度较为客观。本文所采用的研究语料不仅包括了书面语篇材料,也包括了自然口语语篇材料,避免了研究中单纯以书面材料为主,从书面语篇静态分析获取结论的弊端。本文研究兼顾书面语及口语语篇材料,将静态书面材料与动态自然口语材料分析相结合,基本实现了研究材料中的互补性说明,力求保证研究语料选择的客观与真实性,研究结论具有一定说服力。

(三)避免了以往研究中经验式总结多于科学性分析,定性研究多于定量研究,从材料出发再回归到材料的种种弊端。借鉴社会语言学的调查方法,结合语言二语习得的实证性研究手段,采用了基于教育测量学的 BLOG – MG3.0 以及基于统计学的 SPSS16.0 统计方法,并在习得研究中采用正确使用相对频率法与蕴涵量表法等数据处理方式,同时以实证数据统计的结果为依据,对研究结论进行多角度多侧面的论证说明,避免了经验总结式的归纳,使研究结论更为科学可靠。

(四)本文在语篇衔接偏误研究的高度上有所提升,彻底抛弃了当前汉语作为第二语言习得领域对于语篇衔接偏误以分类描述为主流的研究模式。不仅仅关注学习者语篇衔接的偏误表现,更进一步探讨了偏误现象背后所体现的习得特征、习得难度、应用能力等问题,对语篇衔接习得的内在规律进行了较为客观的分析,并据此对《国际汉语教学课程大纲》的语篇能力标准加以补充性修改,且针对当前汉语教学理论进行了重新审视,针对语篇教学实践提出了一些具有应用价值的教学建议。

(五)本文研究充分考虑了学习对象的不同水平层次,调查数据横跨初级、中级、高级各个阶段,保证了研究对象水平层次的整体性,研究过程与结果具备延续性与系统性。弥补了以往语篇衔接的研究对象主要集中于中、高级水平学习对象,对初级水平对象的语篇衔接偏误问题鲜有关注的不足,克服了研究过程延续性不强,研究结论不能客观反映学习者整体习得面貌的弊病。

三、不足之处

（一）由于调查时间有限，且调查对象流动性较大，未能进行耗时较长的纵向动态过程的追踪研究。因此，在语篇衔接习得研究的历时考察层面有所欠缺。

（二）关注到了语篇衔接研究的准确性与丰富度要求，但对于研究的复杂度尚有待加强，主要表现为本研究仅限于狭义衔接手段的分析，没有结合语篇功能与文化角度进行广义语篇衔接研究，尤其是针对越南汉语学习者语篇习得的国别化特征的研究尚不够深入。

（三）对于语篇的结构与体裁问题缺乏研究。在问卷语料选取上书面语体成分相对偏多，口语考察主要以独白式表达为研究主题，未针对以交际对话为内容的语篇衔接方式进行考察，显得单向静态语料有余，双向互动语料不足。

四、研究展望

在今后的研究中要从认知语义学角度对口语与书面语语篇的衔接机制进行深入探讨，并从功能与文化角度拓展语篇衔接问题研究，还要进一步关注交际对话语篇的衔接问题，研究方法上应做到纵横兼顾，今后可进一步拓展相关的研究领域，进行新课题的开发：

（一）在原有的横向调查研究的基础上，对学习者汉语语篇衔接习得情况进行纵向的历时跟踪调查，对各个学习阶段的语篇习得规律进行更为细致的考察，进一步加强对不同水平层次学习者汉语语篇衔接习得过程的研究，使习得效果的影响因素分析更为系统与科学。

（二）进一步探讨汉语学习者语篇衔接的习得策略。可继续采用口头报告形式，将大声思考法、内省法和回想法融为一体，通过对学习者有声思维的录音转写材料分析，了解学习者在汉语语篇衔接判断以及语义推理过程中的内在思维发展过程、基本认知规律与交际策略的运用特征等问题，客观阐释学习者的习得策略及认知风格对汉语语篇习得的影响作用。

（三）立足于语篇分析的交际本质，加强对交际互动式语篇材料的研究。对参与会话者在话语交际过程中所产生的话轮转换情况进行研究，挖掘会话者话轮转换过程中所体现的语篇衔接规律与语篇交际能力之间的内在联系，从话语分析角度深入探讨第二语言学习者汉语交际能力培养的新思路。

（四）尝试基于语篇中介语语料库的语篇衔接问题研究。通过建立汉语学习者口语和书面语语篇语料库，研究不同学习群体的汉语中介语语篇共性规律，深层次挖掘学习者的语篇认知加工机制，尤其是汉语语言类型特征对学习者中介语系统这一语言能力连续变体的影响及表现。

以上研究结果将来经过进一步论证，可反馈于教学大纲制定、教材编写以及课堂教学实践中，能使汉语作为第二语言教学研究更具针对性和实效性。

近年来，语篇教学研究业已成为汉语作为第二语言教学研究领域中不可或缺的重要组成部分。目前，汉语作为第二语言教学的语篇研究还比较薄弱，研究成果远不能满足一线教学实践的现实需求，未来的语篇研究需要在广度和深度上继续努力。

参考文献

[1]白凤欣.国内第二语言习得中介语及其石化现象理论研究综述[J].河北师范大学学报(社会科学版),2007,(4).

[2]毕宏伟.中高级阶段英语背景留学生语篇衔接偏误问题探讨[D].东北师范大学硕士学位论文,2012.

[3]曹文雄.语用学的多维研究[M].杭州:浙江大学出版社,2009.

[4]曹秀玲.韩国留学生汉语语篇指称现象考察[J].世界汉语教学,2000,(4).

[5]常宝儒.汉语语言心理学[M].北京:知识出版社,1990.

[6]陈昌来.对外汉语教学概论[M].上海:复旦大学出版社.2005:74.

[7]陈晨.英语国家学生中、高级汉语篇章衔接考察[J].汉语学习,2005,(1).

[8]陈晨.英语国家学生学习汉语在篇章连贯方面的常见偏误[J].四川大学学报(社会科学版),2005,(3).

[9]陈福宝.对外汉语语段写作训练简论[J].汉语学习,1998,(6).

[10]陈焱、丁信善.基于语篇理论的英语阅读教学[J].语文学刊2007,(3).

[11]陈勇.篇章内容的层次结构与人的世界[J].外语学刊,2006,(3).

[12]储诚志.知识图式、篇章结构造与汉语阅读教[J].世界汉语教学,1994,(2).

[13]崔江宁.语篇分析理论在英语阅读理解中的运用研究[D].东北林业大学硕士学位论文,2007.

[14]丁雪欢.汉语疑问句作为第二语言习得的研究[M].北京:中国社会会科学出版社,2010.

[15]董昕.利用衔接机制提高学生语篇阅读理解能力[J].黑龙江教育学院学报(社会科学版),2009,(4).

[16]杜金榜.语篇分析教程[M].武汉:武汉大学出版社,2013.

[17]杜思娴.海外汉语教材课文语篇的衔接与效果——以美国剑桥出版社"汉语与文化"系列教材为例[D].湖南大学硕士学位论文,2014.

[18]方琰.系统功能语法与语篇分析[J].外语教学,2005,(6).

[19]冯胜利.汉语的韵律、词法语句法[M].北京:北京的大学出版社,2009.

[20]高俊丽,语用预设与语篇的衔接与连贯[J].新乡学院学报(社会科学版),2012,(1).

[21]高宁慧.留学生的代词偏误与代词在篇章中的使用原则[J].

[22]高彦梅.语篇语义框架研究[M].北京:北京大学出版社,2015.

[23]葛本仪.汉语词汇研究[M].北京:外语教学与研究出版社,2006:109-110.

[24]郭富强.汉英意合形合对比研究的反思[J].云南师范大学学报(对外汉语教学与研究版),2005,(5).

[25]郭颖雯.篇章语言学与语段、语篇口语教学[J].语言教学与研究,2003,(5):1-16.

[26]国家汉办/孔子学院总部.国际汉语教学通用课程大纲[Z].外语教学与研究出版社,2009:3-31.

[27](英)韩礼德 著,潘章仙 等译. 语篇和话语的语言学研究[M].北京:北京大学出版社,2015.

[28]何立荣.浅析留学生汉语写作中的篇章失误[J].汉语学习.1999(1):44－47.

[29]何莲珍.认知与阅读理解测试[J].外语研究,2000,(2).

[30]何自然.认知语用学——言语交际的认知研究[M].上海:上海外语教育出版社,2006.

[31]胡壮麟.系统功能语言学概论[M].北京:北京大学出版社,2005.

[32]胡壮麟.语篇的衔接与连贯[M].长沙:湖南教育出版社,1989.

[33]胡壮麟.语篇分析在教学中的应用[J].外语教学,2001,(1).

[34]黄国文.语篇分析概要[M].长沙:湖南教育出版社,1988.

[35]黄国文.语篇分析的理论与实践—广告语篇研究[M].上海:上海外语教育出版社,2001.

[36]黄玉花.韩国留学生的篇章偏误分析[J].中央民族大学学报(社会科学版),2005,(5).

[37]鞠玉梅.英汉篇章中语法衔接手段极其文体效应[J].外语与外语教学,1999,(1).

[38]姜望琪. 语篇语言学研究[M].北京:北京大学出版社,2011.

[39]亢铁凤.语篇视角下的中级汉语口语教材编写分析[D].吉林大学硕士学位论文,2013.

[40]孔艳.英语国家留学生汉语语篇衔接手段的使用研究[D].中央民族大学硕士学位,2009.

[41]兰强. 越南语语篇衔接研究[M].广州:世界图书出版广东有限公司,2013.

[42]黎锦熙、刘世儒.汉语语法教材(第三编)[M].北京:商务印书馆,1962.

[43]黎锦熙.新著国语文法[M].北京:商务印书馆,1956.

[44]李宝贵.对外汉语教学及汉语本体研究[M].北京:北京大学出版社,2005:11.

[45]李葆嘉."字"本位观和语义句法论(下)[OL].北大中文论坛,汉语语言学,[2011－04－21].
http://www.pkucn.com/viewthread.php? tid=186929.

[46]李德津.现代汉语教程(读写课本)[M].北京:北京语言大学出版社,1999.

[47]李华倬.基于中国哲学思想的汉语研究[M].镇江:江苏大学出版社,2010.

[48]李辉.系统功能语言学视角下的语篇衔接研究[J].辽宁工业大学学报(社会科学版),2014,
(6).

[49]李泉.对外汉语课程、大纲与教学模式研究[M].北京:商务印书馆,2006.

[50]李泉.对外汉语教学理论研究[M].北京:商务印书馆,2006.

[51]李泉.近20年对外汉语教材编写和研究的基本情况述评[J].语言文字应用,2002,(3).

[52]李泉.论对外汉语教材的针对性[J].世界汉语教学,2004,(2).

[53]李婷.汉英语篇衔接对比研究及其对对外汉语教学的启示[D].湖南大学硕士学位论文,2013.

[54]李炜东、胡秀梅.中级汉语学生的语篇衔接偏误分析[J].语言文字应用,2006,(S2).

[55]李小丽.初级阶段口语教学应重视成段表达能力的训练[J].语言文字应用,2001,(3).

[56]李晓琪.以英语为母语者学习汉语关联词难点及对策[J].暨南大学华文学院学报,2001,(4).

[57]李颜.英汉篇章结构衔接对比再探[J].湖南大学学报(社会科学版),2001,(S1).

[58]李兆娜.初级阶段留学生语篇衔接偏误研究及教学实验[D].上海外国语大学硕士学位论
文,2013.

[59]连淑能.论中西思维方式[J].外语与外语教学,2002,(2).

[60]廖秋忠.廖秋忠文集[M].北京:北京语言学院出版社,1999.

[61]廖庶谦.对于《中国文法革新讨论》的批评[A].中国文法革新论丛[C].北京:商务印书馆,
1987:199－234.

[62]林帅.留学生汉语语篇词汇衔接偏误分析及教学建议[D].福建师范大学硕士学位论文,2012.

[63]刘宝.中高级阶段泰国学生汉语叙述体篇章衔接手段偏误分析[D].广西民族大学硕士学位论
文,2012.

[64]刘冰泉、况新华.语言石化现象概述[J].江西社会科学,2001,(5).

[65]刘辰诞.篇章与词汇教学[J].外语教学.1997,(2):27－32.

[66]刘丹青.语义优先还是语用优先—汉语语法学体系建设断想[J].语文研究,1995,(10).

[67]刘俊玲.留学生作文中的篇章偏误类型[J].语言文字应用,2005,(9).

[68]刘镰力.汉语水平测试研究[M].北京:北京语言大学出版社,1997.

[69]刘丽丽.丹麦留学生语篇衔接偏误研究[D].浙江大学硕士学位论文,2012.

[70]刘润清、韩宝成.语言测试和它的方法[M].北京:外语教学与研究出版社,1991.

[71]刘绪华.语篇分析理论和逆向型教学法[J].国外外语教学,1999.

[72]刘珣.对外汉语教育学引论[J].北京:北京语言大学出版社,2005:312.

[73]刘英林.汉语水平等级标准与语法等级大纲[M].北京:高等教育出版社,1998.

[74]刘永锋.印尼学生语篇衔接手段分析及其对教学的启示——以印尼棉兰学生为例[D].广东外语外贸大学硕士学位论文,2013.

[75]刘月华.关于叙述体的篇章教学[J].世界汉语教学,1998,(1).

[76]卢卫中、路云.语篇衔接与连贯的认知机制[J].外语教学,2006,(1).

[77]鲁健骥.偏误分析与对外汉语教学[J].语言文字应用,1992,(1):69－73.

[78]鲁健骥.外国人汉语语法偏误分析[J].语言教学与研究,1994,(1).

[79]鲁健骥.中介语研究中的几个问题[J].语言文字应用,1993,(1):21－25.

[80]鲁忠义、彭聃龄.语篇理解研究[M].北京:北京语言大学出版社,2003.

[81]鲁忠义.汉语句子阅读理解中的语境效应[J].心理学报,2003,35,(6):726－733.

[82]陆俭明.对外汉语教学是汉语本体研究的试金石[A].对外汉语教学回眸与思考[C],北京:外语教学与研究出版社,2000.

[83]吕必松.对外汉语教学的理论研究问题刍议[J].语言文字应用,1992,(1).

[84]吕必松.汉语教学路子研究当议[J].暨南大学华文学院学报,2003,(1).

[85]吕叔湘.汉语语法分析问题[M].北京:商务印书馆,1979.

[86]吕文华.语段教学内容的选择和分布[J].语言教学与研究,2012,(1).

[87]罗伯特．L.索尔索.认知心理学[J].北京:教育科学出版社,1990:279.

[88]罗青松.外国人汉语学习过程中的回避策略分析[J].北京大学学报,1999,(6).

[89]马叔骏.汉字词汇语用探索[M].北京:北京语言大学出版社,2010.

[90]马明艳.面向对外汉语教学的汉语语篇研究[J].北京:中国社会科学出版社,2009.

[91]马燕华.中级水平日本留学生汉语语段衔接调查分析[J].语言文字应用,2001,(4):31－35.

[92]马艳荣.关于中高级阶段韩国留学生语篇衔接的研究[D].陕西师范大学硕士学位论文,2012.

[93]毛悦.对一次留学生话语能力测试的分析[J].世界汉语教学,1997,(4).

[94]毛泽东.毛泽东选集[M].北京:人民出版社,1991年版,第一卷:328.

[95]苗兴伟.语篇分析的进展与前沿[J].外语学刊,2006,(1).

[96]倪明亮.对外汉语教学概论[M].北京:北京语言文化大学出版社,1998:394.

[97]聂剑."把"字句语篇功能研究[D].南京师范大学硕士学位论文,2014.

[98]聂仁发.现代汉语语篇研究[M].杭州:浙江大学出版社,2009.

[99]聂仁发.汉语语篇研究的几个问题[J].宁波大学学报(社会科学版),2005,(5):1－16.

[100]牛保义.英汉语篇含意衔接琐议[J].外语学刊,1999,(1).

[101]欧洲语言共同参考框架:学习、教学、评估[M].北京:外语教学与研究出版社,2008.

[102]潘丽红.语篇分析:提高英语阅读能力的有效途径[J].广州大学学报(社会科学版),2008,(8).

[103]潘文国.语言对比的哲学基础——语言世界观问题的重新考察[J].华东师范大学学报(社会科学版),1995,(5).

[104]彭聃龄、谭力海.语言心理学[M].北京:北京师范大学出版社,1991:1477-166.

[105]彭宣维.英汉语篇综合对比[M].上海:上海外语教育出版社,2000.

[106]彭利贞.无关联词转折复句的形式标记[J].杭州大学学报(社会科学版),1997,(4).

[107]彭小川.关于对外汉语语篇教学的新思考[J].汉语学习,2004,(4):50-54.

[108]彭珍.非洲学生初级汉语口语语篇衔接偏误及教学策略——以尼日尼亚孔子学院汉语学习者为例[D].厦门大学硕士学位论文,2014.

[109]漆书青,戴海崎,丁树良.现代教育与心理测量学原理[M].北京:高等教育出版社,2002.

[110]钱敏汝.篇章语用学概论[M].北京:外语教学与研究出版社,2001.

[111]钱玉莲.偏误例析与对外汉语教材编写[J].汉语学习,1996,(3).

[112]钱瑗.英汉语篇中某些衔接手段的比较[J].上海外国语大学学报(社会科学版),1983,(1).

[113]秦明利、史兴松.对韩礼德、哈桑衔接理论的再思索[J].外语学刊,1996,(3).

[114]秦秀白.英语语体和语篇要略[M].上海:上海外语教育出版社,2002.

[115]屈承熹.汉语篇章语法[M].潘文国等译,北京:北京语言大学出版社,2004.

[116]屈慧.汉语记叙文语篇衔接及其应用[D].北京师范大学硕士学位论文,2012.

[117]石建芳.词汇衔接在语篇中的功能分析[J].武汉科技学院学报(社会科学版),2004,(6).

[118]石文.外国留学生汉语语篇偏误分析及教学初探——以郑州大学为例[D].郑州大学硕士学位论文,2014.

[119]史有为.本位梳疑[J].语言科学,2009,(4):373-386.

[120]史有为.汉语篇章连贯性问题概析[J].修辞学习,2004,(3):1-16.

[121]史有为.汉语中的意义和人[M].语文研究,1999,(2).

[122]宋姝锦.文本关键词的语篇功能研究[D].复旦大学博士学位论文,2013.

[123]孙德坤.中介语理论与汉语习得研究[J].语言文字应用,1993,(4):82-92.

[124]孙健.基于衔接理论的英语国家留学生词汇衔接偏误研究[D].山东大学硕士学位论文,2012.

[125]孙西瑾.从复现矩阵看越南学生复现手段的使用特点[J].现代语文,2007,(4):1-16.

[126]孙玉、胡壮麟.语篇衔接与连贯评介[J].外国语,1995,(4).

[127]孙玉.论衔接与连贯的来源、本质及其关系[J].外国语,1997,(1):66-73.

[128]索玉柱.连接推理与世界知识——英汉语篇的词汇衔接实验研究[J].外国语,1996,(2).

[129]索振羽.语用学教程[M].北京:北京大学出版社,2000.

[130]汤书昆.技术传播环境下的表意语言理论[M].合肥:中国科学技术大学出版社,1997.

[131]唐青叶.语篇语言学[M].上海:上海大学出版社,2009.

[132]唐祥金.语篇分析与语言教学[J].外语教学,1996,(3).

[133]涛亚.对外汉语段教学的重点——衔接[J].首都师范大学学报(社会科学版),2000,(S3):1-16.

[134]田然.对外汉语教学语篇语法[M].北京:北京语言大学出版社,2013.

[135]田然.近二十年汉语语篇研究述评[J].汉语学习,2005,(1):1-16.

[136]田然.留学生限定话题语篇中的词汇衔接状况考察[J].云南师范大学学报(对外汉语教学与研究版),2006(1).

[137]田然.叙事语篇中NP省略的语篇条件与难度级差[J].语言教学与研究,2004,(2).

[138]王灿龙.人称代词"他"的照应功能研究[J].中国语文,2000,(3).

[139]王建勤.关于中介语研究方法的思考[J].汉语学习,2000,(3).

[140]王魁京.第二语言学习理论研究[M].北京:北京师范大学出版社,1998.

[141]王力.中国现代语法[M].北京:商务印书馆,1985.

[142]王凌艳.日韩学生中级口语语篇偏误分析[D].复旦大学硕士学位论文,2012.

[143]王鹏.内容图式对大学英语学习者阅读的影响[J].解放军外国语学院学报,2002,(2).

[144]王绍新.超单句偏误引发的几点思考[J].语言教学与研究,1996,(4).

[145]王世生.中级汉语课的口头成段表达训练[J].语言教学与研究,1997,(2).

[146]王寅.语篇连贯的认知世界分析方法——体验哲学和认知语言学对语篇连贯性的解释[J].外语学刊,2005,(4).

[147]王永德.留学生习得汉语句子发展研究[M].上海:复旦大学出版社,2008.

[148]王玥晴.语用函数映射下的语篇衔接研究[J].琼州学院学报,2012,Vol,19(3).

[149]王运熙、周峰译注.文心雕龙译注/(南朝梁)刘勰[M].上海:上海古籍出版社,2010:164-165.

[150]文秋芳.英语学习策略论[M].上海:上海外语教育出版社,1996.

[151]吴丽君.日本学生汉语习得偏误研究[M].北京:中国社会科学出版社,2002.

[152]吴伟萍.第二语言阅读:与语篇互动[D].厦门大学硕士学位论文,2006.

[153]吴玥.从语篇分析视角探析《博雅汉语》(飞翔篇)课文语篇[D].湖北大学硕士学位论文,2012.

[154]吴芸.基于HSK动态作文语料库的英语国家不同等级汉语学习者语篇衔接偏误比较研究[D].浙江大学硕士学位论文,2012.

[155]现代汉语频率词典[Z].北京:北京语言学院出版社,1986:1490.

[156]肖奚强.外国学生照应偏误分析——偏误分析丛论之三[J].汉语学习,2001,(1).

[157]肖艳.中高级阶段越南学生汉语常用篇章衔接手段偏误分析[D].广西民族大学硕士学位论文,2010.

[158]辛平.对11篇留学生汉语作文中偏误的统计分析及对汉语写作课教学的思考[J].汉语学习,2001,(4).

[159]辛志英、黄国文.系统功能语言学研究方法[J].外语研究,2010,(5).

[160]刑欣.语篇衔接与对外汉语教学[M].北京:世界图书出版北京有限公司,2011.

[161]熊沐清.论语篇视点[J].外语教学与研究,2001(1):21-28.

[162]熊学亮.认知语用学概论[M].上海:上海外语教育出版社,2004:115.

[163]徐冬波、蔡燕、戴海崎、漆书青.现代测量理论下四大认知诊断模型述评[J].心理学探新,2008,(2).

[164]徐赳赳.叙述文中"他"的话语分析[J].中国语文,1990(5).

[165]徐通锵.基础语言学教程[M].北京:北京大学出版社,2001.

[166]徐通锵.语言论—语义型语言的结构原理和研究方法[M].长春:东北师范大学出版社,1997.

[167]徐玉臣.英汉语言主要衔接手段的对比分析[J].山东外语教学,1996,(4).

[168]徐子亮.外国学生的汉语中介语现象再认识[J].汉语学习,2001,(2):63-70.

[169]许嘉璐.对外汉语教学中的几个语言学问题[A].第五届国际汉语教学讨论会论文选[C],北京:北京大学出版社,1997.v[170]许葵花.认知语境语义阐释功能的实证研究[M].北京:中国人民大学出版社,2007:107.

[171]许余龙.英汉远近称指示词的对译问题[J].外国语,1989,(4).

[172]许余龙.英汉指称词语表达的可及性[J].外语教学与研究,2000,(5).

[173]杨春.英语国家学生初级汉语语篇照应偏误考察[J].汉语学习,2004,(3).

[174]杨德峰.副词修饰动词性成分形成的结构的功能[J].汉语学习,1999,(1).

[175]杨连瑞.二语习得多学科研究[M].青岛:中国海洋大学出版社,2010.

[176]杨翼.从排序看汉语学习者的局部连贯障碍[J].世界汉语教学,2000,(1):94-99.

[177]杨翼.培养成段表达能力的对外汉语教材的结构设计[J].汉语学习,2000,(4).

[178]杨翼.语用分析在高级汉语教学中的语用[J].世界汉语教学,1995,(3):76-80.

[179]姚喜明、梅晓宇.我国阅读理论研究的发展[J].山东外语教学研究,2003,(6).

[180]叶蜚声、徐通锵.语言学纲要[M].北京:北京大学出版社,1997.

[181]叶竹钧.语音停顿与语义表达[J].安顺师专学报,1994,(3):43-47.

[182]殷维真.中高级阶段韩国留学生口语语篇衔接研究[D].南京师范大学硕士学位论文,2012.

[183]乐中保.PISA中阅读测试的测评框架与设计思路——兼谈对我国阅读测试的启示[J].河北师范大学学报(社会科学版),2008,(6).

[184]詹宏伟.EFL环境下的语篇表征与语篇理解[D].上海交通大学,2007.

[185]张宝林.语段教学的回顾与展望[J].语言教学与研究,1998,(2).

[186]张德禄.语篇分析理论的发展及应用[M].北京:外语教学与研究出版社,2012.

[187]张德禄、刘汝山.语篇连贯与衔接理论的发展及应用[M].上海:上海外语教育出版社,2003:15.

[188]张德禄.论衔接[J].外国语,2001,(2).

[189]张德禄.论衔接关系一话语组成机制研究[J].外语教学,2003,(1):1-6.

[190]张德禄.语篇连贯研究纵横谈[J].外国语,1999,(6).

[191]张德禄.语篇衔接中的形式与意义[J].外国语,2005,(5).

[192]张德鑫.从词本位到字中心一对外汉语教学的战略转移[J].汉语学报,2006,(2):33-39.

[193]张慧.留学生中介语口语语段衔接特征研究[D].南京师范大学硕士学位论文,2014.

[194]张凯.汉语构词基本字的统计分析[J].语言教学与研究,1997,(1).

[195]张黎.文化的深层选择——汉语意合语法[M].长春:吉林教育出版社,1994.

[196]张朋朋.词本位教学法和字本位教学法的比较[J].世界汉语教学,1992,(3).

[197]张艳艳.英语国家留学生语篇词汇衔接使用研究[D].西北大学硕士学位论文,2012.

[198]张颖.以英语为母语的高水平汉语学习者语篇衔接使用情况研究——以HSK(高等)证书获得者为例[D].浙江大学硕士学位论文,2010.

[199]张永昱.汉语句群的组合形式与成段表达能力的培训[J].汉语学习,2003,(2).

[200]章宜华.语义认知释义[M].上海:上海外语教育出版社,2009.

[201]赵成新.留学生汉语语篇衔接偏误目的语因素考察[J].周口师范学院学报,2005,(7).

[202]赵成新.外国留学生汉语语篇衔接方式偏误分析[J].台州学院学报,2005,(4).

[203]赵金铭.对外汉语教学理念管见[J].语言文字应用,2007,(3):13-18.

[204]赵金铭.对外汉语研究的基本框架[J].世界汉语教学,2001,(3):3-11.

[205]赵晓强.试论衔接、连贯及语篇理解[J].陕西师范大学学报(社会科学版),2003,(2).

[206]赵元任.汉语词的概念及其结构和节奏[A].赵元任语言学论文选[C],北京:清华大学出版社,1992.

[207]郑贵友.汉语篇章分析的兴起与发展[J].汉语学习,2005,(5).

[208]周罡.基于中介语及衔接理论的留学生语篇偏误分析——以英语国家学生为例兼谈写作教学[D].西安外国语大学硕士学位论文,2012.

[209]周健、唐玲.对汉语教材练习设计的考察与思考[J].语言教学与研究,2004,(4).

[210]周小兵.学习难度的测定与考察[J].世界汉语教学,2004,(4).

[211]朱德熙.语法讲义[M].北京:商务印书馆,1985.

[212]朱斌谊.元语篇意识对英语阅读教学的促进作用[J].牡丹江教育学院学报,2007,(6).

[213]朱永生、苗兴伟.语用预设的语篇功能[J].外国语,2000,(3).

[214]朱永生、张德禄.系统功能语法概论[M].湖南:湖南教育出版社,2003.

[215]朱永生、郑立信、苗兴伟.英汉语篇衔接手段对比研究[M].上海:上海外语教育出版社,2001.

[216]朱永生、苗兴伟.英汉省略的语篇衔接功能对比[J].山东外语教学,2002,(1).

[217]宗廷虎.修辞新论[M].上海:上海教育出版社,1998:254.

[218]左岩.汉英部分语篇衔接手段的差异[J].外语教学语研究,1995,(3).

[219]Aron,P. G. ,&Joshi,R. M. Reading Problems Consultation and Remediation[M]. NY:The Guilford Press,1992.

[220]De Beaugrande,R&Dressler,W. Introduction to Text Linguistics[M]. London:Longman,1981.

[221]Carrell,P. L. Same causes of text-boundedness and schema interference in ESL reading [A]. In P. L. Carrell,J. Devine &D. E. Eskey(Eds.) Interactive Approach to Second Language Reading [C]. New York:Cambridge University Press,1988.

[222]Carrell,P. L. Awareness of Text Structure:Effects on Recall [J]. Language Learning,1992,42, (1).

[223]Crystal. David. Dictionary of Linguistics and Phonetics[M]. New York:BasilBlacknell,1985.

[224]DiBello,L. V. Stout,W. F. & Rousos,L. A. Unified cognitive/psychometric diagnosis foundations [M]. Manuscript submitted for publication,1993.

[225]Eckman,F. Markesness and the Contrastive Analysis Hypothesis[J]. Language Learning,1989.

[226]Ellis,R. Interkanguage variability in native discourse:style shifting in the use of the past tense [J]. Studies Second Language Acquisition,Vol. 9,1987.

[227]Ellis, Rod. Understanding Second Language Acquisition [M].上海:上海外语教育出版社, 1994:47.

[228]Freeman,D. L. and long,M. H. An Introduction to Second Language Acquisition Research[M].北京:外语教学与研究出版社,2000.

[229]Goodman,K. S. Psycholinguistic Universals in the Reading Process[A]. In P. Pimsleur and T. Quinn(Eds.)The Psychology of Second Language Learning,Cambridge University Press,1971.

[230]Goodman,K. S. Reading:a psycholinguistic guessing game[J]. Journal of the Reading Specialist, 1967,(1).

[231]Guindon,R. &Kintsch,W. Prining Macropropositions(Teaching Report)[R]. University of Colorado,1982.

[232]Halliday,M. A. K. &Hasan. Cohesion in English[M]. London:Longman,1976.

[233]Halliday,M. A. K. &Hasan,R. Language,Context and Text[M]. Victoria:Deakin University Press, 1985:84.

[234]Hoey,M. Patterns of Lexis in Text[M]. Oxford:Oxford University Press,1991.

[235]Horiba,Y. Narrative CompetenceProcess:A Study of Native and Nonnative Readers of Japanese [J]. The Modern Language Journal,1990,74.

[236]McCarthy,Michael. Discourse Analysis for Language eachers [M]. Cambridge Universituy Press, 1991:27.

[237]Selinker,L. Interlanguage[J]. International Review of Applied Lingustics,1972,(10).

[238]Smith,F. Understanding Reading:a psycholinguistic analysis of reading and learning to read[M]. New York:Holt,Rinehart and Winston,1971.

[239]Van Dijk,T. A. Handbook of Discourse Analysis[M]. London:Academic Press,1985.

[240]Vivian Cook. Second Language Learning and Teaching[M]. Shanghai:Foreign Language Teaching and Research Press &Edwar Arnold (Publishers)Limited,2000.

[241]Vongpummivitch. V. Measuring the Knowledge of Text Structure in Academic English as a Second Language,Unpublished Ph. D dissertation,University of California,Los Angeles,2004.

[242]Widdowson,H. G. Teaching Language as Communication[M]. Oxford University Press,1978.

［243］ Widdowson, H. G. The Significance of Simplicifation ［J］. Studies in Second Language Acquisition,1972.

［244］ZHANG J. X. X. Distinctive Neural Mechanisms for World Reading in Different Writing Systems In 11th International Conference on Processing Chinese and Other East Asia Languages,2005:46.

［245］ZHOU X. MARSLEN – WILSON,W. Direct Visual Access is the Only Way to Access the Chinese Mental Lexion In Proceeding of the 18th Annual Conference of Cognitive Science Society,1996.

附录

附录一　问卷材料

（　　）1. 明白过去_____，方知今日_____。他忘不了以前艰难的日子，所以更珍惜现在的生活。

　　A. 苦　好　　　B. 痛苦　甜　　　C. 苦　甜　　　D. 不容易　幸福

（　　）2. 请选出你认为最好的句子。

　　A. 下课回到房间，我想看看电视，可是同屋说不能看，因为停电了。真扫兴！

　　B. 下课我回到房间，我想看看电视，可是同屋说我不能看，因为停电了。我真扫兴！

　　C. 我下课回到房间，我想看看电视，可是我同屋说不能看电视，因为房间停电了。停电真扫兴！

　　D. 下课我回到房间，想看看电视，可是我同屋说我不能看电视，因为我房间停电了。停电真扫兴！

（　　）3. 白杨在西北很普通，就跟北方的农民相似；它有极强的生命力，_____，_____，也跟北方的农民相似。

　　A. 折磨不了　压迫不倒　　　　　B. 受得起折磨　压迫不到它

　　C. 一点儿也不怕折磨　经得起压迫　D. 折磨没有关系　也不害怕压迫

（　　）4. 珍视上天对你的每一种恩赐，即使是困难。珍惜人生路上每一次相逢，哪怕是_____。

　　A. 偶然　　　B. 一秒　　　C. 不多　　　D. 一次

（　　）5. 中国有句古话"不听老人_____，吃亏在眼_____。"意思是说，老人很有生活经验，年轻人应该多向他们学习。

　　A. 话　前　　　B. 讲　下　　　C. 言　前　　　D. 说　下

（　　）6. 这件事我讲不好，还是你来讲吧。毕竟你是他哥哥，他可能会听你的。下面那一种停顿最符合句意？

　　A. 我/讲/不/好　B. 我/讲/不好　　　C. 我/讲不好　　　D. 我讲/不好

（　　）7. 他打电话告诉我：_____，_____，_____。

　　A. 无论明天我们有多忙　都要去参加他的婚礼　不然就他生气了

　　B. 无论我们明天有多忙　要都去参加他的婚礼　他不然就生气了

　　C. 我们无论明天有多忙　都要去参加他的婚礼　不然他就生气了

　　D. 我们明天无论有多忙　要都去参加他的婚礼　他就不然生气了

(　　)8. 上次旅行,我认识了两个重点大学的学习者,一个是北大的,一个是南开的。下面那一种停顿最符合句意?

A. 两个/重点大学的/学习者 　　B. 两个/重点大学的学习者

C. 两个重点/大学的学习者 　　D. 两个重点大学的/学习者

(　　)9. 过去,内地和沿海的差距很大。很多内地商品不是质量比沿海的差,_____。现在这类不良现象已经基本消失了。

A. 是价格比沿海的高 　　B. 就价格比沿海的高

C. 就是价格比沿海的高 　　D. 价格比沿海的高

(　　)10. 生命如果是树,那么,理想是_____,勤奋是_____,毅力是_____,成功是_____。

A. 根　叶　枝　果 　　B. 树根　叶　树枝　果

C. 根　树叶　树枝　果子 　　D. 根　叶　树枝　果子

(　　)11. 她丈夫是个挺直爽可爱的人,_____一定要请我们吃饭。我们怕他太麻烦,_____要走,他非留我们不可,_____说我们不吃就是看不起他。我们没办法,只好领他的情。_____那顿饭吃得可真香啊。

A. 0 0 0 0 　　B. 0 我们 他 0

C. 他 0 0 我们 　　D. 他 我们 他 我们

(　　)12. ①学校的老师②不够,③张老师④身体不舒服,⑤他⑥还是坚持给同学们上课。

你认为"由于 尽管 可"分别填在哪儿最好?

A. ①由于③尽管⑥可 　　B. ②由于③尽管⑤可

C. ①由于④尽管⑤可 　　D. ②由于④尽管⑥可

(　　)13. 照片上有两个人:_____——她们是在同一个公司工作的同事。下面那一种停顿最符合句意?

A. 朱丽/和/千叶子/的姨妈 　　B. 朱丽和千叶子/的姨妈

C. 朱丽/和/千叶子的姨妈 　　D. 朱丽和千叶子的/姨妈

(　　)14. 本品用银花、连翘等中药配制而成,_____具有祛寒退热的功能。

A. 0 　　B. 而 　　C. 并且 　　D. 不过

(　　)15. 只有大学毕业证是不够的,我们不但_____,还要_____。下面那一种停顿最符合句意?

A. 要读/好书　要做/好人 　　B. 要读/好书　要做好/人

C. 要读好/书　要做/好人 　　D. 要读好/书　要做好/人

(　　)16. 老师,我要对您说"对不起",_____刚才我迟到了。这都怪我昨天睡觉太晚。

A. 因此 　　B. 为了 　　C. 因为 　　D. 否则

(　　)17. 周末有空儿的时候,他_____看电视睡懒觉,有时候也和朋友们一起去酒吧。

A. 又……又…… 　　B. 是……还是……

C. 一边……一边…… 　　D. 或者……或者……

( )18. 为了看望父母亲友,_____也想放松一下心情,我决定下个月回一趟东北老家。今天我开始订机票了。

    A. 同时   B. 同样   C. 由于   D. 那么

( )19. 妈妈去世后,海宁又有了一个后妈——_____,是他爸爸第二次结婚的对象。后妈姓李,是个富态的女人,性格很温和。

    A. 事实上   B. 也就是说   C. 拿她来说   D. 顺便说一下

( )20. 小朋非常喜欢玩电脑。他_____有时间_____上网,常常连饭都忘记吃,是个十足的"网虫"。

    A. 既然……就……   B. 因为……就……

    C. 只要……就……   D. 如果……就……

( )21. 下午我肚子疼,就去了学校医院。医生给我开了药,叫我回去好好休息。我吃完药不到两个小时,肚子疼不但没减轻,_____更厉害了。我只好又去医院。

    A. 然而   B. 反而   C. 其实   D. 总之

( )22. 他突然_____了似的,便_____自己平时极少去的运动场,_____运动场一看,果然在一群踢球的少年中_____了他儿子的身影。

    A. 发现 走进 跑向 明白   B. 明白 走进 发现 跑向

    C. 明白 跑向 走进 发现   D. 走进 跑向 明白 发现

( )23. _____,所以打电话叫外卖。

    下面那一种停顿最符合句意?

    A. 他/想/不下去了   B. 他想/不/下去了

    C. 他想/不下去了   D. 他/想不下去了

( )24. 这种苹果不大好吃,明天我还要去买点儿。下面那一种停顿最符合句意?

    A. 这种苹果/不大好吃   B. 这种苹果不大/好吃

    C. 这种苹果/不大好/吃   D. 这种/苹果/不大/好吃

( )25. 去年哥哥和妹妹都生了孩子。哥哥男孩儿,妹妹女孩儿。两个孩子都是十月生的。下面哪种理解是正确的?

    A. 哥哥是男人,妹妹是女人。   B. 哥哥和妹妹的孩子不一样。

    C. 哥哥有个男孩儿,妹妹有个女孩儿。 D. 哥哥喜欢孩子,妹妹不喜欢。

( )26. 去年我们家盖了一座房子,_____。_____,_____。

    A. 我们的房子盖在东面 现在我们盖好了房子 我们也买齐了家具和电器

    B. 房子被盖在东面 房子现在盖好了 我们还买齐了家具和电器

    C. 房子盖在东面 现在房子已经盖好 家具和电器也买齐了

    D. 我们把房子盖在东面 我们盖好了房子 家具电器也买齐了

( )27. 这种金鱼外形漂亮,价钱也不贵,还很好养。只要坚持每天换水,你死了来找我。下面哪种理解是正确的?

    A. 如果换水的人死了就找他。   B. 万一换水死了人就请他帮忙。

    C. 要是买的金鱼死了就找他。   D. 只要买的金鱼快死了就请他帮忙。

( )28. 我从图书馆借了两本书,一本是《说什么》,一本是《怎么说》。_____,

很不错;,应该也很好。

　　A. 我看过《说什么》　我还没看过《怎么说》

　　B.《说什么》我看过了　《怎么说》我还没看

　　C.《说什么》被我看过　《怎么说》还没被我看

　　D. 我把一本《说什么》看了　还没把那本《怎么说》看

（　）29. 因为觉得带着词典去餐厅很麻烦,下课的时候_____。吃完饭他再去教室,却找不到那本词典了。

　　A. 他放词典在教室里　　　　　B. 词典放在教室里

　　C. 他把词典放在教室里　　　　D. 词典就在教室里放了

（　）30. 一句"你走开,我以后没你这个姐姐!"_____。我真没想到,亲姐妹之间的误会竟然已经这么深。

　　A. 气我哭了　　B. 我被气哭了　　C. 把我气哭了　　D. 我气得哭了

（　）31. A:你这两把刀都是用来切肉的吗?

　　B:不,_____,_____。

　　A. 大刀和小刀可以切肉 也可以切水果　　B. 我买了大刀和小刀 不一样

　　C. 这把大的切肉 那把小的切水果　　　　D. 切肉我用大刀 我的小刀切水果

（　）32. _____在反映一个人的情绪时占有很重要的地位,也就是说,_____是显示一个人情绪的主要标志。虽然一个人生气时_____可以控制,但其他部位,如身体动作,在无意中很可能泄露他_____背后的真实情绪。

　　A. 表情 0 0 0　　　　　　　　B. 表情 0 表情 0

　　C. 表情 表情 表情 0　　　　　D. 表情 表情 表情 表情

（　）33. 从前的北京人习惯把已经结婚的女儿叫做"姑奶奶"。结婚后,"姑奶奶"是不能住在在娘家的。但是农历的二月初二,娘家的人可以接他们家的女儿回家住十天二十天。如果接不回来,可能是女儿在_____出了什么事情,娘家的长辈一定要亲自到她婆家问个明白。

　　A. 娘家　　　　B. 丈夫家　　　　C. 他家　　　　D. 老家

（　）34. 1711 年西班牙四千名士兵在山上过夜,计划第二天清晨与其他部队会合。第二天清早,当他们等待的部队到达山上时,却发现四千名士兵全都不见了。这起奇怪的_____事件到今天也没有查明原因。

　　A. 过夜　　　　B. 会合　　　　C. 失踪　　　　D. 查明

（　）35. 云南的山区以前交通特别不好,没有公路,50 年代以前,大部分东西都要用马来运,这样就有了_____。_____就是运东西的队伍,好像今天的运输公司。_____最常用的运输工具是丽江的矮种马。

　　A. 马帮 0 0　　B. 马帮 0 马帮　　C. 马帮 马帮 0　　D. 马帮 马帮 马帮

（　）36. 我们都希望和_____的人交朋友,跟这样的人在一起我们觉得开心,放心;如果跟我们在一起的人很狡猾,我们会觉得难受,不安。一般来说,性格外向的人善于表达,比较容易找到朋友。性格内向的人一般比较含蓄,但他们也可以成为最好的朋友。

　　A. 诚实　　　　B. 放心　　　　C. 不安　　　　D. 聪明

( )37. 每次去商场,大明和妻子都是高高兴兴地出去,然后一起生着气回家:妻子很节约,只买打折商品,而大明很少买特价商品,只喜欢挑选高档货。妻子埋怨他是一个_____的人——他们花钱的习惯不一样。

A. 高档　　　　B. 花钱　　　　　C. 浪费　　　　D. 大方

( )38. 上个周末,我去购物中心买回一套花梨木餐桌——配有六张椅子。可是,女儿却不喜欢这套_____。她说这套太土了,跟不上时代。

A. 花梨木　　　B. 椅子　　　　　C. 桌子　　　　D. 家具

( )39. 江淮看看弟弟,觉得越来越为难。弟弟喜欢林小双,可是这个林小双,看样子比_____想象的还要麻烦。

A. 我　　　　　B. 弟弟　　　　　C. 江淮　　　　D. 林小双

( )40. 我和白求恩同志只见过一面,后来_____给我来过许多信。可是因为忙,只回过_____一封信,还不知道_____收到没有。

A. 他　同志　0

B. 0　我　他

C. 他　他　他

D. 白求恩同志　白求恩同志　白求恩同志

( )41. 近年来,野菜越来越受到人们的喜爱,人们不但去市场买野菜,有人还到郊外绿地去摘野菜。大部分人认为这是"绿色食品"。其实不是。事实上,绿色_____净化空气的同时也吸收了空气中的有害物质。如果我们吃了这些受污染的野菜,会影响身体健康。

A. 植物　　　　B. 空气　　　　　C. 野菜　　　　D. 食品

( )42. 第一次世界大战后,世界有很大进步。这一次世界大战后,世界一定会进步_____。

A. 很大　　　　B. 更快　　　　　C. 差不多　　　　D. 有一点儿

( )43. 直到去年春天,有了些闲余时间,在花开前,先向人问了花的名字。认识一个朋友是从知道他的姓名开始的,我想,看花也是_____。

A. 如此　　　　B. 那样　　　　　C. 认识一个朋友　　　D. 知道朋友的姓名

( )44. 二十年前,他去过桂林。_____桂林还只是个小城市,但_____的美景让他念念不忘。退休后,上个月他再次踏上了桂林之旅。

A. 那个　那里　B. 这时　桂林　　C. 那时　这儿　D. 这个　那里

( )45. 他是所有学生中最用功_____,每年都获得优秀奖学金。句子里的"者"指的是什么人?

A. 者　　　　　B. 学生　　　　　C. 的　　　　　D. 优秀学习者

( )46. 走进商场,眼前出现了各种各样的商品:_____、_____、_____、_____……真是让人眼睛忙不过来。

A. 一楼　二楼　三楼　四楼

B. 一楼的　二楼的　三楼的　四楼的

C. 吃的　穿的　玩的　用的

D. 吃的商品　穿的商品　玩的商品　用的商品

(　)47. 听说你去年就开始学京剧,现在一定唱得很好了。给我们_____一段怎
么样?

　　A. 听　　　　　B. 说　　　　　C. 来　　　　　D. 学

(　)48. 还是跟他讲实话吧。撒谎骗人是我最痛恨的行为,我从来不_____。

　　A. 说　　　　　B. 骗　　　　　C. 想　　　　　D. 干

(　)49. 说到逛商场,她也喜欢,但她却不想花多少钱。所以她常常只逛不买。_
_____她逛商场就很少花钱了。

　　A. 0　　　　　B. 可能　　　　　C. 最后　　　　　D. 这样

(　)50. 他不知道和平商场在哪儿,也不会挑选布料,最好别叫他去买。今天你和
我都不忙,_____,我们自己去吧。

　　A. 要不　　　　B. 否则　　　　C. 这样一来　　　D. 不然的话

(　)51. 上网很有意思,也能学到不少知识,可是你也知道上网时间长了对眼睛不
好。既然_____,你为什么还整天对着电脑呢?

　　A. 可以　　　　B. 如此　　　　C. 能够　　　　D. 那么

(　)52. 那时中国出现了留学热,很多年轻人都想方设法出国学习。雪松的同学、
朋友也有不少人去了国外。他们能够出国,我为什么不能呢?_____想
着,他也去参加 GRE 考试了。

　　A. 这么　　　　B. 这时　　　　C. 所以　　　　D. 后来

(　)53. A:孩子上学的事情,请你一定要帮忙。
B:你还是请小周吧,他认识那里的校长。
"请小周"后面可能省略了哪个词?

　　A. 去　　　　　B. 来　　　　　C. 上学　　　　D. 帮忙

(　)54. A:前几次我请客,他一次也没来。我想,他可能对我有意见?
B:绝对_____。那几次都是因为他家里有事,他才没去你那儿。不过他
应该给你说一下。

　　A. 不行　　　　B. 不对　　　　C. 不是　　　　D. 不要

(　)55. 他以为我最近学习很忙,不能够那么快给他回信。其实我_____,因为
这个星期正好是中国的国庆假期,不用上课。

　　A. 能　　　　　　　　　　　　B. 能够回信
C. 能够给他回信　　　　　　　　D. 能够那么快给他回信

(　)56. 别问我!要是真想知道他为什么不回家,你现在马上给他打电话。你同
意吗?
文中的"同意"是指同意什么?

　　A. 别问了　　　　　　　　　　B. 让他接一个电话
C. 马上给他打电话　　　　　　　D. 知道他不回家的原因

(　)57. A:什么?你还有别的想法?
B:_____。我以为赵先生应该还有另外的话说。

　　A. 不必　　　　B. 不是　　　　C. 不可能　　　D. 不一定

(　)58. 利民饭店为元宵节特别制作了"迷你"小汤圆,_____。

A. 每 50 克竟有五六个,好吃、好煮、好熟

B. 汤圆每 50 克竟有五六个,好吃、好煮、好熟

C. 每 50 克竟有五六个,汤圆好吃、好煮、好熟

D. 汤圆每 50 克竟有五六个,汤圆好吃、好煮、好熟

( )59. ①赵州桥②坚固③美丽④表现了中国人民的勤劳和智慧⑤是我国的宝贵遗产。

你认为"不但……而且……因此"分别填在哪儿最好?

A. ①不但③而且④因此　　　　B. ②不但③而且⑤因此

C. ②不但③而且④因此　　　　D. ①因此④不但⑤而且

( )60. 美是到处都有的。对于我们的眼睛,不是缺少美,_____。

A. 缺少发现　　B. 而缺少发现　　C. 是缺少发现　　D. 而是缺少发现

( )61. 我们家的人吃饭都有自己的习惯。我和爸爸吃小碗,妈妈吃大碗,因为她觉得小碗麻烦。下面哪种理解是正确的?

A. 我和爸爸喜欢小碗,妈妈喜欢大碗。

B. 小碗里的菜吃起来麻烦,大碗里的菜吃起来方便。

C. 我和爸爸吃小碗里的菜,妈妈吃大碗里的菜。

D. 我和爸爸用小碗,妈妈用大碗。

( )62. 小毛爬到床底下,偷偷躲了起来,_____,从床下拉了出来,送到幼儿园去了。

A. 妈妈找了好久,最后才发现他,　B. 但后来还是让妈妈给找到了

C. 使妈妈找了好久,终于把他找到　D. 但妈妈毕竟发现了他

( )63. _____和村民们一道抢收稻谷。

①就像勇猛的战士一样

②不顾一天的疲劳

③马上扔下背包

④听到大雨即将来临的广播,同学们

A. ②④①③　　B. ①④②③　　C. ④②③①　　D. ④①②③

( )64. 要说汪大姐不关心她家里人谁也不相信,她可是大家公认的贤妻良母啊。

下面那一种停顿最符合句意?

A. 汪大姐/不关心/她家里人/谁也不相信

B. 汪大姐/不关心她/家里人/谁也不相信

C. 汪大姐不关心她家里人/谁也不相信

D. 汪大姐不关心她/家里人谁也不相

( )65. 一阵风过去了,街上的小摊儿,行人,_____,全不见了,只剩下树枝随着风狂舞。

A. 风好像把他们都卷走了　　　　B. 风好像都卷走了他们

C. 好像都被风卷走了　　　　　　D. 风好像都卷走了

( )66. 1600 年 2 月 17 日,_____。历史将永远记住这一天。

A. 布鲁诺在罗马百花广场上被活活烧死

B. 在罗马百花广场上活活烧死的是布鲁诺

C. 布鲁诺活活烧死,就在罗马百花广场上

D. 在罗马百花广场上,教皇把布鲁诺活活烧死

( )67. 从远处看,_____。可是,走近一看才发现,_____。

A. 佛塔明显地坐落在山顶上　山顶上并没有佛塔

B. 山顶上明显地坐落着佛塔　佛塔并不在山顶上

C. 佛塔明显地坐落在山顶上　佛塔并不在山顶上

D. 山顶上明显地坐落着佛塔　山顶上并没有佛塔

( )68. 他们在工厂里向工人学习排版、印刷、装订等技术活。_____。

A. 他们过去不但没有干过这些活,连见也没见过

B. 这些活他们过去不但没有干过,连见也没见过

C. 过去不但没有干过这些活,他们连见也没见过

D. 不但他们过去没有干过这些活,连见也没见过

( )69. 赵大海是我们的班长,他_____,身材健壮,个子不高却很精神。

A. 眉毛粗黑　　　　　　　B. 粗黑的眉毛

C. 眉毛很粗很黑　　　　　D. 眉毛又粗又黑

( )70. 那个春天的黄昏,当我无意间看到满树鲜花,我的心不禁为之震动:三年的时间,_____,可对于这眼前的美,我竟然从未留意过。

A. 树每年开花　花很美　　　B. 树天天在　花年年开

C. 花年年都开　我天天不注意　D. 我天天看到树　树每天都开花

( )71. 该做些什么来保护和改善环境,这个问题早已不再是理论_____,而是全世界关注的_____,更是关系到我们人类生命安全的_____。

A.0　0　0　　　　　　　B. 问题　0　0

C.0　问题　问题　　　　　D. 问题　问题　问题

( )72. 哪一颗星没有光,哪一朵花没有香,哪一个年轻人的心里不怀着热情和_____?在通往知识的道路上,哪一个年轻人不在为未来的理想而_____?

　A. 追求　努力　　B. 梦想　学习　　C. 期望　奔忙　　D. 希望　准备

( )73. 地震过后最痛苦的,自然是_____,我只能向远方默念:心不死,情不绝。

A. 亲人的远离　消息不通　　　B. 亲人的远离　不通消息

C. 亲人远离　消息不通　　　　D. 远离亲人　消息不通

( )74. 我快乐,是因为我喜欢幻想。所有的石头上都开满了花朵,_____,幻想已如此丰茂,我有什么理由感到沉重和悲哀呢?

A. 荒芜处都长满了无数的植物　　B. 无数的植物都长满了荒芜处

C. 植物都长满在所有的荒芜处　　D. 所有的荒芜处都长满了植物

( )75. 我们以我们的祖国有这样的英雄而_____,我们以生在这个英雄的国度而_____。

A. 骄傲　自信　B. 骄傲　自豪　　C. 难忘　幸福　　D. 激动　紧张

( )76. 你看,他现在怎么又哭又笑的,到底是为这事感到高兴,还是感到_____

__啊?

    A. 难过   B. 着急   C. 不高兴   D. 很激动

(   )77. "爱"这个字最简单、最通俗、最高雅,同时这个字也_____。

    A. 不简单、不通俗、不高雅   B. 很高雅、很复杂、很通俗

    C. 最深奥、最朴实、最复杂   D. 最复杂、最深奥、最朴实

(   )78. 这里的热带_____,如芒果、龙眼、波罗蜜、西番莲、杨桃、木瓜、番石榴,品种极多,但只宜在当地消费,不便带走,更不可带上飞机。

    A. 植物   B. 水果   C. 食物   D. 产品

(   )79. 在那里,可以看到有明显各个年代标志的老_____:最古老的吊脚楼,上世纪五六十年代的灰墙房子和六七十年代的砖瓦房,仿佛重庆的历史建筑展览。

    A. 大桥   B. 房子   C. 楼房   D. 街道

(   )80. 现代生活离不开银行,因为_____给我们提供了很多方便。如果有多余的钱,我喜欢把_____存在银行里。

    A. 0 它   B. 它 它   C. 0 多余的钱 D. 银行 多余的钱

(   )81. 上小学的时候,妹妹总喜欢跟着我们,我们走到哪儿她跟到哪儿,像一个小尾巴。而我们几个自认为是大人,不愿意和她一起玩儿。现在想想真是可笑,其实,我们不都是小孩儿吗?

    A. 这时   B. 那时   C. 小学时   D. 那几年

(   )82. 电脑出问题可真麻烦。我们自己杀毒、拆主机、查硬盘,_____了半天也没用。最后还是不得不打电话请技术人员来。

    A. 看   B. 拆   C. 杀   D. 弄

(   )83. A:想不到你这么无聊,竟然喜欢在网上打麻将。你每天都这样吗?

    B:_____。我没事的时候才这样。

    A. 有时   B. 可能   C. 差不多   D. 不一定

(   )84. 依照以前的习惯,他出差回家前总要给家里打个电话,因而家人都会提前给他准备饭菜。这次却_____,他想给大家一个意外的惊喜。

    A. 一样   B. 更早   C. 不同   D. 差不多

(   )85. 林奶奶是个勤快人,在家里总是忙个不停,不是买菜就是洗衣,不是洗衣就是擦地,不是擦地就是择菜。她说_____着比坐着舒服。

    A. 忙   B. 累   C. 走   D. 做

(   )86. 我不知道你能否收到这封信。也许,它将是一封永远无法寄出的信。我多么希望不会是_____的。

    A. 那么   B. 那样   C. 这样   D. 这么

(   )87. 你们十几年没见面了,平时又很少联系,就算是面对面也不一定认识。如果_____,你最好还是让她给你发张照片,你去机场接她就方便多了。

    文中的"这样"指什么?

    A. 这样   B. 如此

    C. 见面不一定认识   D. 见面一定不认识

(　)88.出门在外最好带张银行卡,_____,就不用带太多现金了,既方便又
安全。
A.要不　　　B.否则　　　C.这样一来　　D.既然这样

(　)89.小文说:"小王,明天上午你别去服装厂找李梅了,_____最近工作太忙。
她让我问问你,下个周末大家一起吃午饭行不行。"
A.我　　　　B.你　　　　C.人家　　　　D.大家

(　)90.后来他在一个商店工作,_____会写字也会算数,但_____总是把十
字写成千字,千字写成十字。商店的老板生气了,_____只是笑笑说:
"千字和十字不是差不多吗?"
A.0 0 0　　B.0 0 他　　C.他 他 0　　D.他 他 他

(　)91.周海涛正骑着车经过河边的小路,突然,他听到不远处有人喊救命。他感
觉_____肯定发生了什么事,于是马上丢下车从桥上飞跑过去。
A.这　　　　B.那　　　　C.这边　　　　D.那边

(　)92.手机没多少电了,少说几句吧。_____,等一下它自动关机,你的电话就
用不了了。
A.否则　　　B.或者　　　C.既然　　　D.当然

(　)93.A:你肯定公司下个月派我们出国学习,是吗?
B:绝对_____。名单上周就准备好了。
A.派　　　　B.是的　　　C.这样　　　　D.要去

(　)94.老人在窗前站了一会儿,_____微微的觉得有些凉,于是_____转过
身来,_____忽然感觉眼睛很花,屋子里的东西都看不清了。
A.0 0 0　　B.0 他 他　　C.他 0 他　　D.他 他 他

(　)95.A:给他换个大房间,还请他吃饭。他应该不会生气了。他答应见我了吗?
B:_____。
A.答应　　　B.答应了　　C.答应见　　　D.答应见你

(　)96.莲花是非常特别的花朵,它连枝带叶地浮在水面,我个人认为它是花中最
美丽者。
句子里的"者"指的是?
A.莲花　　　B.花朵　　　C.花枝　　　　D.叶子

(　)97.西沙群岛一带海水五光十色,瑰丽无比:有、_____、_____、_____、
_____……,无论从哪个角度看,都是漂亮的。
A.深蓝的　　淡青的　　浅绿的
B.深蓝的颜色　　淡青的颜色　　浅绿的颜色
C.深蓝的海水　　淡青的海水　　浅绿的海水
D.深蓝的角度　　淡青的角度　　浅绿的角度

****

(一)

许多事实证明,自信是大多数人__98__的品质,也是一个人获得成功的重要因素。
自信的人永远不会__99__,更不会__100__。

自信是人生成功的　101　，人的成功之路必须踏着自信的　101　步步登高。自信不仅能改变周围的环境，　102　。有了自信，人才能坚持自己所追求的理想，__103__。

(　)98. A.不太可能有　B.差不多都有　　C.恶习难改　　D.共同具备
(　)99. A.打败自己　　B.打败社会　　　C.被社会打败　　D.把自己打败
(　)100. A.心灰意冷,不战而败,无力拼搏
　　　　　B.心灰意冷,无力拼搏,不战而败
　　　　　C.无力拼搏,心灰意冷,不战而败
　　　　　D.不战而败,心灰意冷,无力拼搏
(　)101. A.大厦　台阶　　　　　　　　B.桥梁　台阶
　　　　　C.台阶　大路　　　　　　　　D.阶梯　台阶
(　)102. A.还能改变自己的心境　　　　B.能还改变自己的心境
　　　　　C.不过也能改变自己的习惯　　D.也不过能改变自己的习惯
(　)103. A.就将达到自己所期望的境界,也许还会成为自己所希望成为的人
　　　　　B.才能达到自己所期望的境界,才能成为自己所希望成为的人
　　　　　C.也能达到自己所期望的境界,至少能成为自己所希望成为的人
　　　　　D.所以达到自己所期望的境界,虽然不一定成为自己希望成为的人

(二)

灰尘是人人讨厌的　104　,它既影响环境卫生,又危害人类健康。因此,　105　,人们打扫卫生首先要　106　掉灰尘。然而你可曾想到,人类的生活离不开灰尘。

灰尘的颗粒的直径一般在万分之一到百万分之一之间。灰尘容易反射光波较短的紫、蓝、青三色光,假如大气中没有灰尘,天空将变成白茫茫的一片。假如空中没有灰尘,天空不可能形成雨、雪来调节气候,地球上水就会越来越少,最后完全干枯,这样,　107　就不能生存,所有的动物、植物和微生物也就不可能存在。此外,由于这些小水滴对阳光的折射作用,才会有晚霞朝晖、云雾彩虹等自然景色。假如空中没有灰尘,大自然将多么单调啊!

(　)104. A.东西　　　B.灰尘　　　　C.颗粒　　　　D.生物
(　)105. A.从今往后,从南到北　　　　B.从南到北,从今往后
　　　　　C.古往今来,从南到北　　　　D.从南到北,古往今来
(　)106. A.干　　　　B.做　　　　　C.打　　　　　D.洗
(　)107. A.灰尘　　　B.人类　　　　C.生物　　　　D.大自然

(三)

孔子年轻的时候,就已经是有名的老师了。　108　他总觉得　109　知识还不够渊博,所以他三十岁的时候,　110　离开家乡曲阜,去洛阳拜大思想家老子为师。几个月后,他终于走到了洛阳。

在洛阳城外,孔子看见一辆马车,车旁站着一位七十多岁的老人,穿着长袍,头发胡子全白了,看上去很有学问。孔子上前行礼:"老人家,您就是老子先生吧?"老子说:"是的。　111　听说你要来,我就在这儿迎候　111　。学问　111　不比我差,为什么还要拜我为师呢?"孔子听了,再次行礼,说:"多谢老师等候。学习是没有止境

的,您很有学问,跟着您　112　,一定会大有长进的。我希望您能做我的老师,我平时协助您的工作,遇到不懂的问题就向您请教。您能　113　吗?"老子被孔子的好学感动了,同意了他的请求。

从此,孔子每天不离老子左右,随时　114　,老子也把自己的学问全部　114　给他。人们佩服孔子和老子的学问,　115　。

(　)108. A. 既然　　　　B. 可是　　　　　C. 因此　　　　D. 尽管
(　)109. A. 孔子　　　　B. 自己　　　　　C. 人家　　　　D. 他们
(　)110. A. 0　　　　　B. 他　　　　　　C. 自己　　　　D. 老师
(　)111. A. 0　0　0　B. 我　你　你　C. 我　你　0　D. 0　你　你
(　)112. A. 0　　　　　B. 走　　　　　　C. 学习　　　　D. 在一起
(　)113. A. 愿意　　　　B. 接受　　　　　C. 回答　　　　D. 喜欢
(　)114. A. 学习　告诉　　　　　　B. 见面　介绍
　　　　C. 请教　传授　　　　　　D. 问候　请教
(　)115. A. 更敬重他们的品行　　　B. 也把他们的品行尊重
　　　　C. 他们的品行更让人们敬重　D. 孔子和老子的品行也令人敬重

(四)

　　互联网(Internet)起初只用于军事。随后,经过科学家们的改进,　116　不断进入人们的生活中,　117　。有了网络,可以马上了解世界各地正在发生的事情,　118　,世界就变得很小很小,触手可及了。

　　"上网聊天去!"是现在青年中流行的一句话。很多人都是网上聊天室的常客。在　119　,分不出是男是女,是老是少,是美是丑,是远在天边　120　　121　,想说什么就说什么,愿意跟谁说就跟谁说,随心所欲,　122　进入了完全　123　的状态。

　　在网上有做不完的事情,看不完的东西。但是,互联网也有很多不好的地方,它摇身一变,就变成了犯罪分子最好的武器,　124　利用互联网的虚拟空间从事违法犯罪活动。所以"上网好不好"这个问题已成为当今的一大热门话题。

(　)116. A. 0　　　　　B. 科技　　　　　C. 这个　　　　D. 互联网
(　)117. A. 人们的生活变得多姿多彩　B. 人们把生活变得多姿多彩
　　　　C. 人们的生活被变得多姿多彩　D. 变得多姿多彩的是人们的生活
(　)118. A. 0　　　　　B. 那样　　　　　C. 这样　　　　D. 其实
(　)119. A. 这里　　　　B. 那里　　　　　C. 聊天的地方　D. 网上聊天室里
(　)120. A. 和　　　　　B. 就　　　　　　C. 还是　　　　D. 也是
(　)121. A. 只是就在眼前　　　　　B. 只是就在眼下
　　　　C. 就近在眼前　　　　　　D. 近在眼前
(　)122. A. 也　　　　　B. 就　　　　　　C. 只是　　　　D. 差不多
(　)123. A. 随便　　　　B. 放心　　　　　C. 自由自在　　D. 一心一意
(　)124. A. 0　　　　　B. 他们　　　　　C. 犯罪分子　　D. 有一些人

(五)

　　黄河在近2000年来决口1500多次,改道26次,给两岸人民带来了很大的痛苦。在数千年到数万年前,黄土高原甚至黄河流域,就自然条件而言,是　125　。

__126__，黄河流域__127__，森林丰茂，土地肥沃，尤其是下游一带自然条件__128__好。因此，我们的祖先才选择在__129__居住生活。

可是，后来黄河变了，给两岸人民带来很多痛苦。黄河每年从中上游带到下游的泥沙总重量达 16 亿吨，其中 12 亿吨被搬到了大海，4 亿吨则沉积在下游河道中。这 4 亿吨泥沙使使黄河成了悬河，造成可怕的水灾。__130__，黄河就给两岸人民带来了深重的苦难……

(　　)125. A. 最适合生存　　　　　　　B. 最适合生存之处
C. 最适合生存的河流　　　　　D. 最适合生存的时候
(　　)126. A. 这里　　　B. 这时候　　　　C. 那里　　　　D. 那时候
(　　)127. A. 气候非常的温暖　　　　　B. 气候比较舒服
　　　　C. 气候温暖　　　　　　　D. 气候好
(　　)128. A. 不　　　B. 也　　　　　C. 很　　　　D. 更
(　　)129. A. 森林　　　B. 黄河　　　　C. 这里　　　　D. 那里
(　　)130. A. 如此一来　B. 尽管如此　　C. 除此之外　　D. 与此同时

（六）

__131__是 1968 年，__131__一年我五岁。我想上学想疯了，想上学的原因是在家没人跟我玩儿。以前我们大院里有不少小孩儿，可是后来，__132__那一年全都上学去了。我也去报名，可学校说我年纪太小，__133__。那时的入学年龄是七岁，__134__也有，但不多。像我这样不到六岁就想去上学的，绝对__135__。妈妈去学校求人，求人没用。那些日子我成天吵着："我要上学。我要上学。"都快病了。一天晚上，我半夜__136__。

__137__，他们商量来商量去，觉得如果__138__。第二天，他们一起去求校长，不知道他们说了什么，校长竟然同意我上学了。

我当小学生的日子真是快乐，老师们都很和气，总是跟我们一起玩儿，春天看花，夏天玩水，秋天爬山，冬天滑冰……看看现在的小学习者，__139__，没有假期休息，只有书山题海。不知道这样是__140__。如果生在现在，我不知道我还会不会说"我要上学"。

(　　)131. A. 这　那　　B. 这　这　　　C. 那　这　　　D. 那　那
(　　)132. A. 五六个/大院里的/小伙伴　　B. 五六个/大院里的小伙伴
　　　　C. 五六个大院里的/小伙伴　　D. 五六个大院里/的小伙伴
(　　)133. A. 不能上　　B. 可是不能上　　C. 我不能上学　D. 上学不能同意
(　　)134. A. 六岁　　　　　　　　　B. 六岁的
　　　　C. 学习者入学六岁的　　　D. 入学年龄是六岁的学习者
(　　)135. A. 不好　　B. 不行　　　C. 出问题　　　D. 有不少人
(　　)136. A. 突然找出书包，爬起来，打开大门上学去了
　　　　B. 突然打开大门，爬起来，找出书包上学去了
　　　　C. 突然打开大门，找出书包，爬起来上学去了
　　　　D. 突然爬起来，找出书包，打开大门上学去了
(　　)137. A. 爸爸妈妈都被吓坏了　　　B. 我吓坏了爸爸妈妈

C. 吓坏了的是爸爸妈妈　　　　D. 我把爸爸妈妈都吓坏了

(　　)138. A. 我得病,说不定是神经病,我上不了学,一辈子可就完了
　　　　　B. 我得了神经病,说不定上不了学,得了这个病一辈子可就完了
　　　　　C. 我上不了学,一定会得病,说不定是神经病,得了这个病一辈子可就
　　　　　　完了
　　　　　D. 我上不了学,一定会得病,得了这个病一辈子可就完了,说不定是神
　　　　　　经病

(　　)139. A. 上学背重书包,回家做不完厚厚的作业
　　　　　B. 上学是重重的书包,回家是厚厚的作业
　　　　　C. 背着重书包上学,回家还要做很多作业
　　　　　D. 上学是重重的书包,回家还做厚厚的作业

(　　)140. A. 轻松还是辛苦　　　　　　B. 进步还是倒退
　　　　　C. 开心还是难过　　　　　　D. 科学还是落后

附录二 问卷 BILOG – MG 3.0 数据处理结果

BILOG – MG V3.0

REV 19990104.1300

BILOG – MG ITEM MAINTENANCE PROGRAM: LOGISTIC ITEM RESPONSE MODEL

DISTRIBUTED BY

SCIENTIFIC SOFTWARE INTERNATIONAL, INC.

* * * PHASE 1 * * *

（各题得分能力赋值结果）

EXAMPLE #1

> COMMENTS

– – – > FIND WARNING: 1 RECORDS NOT CONTAINING > IN COLUMN 1 HAVE BEEN SKIPPED

> GLOBAL DFNAME = 'EXAMPL01. DAT', NPARM = 2, SAVE;

FILE ASSIGNMENT AND DISPOSITION

SUBJECT DATA INPUT FILE	EXAMPL01. DAT
BILOG – MG MASTER DATA FILE	MF. DAT
	WILL BE CREATED FROM DATA FILE
CALIBRATION DATA FILE	CF. DAT
	WILL BE CREATED FROM DATA FILE
ITEM PARAMETERS FILE	IF. DAT
	WILL BE CREATED THIS RUN
CASE SCALE – SCORE FILE	SF. DAT
CASE WEIGHTING	NONE EMPLOYED
ITEM RESPONSE MODEL	2 PARAMETER LOGISTIC
	NORMAL METRIC (I. E. , D = 1.7)

> SAVE PARM = 'EXAMPL01. PAR', SCORE = 'EXAMPL01. SCO';

BILOG – MG SAVE FILES

[OUTPUT FILES]

ITEM PARAMETERS FILE	EXAMPL01. PAR
CASE SCALE – SCORE FILE	EXAMPL01. SCO

> LENGTH NITEMS = 202;

TEST LENGTH SPECIFICATIONS

MAIN TEST LENGTHS: 140

> INPUT NTOTAL = 140, NALT = 4, NIDCHAR = 5,
KFNAME = ΈXAMPL01. KEY´, OFNAME = ΈXAMPL01. OMT´;
DATA INPUT SPECIFICATIONS

NUMBER OF FORMAT LINES	1
NUMBER OF ITEMS IN INPUT STREAM	140
NUMBER OF RESPONSE ALTERNATIVES	4
NUMBER OF SUBJECT ID CHARACTERS	5
NUMBER OF GROUPS	1
NUMBER OF TEST FORMS	1
TYPE OF DATA	SINGLE – SUBJECT DATA, NO CASE WEIGHTS

MAXIMUM SAMPLE SIZE FOR ITEM CALIBRATION 10000000
ALL SUBJECTS INCLUDED IN RUN
122 OBSERVATIONS READ FROM FILE: EXAMPL01. DAT
122 OBSERVATIONS WRITTEN TO FILE: MF. DAT

ITEM STATISTICS FOR SUBTEST PRETEST

					ITEM * TEST CORRELATION	
ITEM	NAME	#TRIED	#RIGHT	PCT	LOGIT/1. 7	PEARSON
1	ITEM0001	122.0	66.0	54.1	− 0.10	0.430
2	ITEM0002	122.0	67.0	54.9	− 0.12	0.451
3	ITEM0003	122.0	68.0	55.7	− 0.14	0.392
4	ITEM0004	122.0	79.0	64.8	− 0.36	0.426
5	ITEM0005	122.0	69.0	56.6	− 0.16	0.373
6	ITEM0006	122.0	66.0	54.1	− 0.10	0.394
7	ITEM0007	122.0	69.0	56.6	− 0.16	0.413
8	ITEM0008	122.0	68.0	55.7	− 0.14	0.317
9	ITEM0009	122.0	71.0	58.2	− 0.20	0.417
10	ITEM0010	122.0	69.0	56.6	− 0.16	0.464
11	ITEM0011	122.0	70.0	57.4	− 0.18	0.425
12	ITEM0012	122.0	78.0	63.4	− 0.34	0.456
13	ITEM0013	122.0	86.0	70.5	− 0.50	0.443
14	ITEM0014	122.0	69.0	56.6	− 0.16	0.369
15	ITEM0015	122.0	71.0	58.2	− 0.20	0.418
16	ITEM0016	122.0	116.0	95.1	− 1.10	0.365
17	ITEM0017	122.0	75.0	61.5	− 0.28	0.286
18	ITEM0018	122.0	117.0	95.9	− 1.12	0.460
19	ITEM0019	122.0	119.0	97.5	− 1.16	0.443

20	ITEM0020	122.0	78.0	63.9	−0.34	0.305
21	ITEM0021	122.0	73.0	59.8	−0.24	0.319
22	ITEM0022	122.0	115.0	94.3	−1.08	0.140
23	ITEM0023	122.0	74.0	60.7	−0.26	0.032
24	ITEM0024	122.0	90.0	73.8	−0.58	0.074
25	ITEM0025	122.0	113.0	92.6	−1.04	0.134
26	ITEM0026	122.0	70.0	57.4	−0.18	0.111
27	ITEM0027	122.0	103.0	84.4	−0.84	0.212
28	ITEM0028	122.0	79.0	64.8	−0.36	0.236
29	ITEM0029	122.0	73.0	59.8	−0.24	0.123
30	ITEM0030	122.0	75.0	61.5	−0.28	0.326
31	ITEM0031	122.0	74.0	60.7	−0.26	0.177
32	ITEM0032	122.0	116.0	95.1	−1.10	0.141
33	ITEM0033	122.0	78.0	63.9	−0.34	0.137
34	ITEM0034	122.0	93.0	76.2	−0.64	0.331
35	ITEM0035	122.0	112.0	91.8	−1.02	0.422
36	ITEM0036	122.0	113.0	92.6	−1.04	0.170
37	ITEM0037	122.0	106.0	86.9	−0.90	0.304
38	ITEM0038	122.0	78.0	63.9	−0.34	0.345
39	ITEM0039	122.0	112.0	91.8	−1.02	0.391
40	ITEM0040	122.0	113.0	93.6	−1.04	0.321
41	ITEM0041	122.0	96.0	78.7	−0.70	0.329
42	ITEM0042	122.0	111.0	90.9	−1.00	0.213
43	ITEM0043	122.0	71.0	58.2	−0.20	0.124
44	ITEM0044	122.0	115.0	94.3	−1.08	0.101
45	ITEM0045	122.0	70.0	57.4	−0.18	0.118
46	ITEM0046	122.0	115.0	94.3	−1.08	0.278
47	ITEM0047	122.0	113.0	92.6	−1.04	0.124
48	ITEM0048	122.0	110.0	90.1	−0.98	0.417
49	ITEM0049	122.0	99.0	81.1	−0.76	0.328
50	ITEM0050	122.0	69.0	56.6	−0.16	0.203
51	ITEM0051	122.0	88.0	72.1	−0.54	0.373
52	ITEM0052	122.0	105.0	86.1	−0.88	0.138
53	ITEM0053	122.0	100.0	81.9	−0.78	0.107
54	ITEM0054	122.0	112.0	91.8	−1.02	0.228
55	ITEM0055	122.0	69.0	56.6	−0.16	0.123
56	ITEM0056	122.0	99.0	81.1	−0.76	0.276
57	ITEM0057	122.0	108.0	88.5	−0.94	0.150
58	ITEM0058	122.0	74.0	60.7	−0.26	0.279

59	ITEM0059	122.0	70.0	57.3	-0.18	0.290
60	ITEM0060	122.0	71.0	58.2	-0.20	0.164
61	ITEM0061	122.0	112.0	91.8	-1.02	0.323
62	ITEM0062	122.0	69.0	56.6	-0.16	0.119
63	ITEM0063	122.0	99.0	81.1	-0.76	0.275
64	ITEM0064	122.0	114.0	93.4	-1.06	0.173
65	ITEM0065	122.0	72.0	59.0	-0.22	0.192
66	ITEM0066	122.0	92.0	75.4	-0.62	0.241
67	ITEM0067	122.0	73.0	59.8	-0.24	0.342
68	ITEM0068	122.0	73.0	59.8	-0.24	0.126
69	ITEM0089	122.0	77.0	63.1	-0.32	0.109
70	ITEM0070	122.0	68.0	55.8	-0.14	0.293
71	ITEM0071	122.0	117.0	95.9	-1.12	0.361
72	ITEM0072	122.0	70.0	57.4	-0.18	0.124
73	ITEM0073	122.0	68.0	55.7	-0.14	0.118
74	ITEM0074	122.0	93.0	76.2	-0.64	0.229
75	ITEM0075	122.0	111.0	90.9	-1.00	0.139
76	ITEM0076	122.0	106.0	86.8	-0.90	0.150
77	ITEM0077	122.0	69.0	56.6	-0.16	0.239
78	ITEM0078	122.0	113.0	92.6	-1.04	0.121
79	ITEM0079	122.0	94.0	77.0	-0.66	0.277
80	ITEM0080	122.0	112.0	91.8	-1.02	0.125
81	ITEM0081	122.0	67.0	54.9	-0.12	0.208
82	ITEM0082	122.0	106.0	86.8	-0.90	0.114
83	ITEM0083	122.0	73.0	59.8	-0.24	0.403
84	ITEM0084	122.0	114.0	93.4	-1.06	0.263
85	ITEM0085	122.0	69.0	56.6	-0.16	0.205
86	ITEM0086	122.0	103.0	84.42	-0.84	0.325
87	ITEM0087	122.0	84.0	68.9	-0.46	0.216
88	ITEM0088	122.0	109.0	89.3	-0.96	0.191
89	ITEM0089	122.0	71.0	58.2	-0.20	0.194
90	ITEM0090	122.0	117.0	95.9	-1.12	0.386
91	ITEM0091	122.0	111.0	90.9	-1.00	0.055
92	ITEM0092	122.0	69.0	56.6	-0.16	0.223
93	ITEM0093	122.0	113.0	92.6	-1.04	0.333
94	ITEM0094	122.0	70.0	57.4	-0.18	0.269
95	ITEM0095	122.0	103.0	84.4	-0.84	0.350
96	ITEM0096	122.0	69.0	56.6	-0.16	0.388
97	ITEM0097	122.0	112.0	91.8	-1.02	0.326

续表

98	ITEM0098	122.0	69.0	56.6	−0.16	0.273
99	ITEM0099	122.0	96.0	78.7	−0.70	0.095
100	ITEM0100	122.0	69.0	55.7	−0.16	0.112
101	ITEM0101	122.0	66.0	54.1	−0.10	0.399
102	ITEM0102	122.0	68.0	55.7	−0.14	0.391
103	ITEM0103	122.0	66.0	54.1	−0.10	0.128
104	ITEM0104	122.0	106.0	86.9	−0.90	0.429
105	ITEM0105	122.0	79.0	64.8	−0.36	0.149
106	ITEM0106	122.0	66.0	54.1	−0.10	0.256
107	ITEM0067	122.0	95.0	77.9	−0.68	0.160
108	ITEM0108	122.0	116.0	95.1	−1.10	0.178
109	ITEM0109	122.0	112.0	91.8	−1.02	0.144
110	ITEM0110	122.0	88.0	72.1	−0.54	0.235
111	ITEM0111	122.0	69.0	56.6	−0.16	0.214
112	ITEM0112	122.0	114.0	93.4	−1.06	0.352
113	ITEM0113	122.0	70.0	57.3	−0.18	0.209
114	ITEM0114	122.0	100.0	81.9	−0.78	0.115
115	ITEM0115	122.0	73.0	59.8	−0.24	0.325
116	ITEM0116	122.0	116.0	95.1	−1.10	0.399
117	ITEM0117	122.0	67.0	54.9	−0.12	0.361
118	ITEM0118	122.0	111.0	90.1	−1.00	0.302
119	ITEM0119	122.0	97.0	79.5	−0.72	0.240
120	ITEM0120	122.0	113.0	92.6	−1.04	0.292
121	ITEM0121	122.0	68.0	55.7	−0.14	0.362
122	ITEM0122	122.0	86.0	70.4	−0.50	0.237
123	ITEM0123	122.0	68.0	55.7	−0.14	0.176
124	ITEM0124	122.0	104.0	85.2	−0.86	0.219
125	ITEM0125	122.0	67.0	54.9	−0.12	0.166
126	ITEM0126	122.0	115.0	94.3	−1.08	0.328
127	ITEM0127	122.0	68.0	55.7	−0.14	0.412
128	ITEM0128	122.0	108.0	88.5	−0.94	0.272
129	ITEM0129	122.0	114.0	93.4	−1.06	0.140
130	ITEM0130	122.0	71.0	58.2	−0.20	0.133
131	ITEM0131	122.0	116.0	95.1	−1.10	0.430
132	ITEM0132	122.0	70.0	57.4	−0.18	0.281
133	ITEM0133	122.0	69.0	56.6	−0.16	0.391
134	ITEM0134	122.0	67.0	54.9	−0.12	0.359
135	ITEM0135	122.0	68.0	55.7	−0.14	0.290
136	ITEM0136	122.0	111.0	90.9	−1.00	0.355

续表

137	ITEM0137	122.0	68.0	55.7	−0.14	0.164
138	ITEM0138	122.0	72.0	59.0	−0.22	0.146
139	ITEM0139	122.0	69.0	56.6	−0.16	0.170
140	ITEM0140	122.0	100.0	81.9	−0.78	0.118

＊ ＊ ＊ PHASE 2 ＊ ＊ ＊
（被试答题情况）

GROUP		SUBJECT IDENTIFICATION		MARGINAL			
WEIGHT		TEST	TRIED	RIGHT	PERCENT	ABILITY	S. E.
1	11001						
1.00	PRETEST	140	86	61.43	−1.2911	0.4680	0.000000
1	11002						
1.00	PRETEST	140	87	62.14	−0.9121	0.5192	0.000000
1	11003						
1.00	PRETEST	140	85	60.71	−2.2801	0.4001	0.000000
1	11004						
1.00	PRETEST	140	85	60.71	−1.0605	0.4029	0.000000
1	11005						
1.00	PRETEST	140	87	62.14	−0.8629	0.5124	0.000000
1	11006						
1.00	PRETEST	140	86	61.43	−1.8934	0.5275	0.000000
1	11007						
1.00	PRETEST	140	88	62.86	−0.9705	0.3900	0.000000
1	11008						
1.00	PRETEST	140	92	65.71	0.4398	0.4056	0.000000
1	11009						
1.00	PRETEST	140	83	59.29	−2.7693	0.4259	0.000000
1	11010						
1.00	PRETEST	140	93	66.43	0.1215	0.4352	0.000000
1	11011						
1.00	PRETEST	140	88	62.86	−0.8943	0.4200	0.000000
1	11012						
1.00	PRETEST	140	85	60.71	0.6767	0.4492	0.000000
1	11013						
1.00	PRETEST	140	84	60.00	−1.5126	0.3911	0.000000
1	11014						
1.00	PRETEST	140	90	64.29	1.0612	0.4344	0.000000
1	11015						
1.00	PRETEST	140	85	60.71	−0.5556	0.4769	0.000000

续表

1	11016						
1.00	PRETEST	140	88	62.86|	−0.5868	0.4085|	0.000000
1	11017						
1.00	PRETEST	140	84	60.00|	−2.5016	0.4630|	0.000000
1	11018						
1.00	PRETEST	140	93	66.43|	0.7194	0.4217|	0.000000
1	11019						
1.00	PRETEST	140	88	62.86|	−0.6326	0.4358|	0.000000
1	11020						
1.00	PRETEST	140	88	62.86|	−0.5803	0.3955|	0.000000
1	11021						
1.00	PRETEST	140	86	61.43|	−1.4162	0.4171|	0.000000
1	11022						
1.00	PRETEST	140	86	61.43	−1.3294	0.4587|	0.000000
1	11023						
1.00	PRETEST	140	92	65.71|	0.2617	0.4103|	0.000000
1	11024						
1.00	PRETEST	140	91	65.00|	0.9705	0.4480|	0.000000
1	11025						
1.00	PRETEST	140	90	64.29|	−0.3228	0.3986|	0.000000
1	11026						
1.00	PRETEST	140	87	62.14|	0.0916	0.4412|	0.000000
1	11027						
1.00	PRETEST	140	88	62.86|	0.8629	0.4388|	0.000000
1	11028						
1.00	PRETEST	140	88	62.86|	0.9402	0.3974|	0.000000
1	11029						
1.00	PRETEST	140	87	62.14|	−0.6611	0.4156|	0.000000
1	11030						
1.00	PRETEST	140	94	67.14|	0.2197	0.5765|	0.000000
1	11031						
1.00	PRETEST	140	88	62.86|	−0.3585	0.4622|	0.000000
1	11032						
1.00	PRETEST	140	93	66.43|	0.6089	0.4170|	0.000000
1	12033						
1.00	PRETEST	140	92	65.71|	1.6639	0.4599|	0.000000
1	12034						
1.00	PRETEST	140	89	64.29|	0.2915	0.4104|	0.000000
1	12035						

1.00	PRETEST	140	88	62.86|	0.0156	0.4004|	0.000000
1	11036							
1.00	PRETEST	140	88	62.86|	1.2691	0.4544|	0.000000
1	12037							
1.00	PRETEST	140	87	62.14|	−2.5461	0.3901|	0.000000
1	12038							
1.00	PRETEST	140	95	67.86|	0.7123	0.4673|	0.000000
1	11039							
1.00	PRETEST	140	88	62.86|	−1.5307	0.5228|	0.000000
1	11040							
1.00	PRETEST	140	91	65.00|	−0.3567	0.4582|	0.000000
1	12041							
1.00	PRETEST	140	92	65.71|	0.7668	0.4476|	0.000000
1	11042							
1.00	PRETEST	140	89	63.57|	−1.8505	0.4544|	0.000000
1	11043							
1.00	PRETEST	140	90	64.29|	−0.8943	0.4655|	0.000000
1	12044							
1.00	PRETEST	140	92	65.71|	−0.6171	0.3933|	0.000000
1	12045							
1.00	PRETEST	140	98	70.00|	0.1329	0.4099|	0.000000
1	12046							
1.00	PRETEST	140	95	67.86|	0.1071	0.5154|	0.000000
1	12047							
1.00	PRETEST	140	85	60.71|	−0.7928	0.4169|	0.000000
1	12048							
1.00	PRETEST	140	88	62.86|	0.1004	0.4254|	0.000000
1	12049							
1.00	PRETEST	140	90	64.29|	−0.2961	0.4593|	0.000000
1	12050							
1.00	PRETEST	140	99	70.71|	0.6279	0.4882|	0.000000
1	12051							
1.00	PRETEST	140	95	67.86|	0.4413	0.4404|	0.000000
1	12052							
1.00	PRETEST	140	88	62.86|	−1.7052	0.3948|	0.000000
1	12053							
1.00	PRETEST	140	98	70.00|	0.4137	0.3963|	0.000000
1	12054							
1.00	PRETEST	140	94	67.14|	−0.2288	0.3911|	0.000000

1	12055						
1.00	PRETEST	140	99	71.00	0.8156	0.4156	0.000000
1	12056						
1.00	PRETEST	140	93	66.43	0.1107	0.4206	0.000000
1	12057						
1.00	PRETEST	140	97	69.29	0.8943	0.3999	0.000000
1	12058						
1.00	PRETEST	140	88	62.86	−1.0683	0.4651	0.000000
1	12059						
1.00	PRETEST	140	99	70.71	0.7946	0.4052	0.000000
1	12060						
1.00	PRETEST	140	91	65.00	−2.0574	0.4181	0.000000
1	12061						
1.00	PRETEST	140	98	70.00	1.0641	0.3900	0.000000
1	12062						
1.00	PRETEST	140	95	67.86	0.8156	0.4522	0.000000
1	12063						
1.00	PRETEST	140	99	70.71	1.2442	0.4659	0.000000
1	12064						
1.00	PRETEST	140	93	66.43	−1.1692	0.3977	0.000000
1	12065						
1.00	PRETEST	140	95	67.86	−0.3592	0.4247	0.000000
1	12066						
1.00	PRETEST	140	98	70.00	0.5088	0.4569	0.000000
1	12067						
1.00	PRETEST	140	96	68.57	−0.6201	0.4601	0.000000
1	12068						
1.00	PRETEST	140	99	70.71	0.8364	0.5234	0.000000
1	12069						
1.00	PRETEST	140	90	64.29	−1.1554	0.4472	0.000000
1	12070						
1.00	PRETEST	140	99	70.71	0.6326	0.3925	0.000000
1	12071						
1.00	PRETEST	140	95	67.86	0.6049	0.3929	0.000000
1	12072						
1.00	PRETEST	140	93	66.43	−0.6629	0.4425	0.000000
1	12073						
1.00	PRETEST	140	94	67.14	−0.2915	0.3963	0.000000
1	12074						

续表

1.00 1	PRETEST 12075	140	95	67.86	1.0154	0.3967	0.000000
1.00 1	PRETEST 12076	140	95	67.86	−0.7188	0.3920	0.000000
1.00 1	PRETEST 12077	140	100	71.43	1.4494	0.4728	0.000000
1.00 1	PRETEST 12078	140	111	79.29	1.6494	0.3922	0.000000
1.00 1	PRETEST 12079	140	95	67.86	−0.3787	0.4976	0.000000
1.00 1	PRETEST 12080	140	90	64.29	−1.2102	0.4273	0.000000
1.00 1	PRETEST 12081	140	100	71.43	0.8123	0.4639	0.000000
1.00 1	PRETEST 12082	140	106	75.71	1.5272	0.3944	0.000000
1.00 1	PRETEST 12083	140	98	70.00	−0.3838	0.4005	0.000000
1.00 1	PRETEST 12084	140	94	67.14	−1.2668	0.4581	0.000000
1.00 1	PRETEST 12085	140	102	72.86	1.4771	0.4377	0.000000
1.00 1	PRETEST 12086	140	97	69.29	−0.3156	0.4748	0.000000
1.00 1	PRETEST 13087	140	107	76.43	1.5836	0.4770	0.000000
1.00 1	PRETEST 13088	140	101	72.14	1.4272	0.4206	0.000000
1.00 1	PRETEST 13089	140	99	70.71	−0.5088	0.4726	0.000000
1.00 1	PRETEST 13090	140	96	68.57	−1.1738	0.4600	0.000000
1.00 1	PRETEST 13091	140	106	75.71	0.8108	0.4518	0.000000
1.00 1	PRETEST 13092	140	103	73.57	−0.3017	0.4700	0.000000
1.00 1	PRETEST 13093	140	108	77.14	1.0049	0.3998	0.000000
1.00 1	PRETEST	140	112	80.00	1.5605	0.3917	0.000000

续表

1	13094						
1.00	PRETEST	140	106	75.71|	1.1486	0.4558|	0.000000
1	13095						
1.00	PRETEST	140	107	76.43|	−0.5499	0.4610|	0.000000
1	13096						
1.00	PRETEST	140	102	72.86|	0.5278	0.4158|	0.000000
1	13097						
1.00	PRETEST	140	98	70.00|	−0.9267	0.3935|	0.000000
1	13098						
1.00	PRETEST	140	102	72.86|	0.1354	0.4548|	0.000000
1	13099						
1.00	PRETEST	140	106	75.71|	0.1574	0.3954|	0.000000
1	13100						
1.00	PRETEST	140	99	70.71|	−0.3722	0.4583|	0.000000
1	13101						
1.00	PRETEST	140	92	65.71|	−1.0049	0.4286|	0.000000
1	13102						
1.00	PRETEST	140	97	69.29|	−0.8838	0.4598|	0.000000
1	13103						
1.00	PRETEST	140	116	82.86|	0.5779	0.4504|	0.000000
1	13104						
1.00	PRETEST	140	103	73.57|	−0.2964	0.4317|	0.000000
1	13105						
1.00	PRETEST	140	106	75.71|	0.1095	0.5028|	0.000000
1	13106						
1.00	PRETEST	140	100	71.43|	−0.6222	0.4732|	0.000000
1	13107						
1.00	PRETEST	140	105	75.00|	0.1029	0.5361|	0.000000
1	13108						
1.00	PRETEST	140	108	77.14|	0.7722	0.4758|	0.000000
1	13109						
1.00	PRETEST	140	104	74.29|	−0.6783	0.4287|	0.000000
1	13110						
1.00	PRETEST	140	106	75.71|	−0.6049	0.4276|	0.000000
1	13111						
1.00	PRETEST	140	109	77.86|	−0.3764	0.3932|	0.000000
1	13112						
1.00	PRETEST	140	117	83.57|	1.6494	0.4361|	0.000000
1	13113						

1.00	PRETEST	140	97	69.29	− 1.1272	0.5054	0.000000
1	13114						
1.00	PRETEST	140	107	76.50	0.5868	0.4369	0.000000
1	13115						
1.00	PRETEST	140	112	80.00	0.8164	0.5190	0.000000
1	13116						
1.00	PRETEST	140	95	67.86	− 0.5779	0.3911	0.000000
1	13117						
1.00	PRETEST	140	103	73.57	0.8156	0.4471	0.000000
1	13118						
1.00	PRETEST	140	102	72.86	− 0.2915	0.4671	0.000000
1	13119						
1.00	PRETEST	140	96	68.57	0.9335	0.4447	0.000000
1	13120						
1.00	PRETEST	140	119	85.00	1.8154	0.4770	0.000000
1	13121						
1.00	PRETEST	140	114	81.43	0.9267	0.4680	0.000000
1	13122						
1.00	PRETEST	140	101	72.14	1.0154	0.4068	0.000000

SUMMARY STATISTICS FOR SCORE ESTIMATES

CORRELATIONS AMONG TEST SCORES

	PRETEST
PRETEST	1.0000

MEANS, STANDARD DEVIATIONS, AND VARIANCES OF SCORE ESTIMATES

TEST:	PRETEST
MEAN:	0.0003
S.D.:	0.7434
VARIANCE:	0.5527

ROOT – MEAN – SQUARE POSTERIOR STANDARD DEVIATIONS

TEST:	PRETEST
RMS:	0.4418
VARIANCE:	0.1952
EMPIRICAL RELIABILITY:	0.7390

附录三　口语语篇测试问卷

（一）全封闭式口头表达

复述1. 猫和老鼠

说明：请快速阅读下面的短文（可以用笔记下关键词语），然后脱稿口头复述短文的主要情节，时间不少于2分钟。

很早很早以前，猫并不吃老鼠。

有一只猫和一只老鼠住到了一起。

冬天到了，它们买了一坛子猪油，准备过冬吃。老鼠说："猪油放到家里，我嘴馋，不如藏得远一点，到了冬天再取了吃。"猫说："行啊。"它们趁着天黑，把这坛子猪油送到十里远的大庙里藏了起来。

有一天，老鼠突然说："我大姐要生孩子，捎信让我去。"猫说："去吧，路上要小心狗。"

天快黑时，老鼠回来了，肚子吃的鼓鼓的，嘴巴油光光的。猫问："你大姐生了个啥呀？""生了个白胖小子。"猫又问："取了个什么名字？"老鼠转一转眼珠说："叫，叫一层。"

又过了十来天，老鼠又说："我二姐又要生孩子了，请我去吃饭。"猫说："早去早回。"老鼠边答应，边往外走。

天黑了，老鼠回来了，腆着肚子，满嘴都是油。猫说："你二姐生了个啥呀？""生了个白胖丫头。"猫问："取了什么名字？""叫一半。"

又过了七八天，老鼠又说："我三姐生孩子了，请我去吃饭。"猫说："别回来晚了。"

天大黑时，老鼠回来了，一进屋，对猫说："我三姐也生了个白胖小子，起名叫见底。"

三九天到了，一连下了三四天的大雪，猫说："快过年了，什么食物也找不到，明天，咱俩把猪油取回来吧。"

第二天一早，老鼠走到前边，猫跟在后边，奔大庙走去。

到了大庙，猫一眼就看见过梁上满是老鼠的脚印，坛子像是被打开过。猫急忙打开坛子一看，猪油见底了。猫一下子全明白了，瞪圆双眼大声说："是你给吃见底了？"老鼠刚张口，见猫已经扑过来，就转身跳下地。猫紧追着它。眼看就要被追上了，一急眼，老鼠钻到砖缝里去了。

后来，老鼠见了猫就逃，猫见老鼠就抓。

复述2. 苹果

说明：请快速阅读下面的短文（可以用笔记下关键词语）。然后脱稿口头复述短文的主要情节,时间不少于2分钟。

　　水果的品种繁多,有瓜中上品西瓜,有果中皇后荔枝,水中明珠葡萄……但我最喜欢吃的却是苹果。

　　苹果圆圆的,像柑橘一样大小,外表十分光滑。没熟透的苹果绿绿的,咬上一口,又苦又涩,难吃极了。等苹果熟透了,变得深红,就有一股清香扑鼻而来,恨不得一口都吃了,甜丝丝的,让人越吃越想吃,越吃越爱吃。把苹果切开,肉是白色的,里面籽是黑色的,新鲜的汁水,整个苹果吃起来甜津津的,香脆可口,果肉鲜美,从舌尖直沁肺腑,它的味道、颜色、形状都十分惹人喜爱,圆圆的,像个小灯笼一样。

　　苹果不仅味道好,作用也很多。

　　常常吃苹果可以降低血脂,降血压,预防癌症,有抗癌作用,强化骨骼,维持酸碱平衡,减肥。在众多水果之中,苹果可以说是最普遍又平和的一种。但它的营养价值却不可小看。中医相信它可生津润肺,健脾开胃。营养学上的分析,指出苹果含有多种果糖,并含有多种有机酸、果胶及微量元素,纤维素、维生素、矿物质、多酚及黄酮类营养物质。西方有句谚语:"一日一苹果,医生远离我。"是人们熟知的健康口号,苹果被科学家称为"全方面健康水果。

　　苹果有许多吃法,可以加工成苹果感苹果汁,苹果沙拉等……苹果含有许多维生素,多吃苹果对健康很有好处。

(二)半封闭式口头表达

看图说话1. 卖辣椒

说明:请根据下列图片,发挥个人想象,讲述一个故事,时间不少于1分钟。

看图说话2. 十字架

说明:请根据下列图片,发挥个人想象,讲述一个故事。时间不少于1分钟。

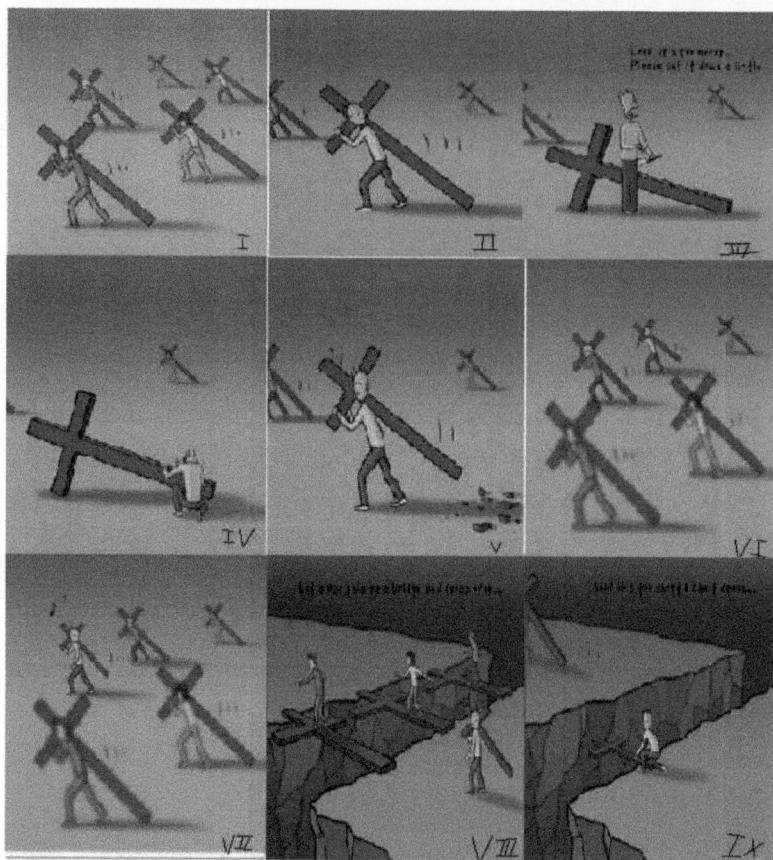

（三）全开放式口头表达

话题 1. 在中国最难忘的一件事

说明：根据个人真实生活体验，叙述自己在中国亲身经历的事情，时间不少于 1 分钟。

话题 2. 描述一件物品

说明：根据个人兴趣，选择自己最熟悉的日常用品加以描述，时间不少于 1 分钟。

后　记

　　本书是在我博士学位论文的基础上修改、充实而成。从论文的选题、语料获取、写作思路的确定,直至最终的定稿,无不饱含着我的导师郑通涛教授的智慧与心血。郑老师治学严谨,视角敏锐,他所坚持的跨学科研究理念以及浑然忘我的敬业精神,永远值得钦佩与学习。无论在厦大求学期间,还是在毕业相隔千里之后,郑老师一直乐于为学生创造良好的学术平台,默默激励着我们奋进。在此,学生谨向导师致以最诚挚的谢意!

　　本书相关的研究和出版问世分别得到了广西民族大学引进人才科研启动项目以及厦门大学海外教育学院专著出版计划的大力资助,世界图书出版公司在本书出版过程中也给予了热切的关注和专业的支持,在此一并谨致谢忱。在此,我还要特别感谢家人多年来的理解与支持,无论顺境逆境,无论咫尺天涯,家人始终以温暖宽厚的心怀包容我,给予我不断前进的勇气与力量。

　　语篇语言学是系统功能语言学的重要内容之一,所涉及的研究视角十分丰富,而汉语语篇本体研究的历史相对短暂,而在汉语作为第二语言习得研究的领域尚处于探索阶段,面对这一新兴蓬勃的语言研究领域,我感觉自己就像一只闯入森林的蚂蚁,振奋之余又莫名惴惴,由于本人学识所限,本书还存在诸多的疏漏与不足,欢迎海内外方家同行们不吝赐教。

　　"吾生也有涯,而知也无涯",我将铭记厦门大学"自强不息,止于至善"的校训,跬步踏千里,且行且珍惜。

2015 年初秋于广西民族大学九坡荔园